냉소와 매혹

김동식 비평집
냉소와 매혹

펴낸날/ 2002년 11월 5일

지은이/ 김동식
펴낸이/ 채호기
펴낸곳/ ㈜**문학과지성사**
등록번호/ 제10-918호(1993. 12. 16)

서울 마포구 서교동 363-12호 무원빌딩(121-838)
편집/ 338)7224~5   FAX 323)4180
영업/ 338)7222~3   FAX 338)7221
홈페이지/ www.moonji.com

ⓒ 김동식 2002. Printed in Seoul, Korea
ISBN 89-320-1370-5

값 12,000원

* 잘못된 책은 바꾸어드립니다.
* 지은이와 협의하여 인지는 생략합니다.

냉소와 매혹

김동식 비평집

문학과지성사
2002

책머리에

　비평을 쓰기 시작한 지 7년 만에 펴내는 책이다. 자잘한 글들을 제외하고 그나마 비평의 꼴을 갖추었다고 판단되는 12편의 글을 모았다. 글을 쓸 때는 마치 죽을 것처럼 고민하고 몸부림쳤던 기억이 나는데, 이제 와서 보니 한없이 부끄럽기만 하다. 비평가의 본령은 작품의 현장성을 읽어내는 일에 있다는 믿음과 태도를 그나마 유지할 수 있었다는 데서 약간의 자기 위안을 찾고자 할 따름이다. 비평이란 작품을 앞에 두고 벌이는 일종의 상징적인 도박이며, 그 자체로 시대와 세대의 내밀한 흐름들을 기록하고 있는 텍스트이며, 해석의 장을 확대하고 문화적 다양성을 축적해가는 운동성이라는 믿음에는 변함이 없다.
　1990년대 중반에 문학 비평을 시작하면서 관심을 가졌던 문제는 크게 두 가지였다. 하나는 문학의 내적 근거에 대한 물음이었다. 이전 시기처럼 문학이 이념과의 근접성 속에서 계몽적인 권능을 가지고 있다고 말할 수도 없었고, 문학이 내가 살고 있는 삶과 세계를 전체적으로 재현한다고 자신 있게 말하기도 어려운 상황이었다. 문학이 달라진 미디어 환경 속에서 주변화되는 과정과 문학이 새로운 양상으로 기능 분화되는 과정은 둘이면서 하나였다. 글쓰기란 무엇인가라는 물음을 던져보았던 것은, 아마도 문학의 내적 근거들을 확인하고자 하는 무의식적 소망 때문이었을 것이다. 다른 하나는 문학이 주변의 문화적·매체적 타자들과 소통해야 한다는 생각이었다. 인접한 문화 영역이나 문학적 하위 양식들과 소통해나가는 과정에서, 달리 말하면 문학의 바깥에 놓인 타자들과 소통하는 과정에서, 문학의 경계에 대한 감각을 재조정해야 한다는 생각을 가졌던 것 같다. 하위 문화에 눈길을 던져보거나 작품에 내재된 문화적 함의에 주목하고자 했던 이유도 그와 무관하지는 않을 듯하다. 문화와 문학의 관계에 대한 탐색은 다른 글과 책을 통해서 계속될 것이다.

대학에서 문학을 배우던 시절부터 비평집을 내는 지금까지 문학에 대한 나의 태도와 사고는 지극히 냉소적이다. '문학 나부랭이'라는 말은 수업 시간에 지겹도록 들은 말이기도 했지만, 동시에 이미 나의 무의식 속에 언제나 잠재되어 있던 문학의 근원적인 이미지이기도 했다. 하지만 입으로는 문학 나부랭이를 되뇌며 냉소적인 태도를 취했던 것과는 달리 나의 몸은 문학에 점점 더 밀착해가고 있다. 이상한 일이 아닐 수 없다. 왜 그랬을까. 작품을 읽고 비평을 쓰는 과정에서 몸으로 경험했던 그 어떤 매혹이 아니라면 달리 근거를 찾기 어려울 듯하다. 그렇다고 해서 문학이 나를 구원할 수 있다고는 생각하지 않는다. 여전히 나는 냉소적이며, 냉소적인 만큼 그 어떤 매혹을 갈망하고 있는 것인지도 모른다. 제목은 『냉소와 매혹』으로 붙여놓았지만 책을 내는 지금의 심정은 소박하다. 모든 글에는 글쓰기와 관련된 텍스트의 무의식과 자기 반영적인 이미지가 투영되어 있다는 생각만이라도 이 책의 곳곳에 배어 있기를, 이 책 어딘가에 매혹의 지점들이 흔적으로나마 남아 있기를 조심스럽게 바랄 따름이다.

감사를 드려야 할 분들이 너무 많다. 비평가의 태도와 대중 문화의 중요성에 대해 소중한 가르침을 주셨던 김윤식 선생님, 아무것도 모르던 등단 때부터 여전히 아는 게 없는 지금까지 줄곧 아끼고 보살펴주셨던 『문학동네』의 선배들과 관계자들, 천둥벌거숭이를 동인의 품으로 안아주셨고 오가는 술잔 속에서 문학하는 사람의 태도를 알려주셨던 『문학과지성』 선생님들과 『문학과사회』 동인들에게 머리 숙여 감사를 드리고 싶다. 팔리지 않을 책을 선뜻 맡아주신 문학과지성사의 채호기 사장님, 초인적인 인내심으로 교정 작업을 맡아주었던 조형옥 씨와 이선경 씨, 표지 디자인 때문에 밤잠을 설쳤을 조혁준 형에게는 어떻게 고마움을 표현해야 할지 모르겠다. 부모님과 가족들에게도 이 책이 작은 기쁨이 되었으면 좋겠다.

2002년 가을
김동식

차례

책머리에 5

글쓰기의 우울__신경숙론 11

벗어남과 돌아감의 잠재적 공존에 관하여__윤대녕론 38

배신의 수사학, 둔갑의 상상력__김영하 소설집 『호출』 50

연기(演技/延己)하는 유전자의 무의식에 대하여__은희경 소설집 『상속』 82

운명이 되려다 만 것들에 대하여__함정임 소설집 『버스, 지나가다』 105

느슨한 역설의 언어를 위하여
__이영유 시집 『홀로 서서 별들을 바라본다』 132

버티고 서 있는 자의 현기증 vertigo__김영현론 150

'발견'으로서의 몽골: 환멸과 초절(超絶)의 낭만주의
__이인화 소설집 『하늘꽃』 173

우리 시대의 공주를 위하여__배수아론 193

코믹하면서도 비극적인 괴물의 발생학__백민석론 214

비평가 tympan씨의 하위 문화 만유기(漫遊記) 251

전기(電氣)와 문학적 무의식:
젊은 작가들의 상상 세계에 대한, 지극히 시험적인 고찰 272

글쓰기의 우울
—— 신경숙론

1. 글씨

나는 여기서 이 삽화들을 부려놓고 간다. 늘 당신의 큰딸이 무슨 일을 하는지 몰라, 이웃들에게 내 딸은 글씨쓴다고 설명해야 했던 〔……〕 아버지께, 글씨를 모아놓은 책을 보여드릴 수 있어 다행이다. (『겨울우화』, 「작가의 말」에서)

"글씨를 모아놓은 책"으로서의 소설이란 무엇인가. '글씨'란 무엇인가. 이 물음이 신경숙의 소설을 대상으로 하는 이 글의 출발점이다. 작가의 내면에서 시작되어 다양한 양상으로 분기되었다가 일정한 지점에 이르러서는 전체적인 통일성을 갖추는 그 무엇으로 파악하는 것이 소설과 관련된 일반적인 상식이라면, 글씨를 모아놓은 것과 소설을 동일시하는 입장은 소설을 둘러싸고 있는 정신적인 이미지가 용인되지 않는 차원을 가리키고 있다. 이를 두고 도저한 소박함이라 할 수 있을 것인데, 이 소박함이 문제되는 것은 신경숙 소설이 제기하고 있는 "글쓰기란 무엇인가"(「외딴방」, 『문학동네』, 1994년 겨울호)라는 문제 의식을 이해하는 출발점이 되기 때문이다.

"글씨를 모아놓은 책"이라는 말에는 두 가지 커다란 흐름이 교차하고 있는데, 일반적으로 받아들여지는 정신적인 이미지로서의 소설이 그 하나이고 소설의 외표성exteriority에 대한 강조가 다른 하나이다. 이것은 모든 글이 그 내부에 가지고 있는 두 가지의 흐름과 대응하고 있다. 의미 작용을 통합하려는 움직임과 이러한 움직임을 끊임없이 비껴가려는 또 다른 움직임. 의미 작용을 구조적으로 통합하려는 움직임은 통일성의 원천을 규정하고 끊임없이 재생산한다. 이를 두고 자신의 글을 어떠어떠한 것이다라고 규정하(려)는 근원적인 욕망이라고 할 수 있을 것이다. 반면에 이러한 움직임을 비껴가고 끊임없이 분산시키는 탈주의 움직임들이 복수성의 형태로 존재하는데, 텍스트에 개입하여 의미론적 차이를 각인하는 시간성, 원초적으로 비유적일 수밖에 없는 언어의 속성, 글쓰기의 유희를 가능하게 하는 기호의 물질성과 수사학 등은 그 대표적인 예가 될 것이다. 이러한 두 가지 움직임의 경계선에 서 있는 표지가 '글씨'라는 말이다. 글-씨 혹은 글의 씨앗이란 말은, 글의 근원이라는 의미와 문자소gramm 혹은 흔적이라는 의미를 동시에 드러내고 있는 양가성의 표지이다. 달리 말하면 '글-씨'는 글을 규정하는 욕망의 근원적인 모습과 씌어 있는 것(텍스트성)의 원초적인 모습을 동시에 드러낸다.

  서정적인 문체를 통해 과거의 구원이라는 존재론적 주제를 다루고 있는 신경숙의 소설에서 '글-씨'는 부재하는 시간 위에 흩뿌려져 있다. 글-씨들은 신경숙의 소설에서 기억 흔적memory-trace의 모습으로 나타나며, 이러한 흔적들은 서로 얽히고 반복되고 변형되면서 '글쓰기에 대한 자기 반영적 비유' 혹은 글에 나타나는 글쓰기의 이미지들을 형성해낸다. 글-씨의 논리는 통합체적인 구조 내에서 자신에게 분배된 무의식을 가지며, 기억과 어두운 구석에 숨어 있는 무의식적 욕망을 탐구해나가기 때문이다. 글을 구성하는 근원적인 욕망과 글쓰기의 외표성을 포괄하는 동시에 섬세하게 가르는 움직임으로서, 글-씨의 논리는 스스로에게 갇혀 있는 무의식을 재생산하는 것이 아니라 또 다른 무의식을 구성한다. 신경숙이 소설을 통해서 제기하고 있는 "글을 쓰며(적으면서) 사는 삶이란 무엇인가?" 혹은 "글쓰기란 무엇인가?"라는 물음을 구성하고 있는 저변의 논리가 그것이다. 우리는 글씨쓰기로서의 소설쓰기라는 대목에서 이 물음의 배후를 바라본 셈인데, 이 소박함이야말로 신경숙이 제기한 물음이 진정성을 갖는 이유이며, 자의식 과잉의 산물이거나 어설픈 모방욕구로 전락하지 않을 수 있는 근거이다. 글씨쓰기로서의 소설에서 출발하여 "적으면서 사는 삶이란 무엇인가?"라는 물음이 제기되는 과정을 재구성하고자 하는 이 글의 출발점 또한 소박함에 있음은 당연하다.

2. 우울 혹은 상실의 나르시시즘

신경숙은 창작집 『겨울우화』 『풍금이 있던 자리』, 장편소설 『깊은 슬픔』을 상자한 바 있다. 이 제목들을 그냥 지나쳐버릴 수는 없는데, 그것은 신경숙의 작품 세계와 깊은 연관이 있기 때문이다. 제목들을 서로 연관시키면, 근원이 있던 자리를 향해 우회하여 말하려 하는 자의 슬픈 표정이라는 맥락을 구성해낼 수 있다. 실제로 신경숙의 소설은 '순간순간 그녀의 삶을 수놓았던 연약한 존재들에 대한 사랑'과 '그들과 다른 시간에 놓여진 슬픔'으로 가득하다. 신경숙 소설의 이와 같은 표정은 그녀가 소중하게 생각하는 세계의 상실로부터 연유한다. 그 세계는 생기로움으로 가득했던 과거나 고향의 모습으로 나타나는데, 전반적인 이미지는 원환(圓環)적 총체성의 세계와 유사하다.

아무리 깊은 어둠이 닥친다 해도 그 어둠 속을 몸을 세우고 걸을 수 있을 것 같아. 뚫린 천장으로 통하는 길을 따라 나가서 지붕 꼭대기에 앉아 또 다른 별로 앉아 있고 싶었다. 그리고 은밀하게 반짝이고 싶었다. 아주 오랫동안. (「겨울우화」)

원환적 총체성은 영혼의 모든 행위가 영혼 그 자체로부터 분리되는 과정에서 자기 자신의 중심점을 발견하고 이로부터 자신의 둘레에 하나의 완결된 원을 그리기 때문에 붙여진 명칭이다. 폐쇄된 공간을 떠올릴 수도 있는 말이긴 하지만, 이 세계에는 내부와 외부의 구별이 존재하지 않기 때문에 폐쇄된 공간이라는 개념의 성립 자체가 불가능하다. 원환적 세계에는 자유로운 자리바꿈의 움직임이 존재하는데, 아무리 미끄러져가도 그곳은 낯섦으로 다가오지 않는다. "세계는 무한히 광대하지만 마치 자기 집에 있는 것처럼 아늑"[1]한 것은 세계 자체가 은유를 가능하게 하는 어떤 힘에 의해 포괄되어 있기 때문이다. 이를 두고 은유의 품 속에서 이루어지는 환유의 아늑함이라 할 수 있을 것이다. 따라서 원환적 세계에서 환유는 부재를 나타내는 수사학이라기보다는 공포심을 모르는 순진무구한 수사학으로 그 모습을 나타낸다. 자리바꿈으로 인한 낯섦도 없고, 길을 잃어버려 돌아갈 수 없을지도 모른다는 두려움도 존재하지 않으며, 내부와 외부의 구분이 존재하지 않는 세계. 아무리 미끄러져가도 세계 밖으로 빠져나갈 곳은 없다. 공포심이 없는 것은 이러한 연유이다.

이러한 세계가 실제로 존재했는지 아니면 상상 속에서 존재했는지를 가리는 것은 그다지 중요하지 않다. 상실감이란 어떤 결핍을

---

1) 게오르크 루카치, 반성완 옮김, 『소설의 이론』, 심설당, 1998, p. 25.

만들어낸 시간 이후에 구조화되는 것이기 때문이다. 그 어떤 결핍이 글쓰기를 가능하게 한 요소라는 사실이 확인되면 충분할 것이다. 그렇다면 상실감을 구성한 것, 더 나아가 원환적 총체성에 대한 그리움을 구성하도록 한 것은 무엇일까. 신경숙의 소설에는 기차와 관련된 끔찍한 죽음이 여러 번에 걸쳐 등장하는데, 원환적 총체성이 파괴되는 원초적인 이미지를 보여주고 있다.

그녀는 모르겠다. 어린 시절, 철길의 쇠붙이를 빼던 오빠와 그녀가 왜 레일을 베고 잠이 들었는지를, 더 어린 그녀가 기적 소리를 듣고 뛰어나왔는데 오빠는 왜 계속 잠을 잤는지를, [……] 그녀에겐 그 좋던 햇빛만 보인다. 햇빛은, 피비린내 속에서도 졸음을 동반하고 반짝였다. 장군의 머리가 박살이 나버렸는데도. (「황성옛터」)

철길과 관련된 시간에서 원환적 세계의 흔적을 읽어낼 수 있는 근거는 두 가지다. 하나는 철길에 대한 두려움을 전혀 갖고 있지 않다는 점이고, 다른 하나는 피비린내 속에서도 졸음을 동반하고 반짝이는 햇빛의 순진무구한 이미지이다. 그러면 철길의 부정적인 이미지를 구체화하기 위해서 원환적인 세계에 기차가 지나가는 풍경을 머릿속에 그려보자. 철길이란 그 자체가 땅 위에 그려진 직선, 즉 글쓰기 écriture의 일종이다. 따라서 글쓰기로서의 철길은 원환적 세계 내부에 차이를 각인한다. 또한 철길 위를 달리는 기차는 시간의 주기성과 선조성의 표지이기도 하다. 현존하는 시간과 부재하는 시간의 구분이 존재하지 않는 곳, 내부와 외부의 차이가 감지되지 않는 곳을 관통하는 기차란 시간을 공간화시키고(즉 계기들의 연속으로서 시간을 파악하게 하고), 미지의 외부를 어린 작가의 상상 속에 각인시키고, 원환적 세계를 통괄하던 은유의 수직축을 흐트러뜨리고, 그곳을 가득 채우고 있던 생기로움이 다 빠져나갈 간극을 만든다. 생기로움이 빠져나간 자리로 시간의 부정성이 틈입한다. 기차에 부딪혀 박살나버린 머리의 이미지가 파괴된 원환적 세계의 이미지와 겹쳐지는 것은 이 때문이다. 기차(汽車)란 시간과 글쓰기를 통한 차이〔期差/記差〕의 각인이었던 것이다. 더 나아가 기차는 어린 작가를 원환적 세계의 표상인 고향과 분리되게끔 한다.

    열다섯 살 되던 해, 그해 마지막 모내기를 끝낸 날 저녁, 어머니는 내 손을 끌고 큰오빠가 있는 서울로 가는 기차를 탔다. 나는 가끔 그날 밤처럼 눈을 꾹 감고 뜨지 않는다. ……그 신작로, 그 산길, 그 묘지, 그 움막집, 그 성당, 그 다리 밑…… (『겨울우화』,「작가의 말」에서)

망각의 강 레테를 건너오면서 반역을 꿈꾸는 자의 표정이 이러하지 않을까. 어린 신경숙은 낯선 공간으로 옮겨가는 낯선 시간 속에서 다른 길, 기차의 진행 방향과는 반대쪽으로 향할 수 있는 길을 눈 감음이라는 행위를 통해서 만들고 있다. 이 길을 근원에 이르는 길 내지는 과거에 이르는 길이라 할 수 있을 것이다. 신경숙의 소설이 이 길 위에 펼쳐져 있음은 물론이다. 근원에 이르는 길에서 신경숙이 처음으로 만난 사람은, 처녀작「겨울우화」에 의하면 '그'를 면회하기 위해 탔던 기차 안에서 옆자리에 앉아 동행했던 만삭이 다 된 잉부였다. 이제 그녀는 소설을 통해서 고향에 다가갈 수 있다. 하지만 고향은 더 이상 생기롭지 않다.

    ……그리웠어……무엇엔가 충만했던 이곳에서의 생활이……미치게 그리웠어……모든 것들이 완벽하게 우리를 끌어당겼었지.〔……〕

……뭐든 생기롭고 강렬했었지……그런 날들이 미치게 그리웠어……그런데 이상해……이젠 여기도 생기롭지 않아……어머닌 울고……고양이들은 눈 번뜩이고……어디서나 묘지 냄새가 나……
(「강물이 될 때까지」)

 어렵게 돌아온 고향이 묘지라는 섬뜩한 이미지로 다가오는 이유는 무엇일까. 여기서 눈여겨보아야 할 것은, 그리워하는 대상의 정체이다. 작가가 그리워하는 것이 과연 고향이라는 구체적·물질적 공간으로 한정될 수 있을까. 위에서 살펴보았듯이, 고향이 의미를 갖는 것은 생기로움으로 충만했던 시간이 놓여 있던 자리(공간)였기 때문이다. 지금의 고향에는 그러한 시간의 흔적조차 남아 있지 않으며, 생기로웠던 시간의 편린들은 다만 기억 속에 존재할 따름이다. 따라서 신경숙의 소설을 관통하고 있는 상실의 그림자란, 구체적인 대상 상실과 결부되어 있는 것이 아니라, 그보다 이상화idealization된 그 무엇(생기로움과 충만함)이 결핍의 흔적으로 남게 되면서 구성된 것이라는 사실을 어렵지 않게 알 수 있다. 이러한 결핍이 생기로움으로 충만한 원환적 세계를 자신의 배경으로 구성해내며, 구체적인 대상을 갖지 않는 무의식화된 상실감, 달리 말해서 우울melancholia의 원천을 이룬다. '충만한 생기로움/묘지(더 이상 생기롭지 않음)'라는 대립항에 입각해 있는 결핍의 논리. '생기로움/묘지'라는 대립을 가능하게 하는 변별적 요소(/), 달리 말해서 결핍을 가져온 주범은 다름 아닌 시간이다. "시간은 무엇이든 원형 그대로 놔두질 않"(「강물이 될 때까지」)기 때문이다. 원환적 세계의 구체적 표상이었던 고향이 묘지로 변하게 된 데에는 시간의 부정성(파괴성)이 가로놓여 있다. 시간의 파괴성에 노출되어 있는 원환적 세계는 묘지일 뿐이며, 행복했던 과거란 죽어 있는 시간의 다른 이름일 뿐이다. 시간의 부정성에 맞서는 힘이 기억인데, 어린 신경숙의 눈감음이 기억을 향한 의지에 해당한다. 하지만 기억 역시 시간의 파괴적인 속성으로부터 자유로울 수는 없다. 따라서 기억에 항구성을 부여하는 방식으로서 소설쓰기가 요청된다. 시간의 부정성과 대결하고자 하는 욕망이, 자신이 파놓은 수로를 따라 흘러들어간 곳이 글쓰기였던 것.

3. 상징적 자궁으로서의 소설쓰기

결핍은 욕망을 낳고 욕망은 결핍을 메우고자 상징적 등가물을 요청한다. 이 말은, 바꾸어 말하면, 욕망은 욕망 그 자체라는 존립 방식에 머물러 있을 수 없으며 상징적 질서에 의해 간접화됨을 의미한다. 그렇다면 충만한 생기로움의 결핍으로부터 생겨난 무의식적 욕망이 소설이라는 상징적 기제와 만날 때 어떠한 모습으로 자신을 드러낼 것인가. 소설쓰기에 투영된 작가의 근원적인 욕망과 관련해서 「겨울우화」를 살펴보도록 하자. 「겨울우화」가 고려의 대상이 된 것은, 데뷔작이라는 이유도 있지만, 신경숙의 소설 가운데 긍정적인 희망이 표출된 유일한 작품이기 때문이다. 우선 「겨울우화」라는 제목 자체가 의미심장하다 할 것인데, 겨울이란 희망 없고 암담한 젊은 날, 생기로움과 생명력이 소진해버린 시기를 의미한다. 여주인공 명혜의 말처럼 '난 지쳤어요'로 대변될 수 있는 시기이다. 우화(寓話)란 무엇인가. 둘러서 넌지시 말하기, 글쓰기를 통한 우회에 다름 아니다. 그렇다면 둘러서 말하는 방식이란 구체적으로 무엇이며, 글쓰기를 통한 우회가 도달하고자 하는 지점은 어디일까. 이 문제와 관련해서 주목해야 할 것은 「겨울우화」에 나타나는 두 가지 계열의 의미 구조이다. 하나는 '그'에게서 받은 장갑의 행방이고, 다른 하나는 '명혜—기차간에서 만난 잉부— '그'의 어머니'로 이어지는 계열의 의미망이다.

어디다 뒀던가? 〔……〕 내 방법에 내가 또 넘어갔는가? 간수를 잘 해야겠다는 물건일수록, 잃어버려서는 안 된다는 심정이 겹쳐지는 것일수록, 보관소를 몇 번씩 옮기고 만다. 그러다가 어느 때는 어디다 뒀는지 그 행방을 잊어버리기까지 한다. 기억을 살려 옮긴 장소를 한 켜씩 되짚어가면 생각지도 않은 틈서리에 그것들이 끼여 있다.

장갑은 '그'가 졸업 선물로, 그러니까 사랑의 표시로 준 것이다. 하지만 그것은 과거에 소중한 추억이 있었음을 나타내고 있는 표지일 뿐, 현재 그는 그녀의 곁에 없으며 따라서 그의 사랑도 없다. 장갑은 그 자체가 기의(사랑, 희망)의 부재를 나타내는 기표이며, 방법적 망각의 움직임, 즉 기의의 잠정적인 부재를 주장하고 있는 환유의 움직임과 결부되어 있다. 자리바꿈, 의도적이지만 위험하지 않은 망각의 놀이, 되짚어가기를 통한 지나간 시절의 재생, 이 다음에 오는 것은 무엇일까. 장갑의 완전한 망실이 그것이다. 기표를 잃어버림으로써 본래의 의미(기의)를 획득하는 방식은 둘러서 말하기〔寓話〕의 구체적인 모습을 보여준다. 기표의 분실을 통한 기억의 획득은 '그'의 어머니를 업고서 새로운 희망을 가지게 되는 장면과 중첩되어 보다 구체적으로 제시된다.

그에게는 책과 속옷과 치약을 영치해주리라. 그리고 말하겠다. 〔……〕 돌아올 때는 튼튼한 가슴으로 만선의 닻을 내려야 한다고.
그의 어머니 엉덩이를 두른 손이 시렵다. 장갑을 또 어디다 뒀던가? 면회대기실? 서울역? 기차 속? 귤가겟집? 〔……〕 생각이 안 난다. 전혀 모른다. 영원히 잃어버리지 않도록 가슴속에 낱짝으로 끼워두었는지도.

눈밭에 쓰러진 '그'의 어머니를 업고 있는 명혜의 심리가 문제다. '난 지쳤어요'라는 말로써 삶에 대한 불신과 권태를 호소하던 이전의 그녀와는 완전하게 다른 편안함과 희망이 표출되고 있기 때문이다. 돌발적인 사건의 와중에서 얻은 편안함, 그 근거는 무엇일까. '그'를 만나러 가는 기차간에서 만났던 잉부의 이미지 말고는 달리 그 근거를 찾기란 어려운 일이다. "가만 눈을 감는 여자의 얼굴에 행복과 기대가 엿보인다. 얼마 후면 온몸을 열고 아이를 분만해야 하는 두려움이나 불안을 전혀 찾아볼 수 없다. 무릎을 굽히지 않고 쭉 뻗은 자세가 여자를 자연스럽게 한다. 여자의 그 자연스러움 위로 안온함이 빛처럼 흐르고 있다." 잉부는 욕망의 매개자였으며, 명혜의 편안함과 희망이란 잉부의 미덕과 동일한 성격의 것임을 알 수 있다. 따라서 어머니를 업는 일은 어머니를 잉태하는 일, 달리 말하면 자궁을 잉태하는 일과 다르지 않다. 이 글이 돌려서 넌지시 이야기하고자 한 내용이 바로 이것이다. '그'를 낳은 어머니를 잉태함으로써 그녀는 '그'를/ '글'을 잉태한다. 상징적 자궁을 만드는 일이 소설쓰기에 투영된 작가의 근원적인 욕망이며, 그 방법은 장갑이라는 기표(물질적 기호)를 지속적인 환치의 움직임 속에서 망각 내지 삭제함으로써 본래적인 기의인 사랑과 희망을 획득하는 것이다. 소설이 선험적 고향 없음에 대결하고 있는 장르라고 할 때, 달리 말해서 돌아갈 곳은 없지만 끊임없이 돌아가야 한다는 운명을 짊어지고 있는 장르가 소설이라고 할 때, 기호의 환유적 움직임을 자궁으로 통합시키려는 움직임은 부재하는 고향을 돌아갈 만한 곳으로 만들고자 하는 욕망과 동일한 것이다.

4. 글쓰기의 무덤들

생기로움의 원천을 상징적으로 복원하고자 하는 작가의 욕망은 지나가버린 과거가 남겨놓은 미세한 이미지를 포착하는 데서 시작한다. 지나간 시절의 그 "희미한 웃음" 또는 "책갈피 속에 끼워둔, 너무 바짝 말라버려 발견한 순간 부서져버리는" 꽃잎과도 같은 이미지(「외딴방」)란 시간의 부정성에 노출되어 생기로움을 잃어버린 과거의 어떤 지점을 표상하는 표지와도 같은 것. 이 연약한 이미지들을 상징적 자궁으로서의 소설 공간 내부에서 통합하고 재구성함으로써, 부재하는 시간에 생기로움을 부여하고자 하는 것이 작가의 근원적인 욕망이다. 이러한 욕망은 "지난 과거 속에 중요한 것이 많았던 그 지점으로 이렇게 달려갈 수 있다면"(「조용한 비명」) 혹은 "사랑한다는 말을 단 한 번 세상의 공기 속에 섞어놓을 수 있다면 그 말을 세상에 주고 갈 수 있다면 그렇다면 저 집의 한 시절에게 주고 가고 싶다"(「새야 새야」)라는 진술의 형태로 표출되기도 한다. 하지만 소설을 통해서 사랑한다는 말을 공기 속에 섞어놓고 싶다는 욕망은, 무의식적인 것이기는 하지만, 「겨울우화」의 장갑처럼 기표의 물질성에 대한 부정적 인식을 전제하고 있는 것이다. 그렇다면 기호 내지 글자의 물질성은 왜 은밀한 방식으로 부정되어야만 할까. 기호의 물질성을 은연중에 삭제하고자 하는 무의식적 욕망이 소설쓰기를 압도하고 있는 상황에서, 글쓰기는 어떠한 양상으로 자신의 모습을 드러낼까. 글쓰기에 대한 욕망과 실제로 씌어져 있는 것(텍스트성) 사이의 긴장 관계는 서정적인 문체로 가득한 신경숙의 소설 내부에서 진행되는 분쟁의 모습으로 나타나게 될 것이다.

4-1. 무덤 속의 자궁

소설이라기보다는 만담류의 이야기에 해당하는 「새야 새야」를 먼저 살펴보자. 이 글에 등장하는 벙어리 세 모자는 수화를 통해 서로의 의사를 전달하는데, 이들이 "허공에 대고 그런 손짓말그림"을 통해서 의사를 전할 때는 그들 사이에 간극이나 외로움을 찾아볼 수 없었다. 하지만 작은놈이 글을 알게 되면서부터 사정은 달라진다. 글을 알게 된 작은놈은 외로워졌던 것이다. 외로움의 근거는 글자였는데, 기호의 물질성이 지니고 있는 간극이 문제였던 것이다.

ㄱㄴㄷㄹㅁㅂ……아 야 어 여 오…… 나씨가 그린 글씨들은 미로였다. 어머니와 셋이서 허공에 그린 손짓처럼 투명하질 않았다. 〔……〕 저희들끼리만 미로인 게 아니라 셋의 마음을 어지럽게 갈래지게 했다. 그들이 바람 속에 햇살 속에 그렸던 손그림으로는 헤아릴 수 없는 섞갈림이 ㄱ과 ㄴ 사이엔 있었다. 셋 사이의 틈은 그로부터 생겼다. 어머니께서 큰놈에게 ㄱ과 ㄴ 사이의 갈래진 틈을 일러줄 수 없게 되고부터 작은놈은 외로웠다. 〔……〕 결국 ㄱ과 ㄴ은 똑같았던 그들 셋을 달라지게 해놓았다.

글씨는 '미로'이며 불투명한 것이어서, 조화로운 통일성을 갈라지게 하고 마구 뒤섞어놓는 혼돈과 분열의 원인이다. 어머니는 작은놈이 글을 알게 되자 수첩에 볼펜을 주며 "너는 이것을 가졌으니 슬퍼하지 말고 미래를 가져라"라고 손그림을 한다. 하지만 작은놈이 글씨를 통해서 가질 수 있었던 미래는, 펜팔을 해서 알게 된 여자가 그의 모습을 직접 와서 보고는 뒤도 안 보고 돌아가버린 일뿐이다. 글쓰기를 알게 된 그는 손짓말그림의 조화로운 세계로부터 분리되어 있었고, 글쓰기가 가져다준 것이라고 생각했던 막연한 기대로부터는 사정없이 내팽개쳐져 있었다. 이러한 상황에서 글쓰기의 긍정성을 발견한 것은 읽을 줄만 아는 큰놈이었다. 글쓰기의 긍정성이란 무엇인가. "그걸루 형수를 붙잡진 못한단 말이네. 아름다이 보내줄 순 있지. 작은놈은 큰놈의 검은 동공을 멀거니 바라보았다. 아름다이? 글씨가 그런 일을?" 하지만 작은놈은 글쓰기가 가져온 분열을 견딜 수가 없었다. 작은놈에게 위안을 준 것은 철로 아래의 굴에서 데리고 온, 배가 점점 불러오는 여자, 우물 속에 자신을 숨기려고만 하는 여자였다: 욕망의 매개로서의 잉부. 이 여자에게서 편안함을 느끼게 된 작은놈이 결국 돌아가는 곳은 어머니였다. 보다 정확하게는 어머니의 무덤, 자궁의 무덤이다.

    얼마 지나 작은놈은 삽을 눈 위에 던지고 차가워지는 여자를 끌어안고 무덤을 두드리고 있다.
    (어머니.) / 〔……〕 / (어머니, 열어주세요.) / 〔……〕
    (작은놈이에요. 사, 삼켜주세요.)
    〔……〕 그들의 몸은 이미 안에 들어와 있다. 밑으로 밑으로 한없이 아늑한 웅덩이다. 어딜 그렇게 헤매고 다녔던 것인지.

「새야 새야」는 「겨울우화」와 유사한 구조를 가지고 있다. 기호의 물질성에 대한 부정적 인식, 잉부를 통한 욕망의 매개, 근원(자궁)에 대한 회귀 욕망에 있어서 동일한 의미 구조로 이루어져 있다. 「새야 새야」에서처럼 어머니 속으로 다시 들어가는 일이나 「겨울우화」에서처럼 자궁을 만들고자 하는 욕망은, 자궁이 모든 분열과 차이를 통합하는 초월적인 기의로 제시된다는 점에서, 동일한 의미 계열에 속하는 것으로 보아도 무방할 것이다. 하지만 소설을 상징적 자궁으로 만들고자 하는 욕망이 처녀작 「겨울우화」에 나타나 있었음을 염두에 둘 때, 「새야 새야」에 제시되어 있는 무덤 속의 자궁 혹은 자궁의 무덤은 참으로 난감한 대목이라 하지 않을 수 없다. 자궁에 이르는 길은 무덤을 거쳐야 하며 무덤과 자궁은 동시에 공존한다는 사실을 글쓰기가 보여주고 있기 때문이다. 상징적 자궁을 꿈꾸는 욕망을 비껴나가면서 글쓰기가 만들어놓은 자궁의 무덤은, 글쓰기와 욕망이 빚어내는 분쟁의 서곡에 지나지 않는다. 배후에는 욕망을 좌절시킨 원인 제공자에 대한 대대적인 반격이 준비되어 있을 것이다. 「배드민턴 치는 여자」에 주목하는 것은 욕망의 좌절 뒤에 나타나는 공격성 때문이다.

4-2. 글쓰는 자의 무덤

감각적인 문체가 돋보이는 「배드민턴 치는 여자」는 타자 학원을 다녀서 3급 자격증을 따고는 엉뚱하게도 화원에서 근무하고 있는 한 처녀의 이야기이다. 그녀가 한여름을 견딜 수 있었던 힘은 두 가지다. 하나는 어린 시절의 추억으로, 동성애적인 분위기와 결부되어 있는 푸른 영상이 그것이다. 다른 하나는 다소 바람둥이 기질이 농후한 '그'를 만난 것. '그'를 향한 욕망과 푸른 영상을 글로 옮겨보고 싶은 욕망이 그녀를 지탱해주었던 것이다. 하지만 '그'를 향한 욕망은 엉뚱한 겁탈로 귀결되고, 푸른 영상의 끝에는 그 아이의 차가운 멸시와 쓰라림만이 남아 있을 뿐이다. 어긋난 욕망의 끝에 글쓰기가 놓이는데, "그녀에게 있어서 글을 쓴다는 것은, 그 글 속으로 그녀 자신이 숨는 일이었다."

그녀가 걸음을 멈춘 곳은, 그녀가 화원으로 영원히 되돌아가지 않겠다고 마음먹은 곳은, 미술관 앞이다. 〔……〕 다만 땅을 깊게 파먹은 포클레인이 여전히 공룡의 형상을 하고, 공터로 내려서는 허깨비 같은 그녀를 지켜보고 있다. 〔……〕 그녀가 포클레인을 향해 천천히 걷는다. 그녀가 힘껏 손톱으로 포클레인 몸체를 긁어본다. 포클레인은 긁혀지지 않는다. 그래도 계속 긁어대니, 그녀 손톱이 달아난다. 그녀가 이제 포클레인 아무 곳이나 몸으로 밀어보고 있다. 〔……〕 그녀는 포클레인 위로 올라가기 시작한다. 〔……〕 그녀는 후욱, 숨을 몰아쉬며 그 흙 속에 두 발을 꼬옥 묻는다. 뭔가 안심이 안 된다는 표정이다. 자꾸만 흙을 퍼올려 자신의 무릎을 묻고 허벅지를 묻고 엉덩이를 묻던 그녀는 〔……〕 더 이상 자신을 매장할 흙이 없어 손짓을 멈추고 밤별들을 눈으로 올려다본다. 그의 얼굴이 잠시, 별들 속에 섞여 피어났을 때 그녀 눈 속의 공허함이 잠시 사라진 듯했다. 〔……〕 너무 짧은 공허한 빛남. 〔……〕 뭔가 꾹꾹, 눌러 적어넣을 양을 하다가……

이 어두운 밤에 그녀가 미술관으로 되돌아온 이유는 무엇일까. 그보다는 미술관이라는 공간의 잠재적 의미를 먼저 물어야 할 것 같다. 미술관을 지배하던 대낮의 논리는 발랄함이었다. 짧은 진치마를 입고 배드민턴을 치던 여자들의 늘씬한 다리들, 그 발랄함이야말로 그녀의 나이에 걸맞는 생기로움이지만 동시에 그녀가 가질 수 없는 욕망의 형태이기도 하다. 반면에 그녀에게 요구되는, 욕망의 기본적인 존재 방식은 은폐이다. 욕망이 노출될 경우 그녀에게 돌아오는 것은 욕망의 충족이 아니라, 푸른 영상 뒤에 남은 쓰라림이나 엉뚱한 겁탈처럼, 처절할 정도의 좌절뿐이기 때문이다. 그녀가 미술관으로 되돌아온 것은, 그곳이 누가 보아도 상관없고 오히려 누가 훔쳐

봐주기를 원하는 욕망이 발현되었던 공간이었기 때문이다.
　욕망의 좌절 뒤에 찾아온 미술관, 아무도 없는 밤, 이제 미술관의 주인이 된 그녀가 누가 보든 상관없다는 태도로 보여주고자 하는 것은 다름 아닌 공격성이다. 포클레인과 맞대결을 펼치고 있는 그녀의 모습이 그것이다. 그런데 왜 그녀는 자신이 다쳐가면서까지 아무 상관도 없는 것 같은 포클레인에게 그녀의 손톱을 세우는 것일까. 공격성의 표출이 욕망의 좌절을 강요한 원인과 형태적으로나 상징적으로 유사한 대상에 집중되는 것임을 감안한다면, 포클레인은 그녀의 욕망을 좌절시킨 그 무엇이며 욕망의 발현을 불가능하게 하는 원초적인 그 무엇의 상징이라고 볼 수 있다. 포클레인이란 무엇인가. 신경숙에게 포클레인이란 '묘지로 가는 길을 파먹고' 있던 글쓰기의 메타포이다. 그러니까 그녀는 글쓰기 기제와 맞붙어서 일전을 벌이고 있는 셈이다. 욕망을 좌절시킨 주범이 글쓰기란 말인데 어째서 그러한가. 좌절된 욕망들, 1) 글로 옮겨지면서 남게 된 푸른 영상의 쓰라림. 2) 겁탈하면서 최가 하던 말: "니 얼굴에 씌어져 있어. 나 죄 없어. 다만 니가 말 못하는 걸 내가 알아서 해주는 것뿐이야." 3) 글쓰기에 의해 무덤 속의 자궁으로 전락해버린 상징적 자궁을 향한 욕망. 욕망의 좌절들은 모두 씌어져 있었다는 공통의 원인을 갖고 있다. 포클레인에 대한 그녀의 공격성은 글쓰기에 대한 욕망의 반격이었던 셈이다. 하지만 그녀의 손톱이 달아나고 포클레인에도 흠집이 생기는 싸움을 계속할 수는 없는 법. 모종의 협상이 이루어진다. 여기서 포클레인의 흙 속에 자신을 묻고 글을 쓰는 행위의 의미가 포착된다. 그녀는 드러나버렸기 때문에 어긋나버린 욕망 대신에 글쓰기가 자신을 가려줄 것을 욕망한다. 포클레인에 자신을 묻는 것은 그녀의 이와 같은 욕망 때문이다. 하지만 욕망의 매체로서의 글쓰기는 그녀의 욕망보다 한 걸음 더 나아가 그녀의 무덤을 제시하고 있

다: 글쓰는 자의 무덤과 글쓰기의 공존. 이제 글쓰기는 글쓰는 자의 무덤이다. 자궁을 만들고자 하는 신경숙의 글쓰기 욕망은 자궁의 무덤과 글쓰는 이(즉 자신)의 무덤을 만들어놓은 셈이다. 소설쓰기는 자궁이 되어야 한다는 욕망에 대해, 그것은 자궁의 무덤이며 너 자신의 무덤일 뿐이라는 글쓰기의 응답에 부딪혀 있는 상태.

그렇다면 근원적인 욕망을 비껴가는 움직임, 자궁과 무덤의 잠재적 공존을 가능하게 하는 저변의 논리는 무엇일까. 근원적인 욕망을 표현하는 말인 자궁이 '글-씨'로서 가지고 있는 무의식적 논리의 작용이다. 지금까지 살펴본 것처럼, 신경숙 소설의 근원적인 메타포는 자궁이다. 그 속으로 퇴락한 시간이 들어가고 재생된 시간이 나온다. 자궁이란 무엇인가. 子宮, 아이의 궁전 혹은 태아의 집. 그러나 집 안에 들어가 있는 아이의 모습은 그녀를 당혹하게 한다. 字. 자궁은 子宮이면서 字宮이기도 한 셈이다. '자궁-子宮-字宮'의 무의식적 논리가 '소설쓰기=상징적 자궁'의 욕망을 가능하게 한 근거인 것이다. 그녀는 자궁에는 생명(生命)의 소리가 있음을 주장한다. 生鳴, 그 울림은 글자가 만들어놓은 모든 차이, 갈라짐을 넘어선다고. 하지만 자궁 속에서 글자(記號)가 궁극적으로 도달한 모습(字窮)은 생명이 만들려고 하는 통합체적 움직임을 다시금 흐트러뜨린다. 생기로움의 복원을 위해서 끌어들여진 자궁 내의 기호는 그 극한의 지점에서 죽음의 무덤의 표지(忌號)로 변하게 되며, 그녀가 동원한 수사(修辭)는 죽음을 수놓는 무늬가 된다. 繡死. 조금은 황당하게 보이는 글-씨의 무의식적 논리, 하지만 상징적 자궁을 향한 근원적인 욕망에 들러붙어 있는 글쓰기의 원초적인 모습이다.

5. 어찌할 수 없음과 삶의 역설

　상징적 자궁에 대한 욕망이 자궁의 무덤으로 더 나아가 글쓰는 자의 무덤으로까지 미끄러져온 상황에서, 신경숙은 자신의 글쓰기 기제에 대해 또 한번 공격성을 드러낼 것인가. 그렇지는 않다. 신경숙 스스로가 '무덤'을 만들겠다고 공언한 작품인「멀리, 끝없는 길 위에」를 살펴보자. 이 작품은 이숙에 대해서 세번째로 고쳐 쓴 작품이다. 신경숙에게 이숙이 그토록 문제가 되는 이유는 무엇일까. 먼저 이숙에 대해서 살펴보도록 하자. 이숙은 지독할 정도로 내성적인 성격이면서도 유독 공룡에 대해서만큼은 편집증적인 애정을 갖고 있는, 약간은 엉뚱한 구석이 있는 대학 친구이다. 현실의 논리에 적응하지 못하고 거식증에 시달리다 스물다섯의 나이에 죽어간 청춘의 이름이다. 하지만 이숙이란 존재의 의미는 각별했던 친구라는 정도의 의미로 제한될 수 없는데, 그것은 두 가지 점에서 그러하다. 하나는 이숙과 작가의 관계. 두 사람은 "서로 결핍하고 있는 부분을 서로가 가지고 있는" 사이라는 점. 다른 하나는 이숙이라는 이름. 한자가 異淑이라는 점. 작가는 어느 대담에서 이숙이라는 이름의 한자를 밝히면서 '다르게 맑음'이라는 축자적 해석을 내린 바 있지만, 이숙이란 또 하나의 다른 신경숙, alter-신경숙, 동일한 운명을 분유(分有)하고 있는 다른 모습의 동일자인 셈이다.

　이 글의 전체적인 의도는「호텔 캘리포니아」의 노랫말에 나오는 "온갖 상념을 불러일으켜서 망각 속에 묻어버린다"는 말로써 대변할 수 있을 것이다. "나는 그녀를 재생해내고 싶다, 엮어주고 싶다, 소설이 아니어도 좋다, 나와 같은 해에 태어나 흔적 없이 사라져버린 그녀의 무덤이 여기이게 그렇게만." 신경숙은 이숙의 무덤을 만들기 위해서 "그녀 속의 우연, 기미, 어찌할 수 없음"과 같은 삶의 미세한 본질과 운명을 섬세하면서도 충만하게 포착(재현)하고자 한다. 하지만 이러한 바람과는 달리 신경숙은 자신의 글이 삶의 진실에 턱없이 미치지 못하거나, 어느 한 부분을 과장하거나, 글의 진행을 지나치게 드라마틱한 쪽으로 몰아가거나 할 뿐이라고 고백한다. "문장으로는 삶을 완벽하게 다룰 수 없다."

문장으로는 삶을 완벽하게 다룰 수 없는 이유는 무엇일까. 이 물음에는 신경숙이 이숙에 대한 글을 그토록 쓰고자 하는 이유, 이숙이 죽을 수밖에 없었던 이유, 그리고 신경숙이 이숙에 대해서 완벽하게 무덤을 만들 수 없었던 이유가 중층적으로 겹쳐 있다. 이숙(과 신경숙)의 삶이 보여주는 순금 부분의 문제인 것이다. 이숙의 손가락과 관련된 삽화 하나가 그 열쇠이다. 절에 갔다가 거꾸로 용솟음치는 폭포수를 바라보는 이숙.

그 가름없는 흰 물줄기. 그런데 그 폭포수 위로 꽃들이 지지 않겠니. 바, 바람에 막 날려서 흰 물줄기 속으로 서, 섞이지 않겠니. 〔……〕 어찌나 누눈물이 나는지…… 아, 아름다웠어…… 그 아래 앉아서 울었어. 엄마가 왜 우냐고? 뭘 보고 우냐고 물어서, 저것, 흰 물줄기와 꽃잎을 가리켰는데…… 무어 말이야? 저것…… 엄마 저것…… 끝끝내 엄마는 내 손끝이 가리키는 것을 알아주지 않고는, 뭐 말이야?

현전하는 아름다움, 언어도단의 상태, 아름다움에서 받은 감동을 (언어적 표현이 아닌) 울음 말고는 달리 표출할 도리가 없는 상태. 가장 단순한 형태의 지시적 언어와 손짓으로도 그 아름다움의 현현을 전달할 수는 없었다는 것, 본질적인 이미지의 세계와 언어 사이에는 뛰어넘을 수 없는 간극이 존재한다는 것을 이숙의 손가락은 보여주고 있다. 이숙의 더듬거리는 말투란 아름다움의 세계와 언어 사이의 간극을 대변하는 것이며, 그러한 간극이 가져온 공포감의 표현과 다르지 않다. 이것이 이숙이 죽은 이유이며, 신경숙이 그토록 써보려고 했던 것이며, 신경숙의 욕망이 원초적으로 좌절될 수밖에 없었던, 이숙과 신경숙이 함께 짊어지고 있는 운명의 표정이다. 이 운명의 표정이 이숙에게는 죽음의 그림자로 드리워졌다면, 신경숙은 본질적인 세계와 언어 사이의 간극 자체를 상징적 자궁을 통해서 통합해보려고 했던 것. 이를 두고 무(無)에 대한 의지, 다른 말로는 허무주의라 할 수 있을 것이다. '도대체 적으면서 사는 삶이란 무엇인가'라는 물음에서 '도대체'라는 말은 글쓰기가 가져온 부정적 허무주의의 흔적이다. '어찌할 수 없음'과 마주보고 서 있는 '도대체.' 따라서 그 물음은 '어찌해볼 도리가 없는 것을 써보겠다고 달려드는 삶이란 무엇인가'라는 물음으로 재정식화된다.

이숙의 손가락으로 대변되는 '어찌할 수 없음'이 신경숙의 물음을 구성하는 한 축이라면, 나머지 한 축인 '적으면서 사는 삶'이라는 말의 저변에 놓여 있는 함의는 무엇일까. 글쓰기는 삶을 완벽하게 다룰 수 없다는 좌절감에 빠져 있던 그녀가 이숙에 대한 글쓰기에 의욕을 갖게 된 것은 어느 요절한 시인(기형도인 듯)의 무덤에서였다. 글쓰기에 대한 욕망을 불러일으킨 매개항은 시인의 누이가 안고 있는 아이였다. 시인의 누이는 친동생을 잃고 새로 둘째아이를 얻은 터였다.

첫애를 낳고 아무리 애를 써도 둘째가 안 들어서더니 열네 해 만에 이 아일 얻었지요. 그애가 살아 돌아온 것만 같아요. 나는 아이를 받아서 안아보았다. 가벼웠다. 포대기 속에서 아이는 하얗게 웃었다. 〔……〕 그때였을 것이다. 그녀에 대해 뭔가 써보겠다는 욕망이 빠져나간 자리, 그 자리가 다시금 뜨거워지는 것이었다. 나는 몸을 돌려 묘지 위의 산을 깊게 파먹고 있는 포클레인을 다시 한 번 쳐다보았다.

소설에 투영된 작가의 근원적인 욕망이 상징적 자궁과 관련된다는 사실을 다시 한 번 읽어낼 수 있는 대목이다. 하지만 이 지점에서 그러한 사실의 확인은 부차적이다. 중요한 것은 작가의 시선이다. 글쓰기에 대한 욕망이 다시 그녀를 가득 채우고 있는 이 지점, 글쓰기가 강요한 절망감에서 벗어날 수 있는 결정적인 지점, 자신의 근원적인 욕망이 다시금 작동하고 있는 이 지점에서 작가의 눈이 포클레인으로 향한 것은 왜일까. 그녀의 욕망과 그녀의 시선이 닿는 곳 사이의 거리, 그 사이에 놓인 물음이 '도대체 적으면서 사는 삶이란 무엇인가'라는 물음이 아니었던가.

……포클레인, 그 묘지로 가는 길을 파먹고 있던 포클레인, 그때 바람 앞의 산불처럼 균형 없이 타오르던 그녀를 쓰고 싶은 그 욕망. 내 욕망은 내 삶을 파먹을 포클레인일 것이다. 설령, 그렇다 할지라도 그 파먹힘으로부터, 지금의 내 일상은 겨우 지탱되는 것이어서, 그 욕망으로 인해 내 삶의 수는 간신히 놓아지고 있는 것이어서, 그럼으로써 삶을 조금 사랑하게 되는 것이어서, 그 욕망을 놓는 일은 내 몸과 마음을 가눌 근거를 무너뜨리는 일이어서……

포클레인을 향한 그녀의 시선이란 자신의 글쓰기의 이미지를 다시 더듬는 행위였던 것이다. 무덤을 만들고 있던 자신의 글쓰기의 이미지. 글쓰기의 좌절에서 벗어날 수 있는 대목에서 작가가 포클레인을 본 것은 글쓰기가 자기 소진 내지는 자기 훼손의 모습을 하고 있기 때문이다. 하지만 그녀의 삶은 글쓰기에 의해서(만) 지탱된다. 글쓰기는 파먹힘의 공포이자 삶의 가치였던 것이다. 글쓰기의 양가성과 관련된 자기 훼손의 이미지는 글쓰기에 의해 파먹힘을 당하는 삶(이것을 비(非)글쓰기적 삶이라고 하자)과 글쓰려고 애쓰는 삶(글쓰기에 투여된 삶이라는 의미에서 글쓰기적 삶이라고 하자)의 구별을 명확하게 제시하고 있다. 여기에는 신경숙이 나름대로 견지해오던 이분법의 논리가 작용하고 있는데, 생기로움과 무덤(더 이상 생기롭지 않음)의 대립항이 그것이다. 생기로움/무덤이나 비글쓰기적 삶/글쓰기적 삶과 같은 대립항들은 생기로운 비글쓰기의 삶의 가치를 전제하고 있었던 것이다. 이 지점에서 묘한 전도 현상이 일어나게 되는데, 생기로워야 할 비글쓰기적 삶이 글쓰기적 삶으로 겨우 지탱되고 있으며 오히려 무덤의 이미지로 표상되는 글쓰기적 삶으로 수놓아지고 있다는 고백이 그것이다. 이러한 뒤집힘은 지나간 삶에 대해서 글을 쓴다는 기본 논리의 역전 현상이기도 하다. 글쓰기가 삶을 수놓는다면, 글쓰기가 수놓는 비글쓰기적인 삶의 모습은 어떠한 것일까.

그녀의 심연에 대한 군더더기 없이 떠오른 단 한 줄의 표현. 아 이것…… 붙잡으려는데 동시에 사라진다. (……) 한 세계에 강렬하게 생기를 불어넣어줄 것 같은 그 반짝임을 실없이 놓쳐버리고 헛껍데기가 되어서, 하염없이 있는데 창문을 통과해온 햇빛이 나를 조롱한다.

'헛껍데기'가 되어버린 작가. 떠오른 결정적인 이미지마저도 문장으로 적어내질 못했기 때문이다. 헛껍데기가 되어버린 작가를 '조롱하는 햇빛'이 '적으려고 애쓰는 삶이란 무엇인가'라는 물음에 대한 작가 스스로의 대답이다. '아무것도 아니다'라는 것. 사실 작가는 글로써는 삶을 완벽하게 담아낼 수 없다는 것을 알고 있다. 떠오른 이미지를 담아내지 못할 수밖에 없는 이유도 알고 있다. 이숙의 손가락이 보여주는 본질적인 이미지와 언어 사이에 개재해 있는 근원적인 간극을 작가는 이미 보아왔기 때문이다. '어찌해볼 수 없음'을 적어보려는 글쓰기란 그 자체가 무의미한 것이며 허망한 것이다. 하지만 이 허망함이 '한 세계에 강렬하게 생기를 불어넣어'주고 싶어하는 욕망을 낳았던 것이다.

  만약 신경숙의 글쓰기가 한 세계에 생기를 불어넣어줄 수 있었다면, 그러기 위해서 살아온 삶, 즉 적으려고 애쓴 삶은 생기를 불어넣어준 시간이라는 사실만으로도 충분히 구제받을 수 있었을 것이다. 하지만 생기를 불어넣는 데 실패한 글쓰기를 위해 바쳐진 시간들은 어디에서도 구제받지 못한다. 지나가버렸기 때문에 부재하는 시간들의 재현을 위하여 투여된 시간들은, 생기로움을 불어넣어주고 싶다는 자신의 목적을 달성하지 못했기 때문에 그 자체가 생기 없는 시간이 되어버린다. 그녀는 과거의 삶에 생기를 부여하기 위해 자신의 현재적 삶을 생기 없음의 시간으로 만들어가고 있었던 것이다. 따라서 '적으면서 사는 삶'이란 '삶에 반대하는 삶'으로서, 충만한 삶이 불가능해진 삶이다. 글쓰기적 삶이 가져온 이와 같은 역설이 '적으면서 사는 삶이 무엇인가'라는 물음의 두번째 축이다. 글쓰기라는 허망한 짓거리를 하고 있는 자신의 삶이 문제되기 시작한 것이다.

6. 운명애를 위한 이중의 긍정

지금까지 우리는 신경숙의 소설에서 '도대체 적으면서 사는 삶이란 무엇인가'라는 물음이 구성되어온 과정과 그 배후의 논리를 좇아왔다. 이러한 물음의 배후에 1) 본질과 언어 사이에 개재해 있는 도저히 어찌해볼 수 없는 간극과 2) 글쓰기라는 허망한 일을 추구하기 때문에 불가능해져버린 충만한 삶의 좌절과 비애가 자리잡고 있음도 살펴보았다. 그녀의 소설은 작품「성일(聖日)」이 보여주는 것처럼 5층 건물로 된 아파트에서 602호를 찾는 일과 동일한 것이다. 있지도 않은 것, 허깨비와 같은 것, 글로 옮겨질 수 없는 것을 써보려고 하는 것이 신경숙 소설의 본령인 것이다. 따라서 허망한 글쓰기 끝에 밀려드는 허무함을 극복하는 방식이 문제가 된다. 글쓰기 때문에 헛껍데기가 되어버린 작가가 최소한으로나마 자신의 삶을 구하는 방식은 무엇일까.

......지금은, 또, 또 다른 시간.
나, 여기 놓여 있다. 여기, 멀리, 끝없는 길 위에, 나, 곧 지나갈 한 순간으로.

신경숙의 소설은 부재하는 과거, 생기 없는 시간을 대상으로 하며, 그녀의 소설쓰기는 상징적인 자궁이 되어 이 부스러져가는 시간에 생기를 불어넣어주고자 한다. 이를 두고 시간을 새롭게 낳아보고 싶은 욕망이라 할 수 있을 것이다. 만약 이러한 욕망으로 시간에 생기로움을 불어넣었다고 할 때, 생기로움이 빠져나가지 않게 하기 위해서는 시간의 봉인이 필요하다. 또한 시간을 아름다운 것으로 유지하기 위해서는 방부제가 필요한데 그것이 글자이다. 그런데 방부제는 약인 동시에 독이어서 부작용을 동반하게 마련이다. 글자가 생산하는 의미의 미끄러짐이 그것이다. 따라서 시간을 봉인할 수 있는 것이면서 동시에 모든 의미론적 미끄러짐을 통합할 수 있는 결정적인 마디가 요청된다. 그 마디가 우리가 앞에서 살펴본 죽음이다. 이때의 죽음은 의미론적 차이들의 복수성을 감당하지 못한 데서 오는 것이면서 동시에 모든 의미 작용을 가능하게 하는 원리로서도 작용하고 있다. 이러한 논리는 소설에 대한 작가의 욕망에도 그대로 투영되어 있다. 「겨울우화」에서처럼 그리고 「멀리, 끝없는 길 위에」에서처럼 모든 상념들은 일깨워진 뒤 잊혀지는 것을 목표로 한다. 여기서 잊혀진다는 것은 상징적 자궁을 거쳐 생명력을 획득한 뒤 영원의 세계로 이월됨을 의미한다. 더 이상 시간의 부정성에 의해 손상되지 않는 세계가 영원이기 때문이다. 신경숙의 소설은 부재하는 생기 없는 시간이 자궁으로서의 소설에 진입하여 생기로움을 획득한 뒤 그 자체로 봉인되어 잊혀지는 것, 즉 영원의 세계로 이월되는 데 있다. 이때 시간의 부정성과 문자의 의미론적 차이를 봉쇄하고 통합하는 것이 죽음이었던 것이다: 자궁이 무덤으로 되는 또 하나의 논리. 죽음이라는 시간적 마디 혹은 초월적 기의가 직선적 시간, 분할 가능한 시간의 관념을 요청한다. 그래야만 새로운 시간 위에 설 수 있기 때문이다. 하지만 그 시간은 진정 새로운 시간일까. 또 다른 글쓰기가, 또 다른 허망함이 그녀를 기다리고 있는 것은 아닐까.

 허망한 글쓰기가 자신의 삶을 왜곡시키는 힘이면서 동시에 '지독한 현재'를 견딜 수 있게 해주는 힘이라는 이율배반적인 사실은 충분히 이해할 수 있다. 이 지점에서 고통스럽게 제기된 것이 '적으면서 사는 삶이란 무엇인가'라는 물음이었음도 이해할 수 있다. 하지만 지금까지 보아왔듯이 글쓰기를 통해 그녀가 소망하는 것은 어떠한 방식으로도 달성될 수 없는 것이다. 상징적 자궁을 지향하는 욕망이 무덤을 만들어낸 것처럼, 계속해서 미끄러지고 지연되고 뒤틀린 형태로 제시될 뿐이다. 더 나아가 글쓰기 작업은 그녀의 삶마저도 왜곡되게끔 한다. 신경숙에게 글쓰기같이 허망한 일이 또 있을까. 그렇다면 이 허망한 일에 그녀는 왜 이다지도 집착하는 것일까. 이에 대한 답변으로 신경숙이 제시하고 있는 것은 두 가지이다. 글쓰기란 자신의 존재 의미를 확인시켜주는 방식이라는 점이 하나이고, 글쓰기는 운명이라는 점이 다른 하나이다. 무서우면 안 가도 되는 것을 운명이라고 하지는 않는다. 운명으로서의 글쓰기란 무서워 '울면서도 가야만 하는 길'인 것이다. 글쓰기가 저주받은 영혼의 운명이라는 모습으로 다가온다면, 신경숙은 '내게 있어 글쓰기란 무엇인가'라고 물을 필요가 있을까. 아니 그러한 물음이 그녀에게 긍정적인 의미를 지닐 수 있을까. 이 물음 자체가 의미 없다는 말이 아니다. (신경숙의 근원적인 욕망에 대한 부정적인 인식을 전제로 한 것도 아니다. 신경숙은 더욱더 그리고 계속적으로 이 욕망을 견지해야 하며 또한 그럴 수밖에 없으리라.) 이 물음은 글쓰는 사람이면 누구나 가슴속에 가지고 있는 것이지만, 아무나 제기할 수 있는 성질의 것은 아니다. 이 물음이 신경숙에게 긍정적으로 작용하지 못한다는 말의 함의는, 이 물음이 글쓰기를 대상화시켜 나와 대립적인 위치에 서 있는 그 무엇으로 정립하며, 글쓰지 않는 나/글쓰는 나, 글쓰지 않는 삶/글쓰는 삶, 생명적 본질/무덤(글쓰기 또는 더 이상 생기롭지 않은 것) 등의 대립항들을 끊임없이 산출하기 때문이다. 이 물음을 던지는 한 글쓰기가 가져온 부정적인 허무주의와 삶의 역설에서 빠져나올 방법은 없을 것이다. 글쓰기를 자신의 운명으로 인정한다면, 이제 신경숙은 더 이상 '글쓰기는 무엇인가'라고 묻지 말아야 할 것 같다. 그 물음은 '왜 나는 글쓰도록 저주받았는가'라는 물음과 동일하기 때문이다.

　글쓰기가 산출해낸 모든 부정적인 귀결들을 긍정하고 승인한 신경숙(장편 『깊은 슬픔』은 그와 같은 긍정의 과정이며 산물이 아닐까), 그녀의 모습은 니체적 의미에서의 비극적인 삶을 살아가는 자의 모습이라 할 것이다. 그녀가 앞으로 물어야 할 것은, 니체의 『즐거운 학문』에 나오는 다이몬의 다음과 같은 말이 아닐까: "너(/나)는 이것을 한 번 더, 그리고 수없이 의욕하는가." 운명으로서의 글쓰기에 대한 반작용적인 긍정이 아니라 적극적이면서도 작용적인 긍정, 글쓰기가 가져온 부정적인 귀결들을 긍정하고, 다시 한 번 글쓰기를 욕망하는 자신과 자신의 운명적인 글쓰기에 대한 이중의 긍정.

벗어남과 돌아감의 잠재적 공존에 관하여
── 윤대녕론

1

 작품집 『은어낚시통신』과 장편소설 『옛날 영화를 보러갔다』를 상재한 윤대녕은 '1990년대적인 작가'라는 칭호가 가장 잘 어울리는 사람이다. 1980년대에 대학을 다닌 사람이기는 하지만, 그의 글은 지난 시기에 대한 낭만적 부채 의식에서 출발하지 않는다. 그는 1980년대를 아름다운 방황의 시기로 낭만화하고 있지도 않으며, 윤리적인 거점이나 자기 합리화의 근거로 활용하지도 않는다. 달리 말하면 윤대녕에게 1980년대를 괄호치는 일이란 글쓰기의 출발점에 해당한다. 하지만 괄호친다는 말이 지나간 시대에 대한 의도적인 외면이나 무관심을 의미하지는 않는다. 오히려 지난 시기를 괄호침으로써 자본주의적인 일상을 살아가는 자신의 삶을 가늠하는 윤리적인 무의식을 구성할 수 있었고, 글쓰기의 중립 지대 또는 글쓰기의 영도(零度)를 설정할 수 있었으며, 이전 시기의 문제를 오늘의 문제로 치환하고 첨예화하는 계기를 마련할 수 있었던 것이 아닐까.
 윤대녕은 1980년대와의 관련성을 고집하지도 않고 부정하지도 않는 지점에서, 오늘의 삶을 바라본다. 달리 말하면, 후기 산업 사회가 쏟아내는 문화적 이미지들에 대해 개방적인 태도를 가질 수 있게 된 것. 여기서 윤대녕의 몸 가벼움 혹은 시대 감각에 대한 민감함의 원천을 발견할 수 있을 것이다. 역사, 이념, 해방의 거대 담론은 사라지고 이미지와 메타포들이 바글대는 시장(市場)과 같은 시대를 바라보는 그의 담담한 눈길 속에, 1990년대 중반 '지금-여기'를 살아가는 우리의 일그러진 모습과 그 속에 감추어진 내밀한 욕망들이 예리하게 포착된다.

그렇다면 괄호 속에 놓인 1980년대와 후기자본주의적 일상의 1990년대 사이에서 윤대녕이 제기한 물음은 무엇이었을까. 윤대녕 소설의 문제적인 성격과 직접적으로 맞닿아 있는 대목이다. 1980년대가 끝나고 많은 사람들이 제기했던 질문은 '어떻게 살 것인가'라는 물음이었다. 삶의 방향성과 관련된 물음이며 거대 담론에 대한 그리움이 만들어낸 물음이다. 거대 담론의 부재를 대체할 수 있는, 또 다른 이념 지향의 거대 담론에 대한 희구를 내포하고 있는 물음. 이러한 물음에 대한 문학적 답변이 후일담 소설이고 세태 소설이었음은 널리 알려진 바와 같다. 하지만 윤대녕은 처음부터 이러한 물음-응답에서 비켜서 있었는데, 그것은 윤대녕이 제기한 물음의 문제적인 성격 때문에 가능한 일이었다. 그렇다면 윤대녕이 제기한 물음은 무엇이었던가. '나는 어디에 있는가.' 자신의 존재론적 자리 topos에 대한 물음이었던 셈이다. 그렇다고 해서 역사적 맥락을 상실한 상태에서 제기되는 실존적인 차원의 물음은 결코 아니다. 자본주의가 제공하는 일상을 어쩔 수 없이 살아가야 하지만 다른 세계 Nebenswelt의 가능성을 엿볼 수밖에 없는 사람만이 던질 수 있는 물음이다. 괄호를 닫자 그 바깥에 물음이 있었던 것.

2

  너무나도 노골적이었던 파시즘, 그리고 거기에 맞섰던 이념의 표정들이 자리하고 있던 거리를 기억한다. 그들이 언제인지도 모르게 사라져버리고 거리의 주인은 바뀌었다. 이제 거리에는 악보화(樂譜化)된 유행 paper mode이 굽이쳐 흘러가고, 미처 충족되지 못한 욕망들은 또다시 새롭게 창출된 욕망들의 꽁무니를 좇아 허망한 여행을 떠난다. 유행이 일상 속으로 삽입되는 지점. 소비 중심의 자본주의가 제시하는, 거울의 표면처럼 매끄러운 일상성의 세계가 무한궤도처럼 펼쳐져 있다. 사람들은 일상의 변화 없음에 지겨워하면서도 동시에 그것에서 벗어나게 될까 봐 걱정하며 살아간다. 소비 중심의 도시를 둘러싸고 있는 이상한 분위기, 현대 자본주의 사회를 둘러싸고 있는 일상성의 안개, 그 희뿌염. 일상성은 극도의 권태와 피로를 가져오는 주범이면서, 동시에 생존을 위한 물질적 조건을 재생산하는 원천이기도 하다. 따라서 일상성은 그 자체가 양가적이다. 일상에서 벗어난다는 것은 사회적 존재 기반에서 이탈된다는 것(달리 말해 사회적 죽음)을 의미하기 때문이다. 그렇다고 해서 일상성이 똑같은 생활 패턴의 기계적 반복을 의미하지는 않는다. 일상성은 고도로 발달한 현대 산업의 도시적 특징이며, 일상성과 근대성은 동전의 앞뒷면에 해당한다. 권태, 무기력, 공허감과 동반되는 일상성은, 행동과 사고에 의미를 부여해줄 가치 지평의 소멸을 반증한다.[1]

  소비라는 현대적 이데올로기만 팽배하고, 욕망이 원초적 급진성을 상실해버린 지점에서 사람들은 '나는 지금 어디에 있는가'라고

---

1) 앙리 르페브르, 박정자 옮김, 『현대세계의 일상성』, 세계일보사, 1990, p. 40.

묻는다. 그리고 그와 같은 물음을 던졌다는 사실 자체를 잊어버린다. 일상의 세계 속에서 인간은 자신의 고유한 얼굴을 잃어버리고, 자본주의가 제공한 기호-이미지를 허울처럼 둘러쓰고 살아간다. 허울 위에 겹쳐지고 덧붙여지는 허울, 겹겹의 허울들, 그것은 우리들의 피부 조직tissues이나 각질(角質)과도 같은 것이어서 우리의 촉각은 근원적인 그 무엇에까지 도달하지 못한다. 얼굴을 가지지 못한 존재들, 가면을 소비하고 있는 존재들을, 존재라는 말의 진정한 의미에서 존재라고 할 수 있을까. 비관적인 전망이 내포되기는 했지만 자신의 존재와 '물음'을 관련짓는 방법을 알게 되었다. 존재를 의문시할 수 있게 된 것이다. 소비적인 일상이 존재론적인 욕망을 충족시킬 수 있을까라는 물음으로부터, 일상 속에 눌려 있던 근본적인 욕망과 전복적인 몸짓의 가능성이 조금씩 제기된다. 존재에 대한 물음이 제기되는 순간, 거울 같은 일상에 미세한 금이 가기 시작하며 그 틈새로 잠재되어 있던 욕망이 삐져나오기 시작한 것이다. 카페를 전전하면서도, 문화적 이미지를 소비하면서도, 더 나아가 소비를 소비하면서도 채워질 수 없는 잉여 욕망의 자리에 그의 근원적인 욕망이 들어앉는다.

"[……] 거울같이 매끄런 표면에 눈에 보이지 않는 미세한 금이 가고 있는 것과 같은 거야. 더 이상은 억눌러둘 수 없는 욕망 같은 게 나도 모르게 천천히 되살아난다는 거지. 이를테면 무사한 일상을 담보받기 위해 오랫동안 감춰두고 덮어뒀던 그런 거 말이야." (「말발굽 소리를 듣는다」)

3

일상 속에 몸을 담그고 있는 윤대녕 소설의 인물은, "먹고 사는 일과 관련이 없는 일," "괜한 짓"(「눈과 화살」), "생존에 도움이 되지 않는 일"을 한다. 그렇다고 광기나 일탈에 대한 강렬한 욕구가 있는 것도 아니다. 단지 '상식의 우위성을 믿고 따르'며 '생활이라는 보편성의 힘에 의지해 사는 소시민에 불과'하다. 그가 이처럼 거의 무위도식에 가까운 생활을 하는 것은 그의 집이 부자여서도 그가 천성적으로 게을러서도 아니다. 그것은 그가 현실의 삶에 환멸을 느끼고 자신의 삶을 말의 진정한 의미에서의 삶으로 느끼지 못하고 있기 때문이다. 윤대녕은 그의 소설 곳곳에서 '축생(畜生)과도 같은 삶'이라는 표현을 사용한다. 이 말은 그의 삶[生]이 生이라기보다는 牲(제사에 희생물로 쓰이는 가축의 총칭)에 가깝다는 사실을 암시한다. '산[生] 죽음,' 또는 삶이 축출된[蹴-生] 삶이 그것. '삶으로부터 거부된 사람들.'

"정말 나는 지금까지 내가 있어야 할 장소가 아닌, 아주 낯선 곳에서 존재하고 있었다는 생각이 차츰 들기 시작했다. 이를테면 삶의 사막에서, 존재의 외곽에서."(「은어낚시통신」)

그는 스스로를 본질적인 세계에서 추방된, 육체의 수인(囚人)으로 파악한다. 그에게 육체는 하나의 무덤이며 감옥이다. 그는 우주적 플롯에 의해 임시적으로 근원적인 세계에서 병든 세계로 내던져진 것이다. 따라서 탈출구를 찾아야 한다. 병든 현실에서의 삶이란 죄악과 다르지 않기 때문이다.[2] 그래서 그는 카페에서 카페로 전전하며, 술로 육체를 소독하며 지낸다. 그러다가 정말 아무런 이유도 없이 점집을 찾아 나서기도 하며, 사라진 것을 찾아 헤매기도 하며, 어느 의류 광고의 카피처럼 '그냥' 영화를 보러 가기도 한다. 하지만 근원적인 시초로부터 떠밀려 내려오고 있다는 느낌, 자신이 소진되고 있다는 느낌을 떨쳐버릴 수 없다. 그의 표현을 빌리면, "시간이 갈수록 괴롭다."

우리는 끊임없이 시간의 쓰레기를 게워내면서 어디론가 떠내려가고 있는 것이다. 그래, 우리는 모든 걸 뒤에 두고 있는 모양이다. 그리고 우리는 어느덧 거슬러 오르고 있다. 우리의 경과가 시작된 곳으로, 부활하기 위해, 지금 수만의 은어떼들이 나와 함께 강물을 거슬러 오르고 있다. 그래, 우리는 다시 무언가가 되고 싶다. (「銀魚」)

진정한 존재는 시간의 시작부터 그(우리)와 함께했다. 단지 우리가 그것을 망각하고 있을 뿐이다. 우리가 진정한 존재를 망각하고 있는 것이라면, 누군가가 우리를 위해 진리를 구해내야만 할 것이다. 만약 누군가가 시원(始源)으로 귀환할 수 있다면, 인간은 그 자신의 기원과 재통합될 뿐만 아니라 바로 그 기원을 재생할 수도 있을 것이다. 그런데 어느 누구도 이 일을 하려고 나서지 않는 상황이라면 과연 그 일을 누가 할 것인가. 근원적인 욕망을 가진 자가 해보겠다고 나서는 것은 당연한 일일 터. 삶에 지쳐 있고 삶으로부터 버림받은 것으로 나타나는 윤대녕 소설의 아웃사이더적 인물들이 바로 그와 같은 근원적인 욕망을 가슴에 품고 있는 사람들이다.

그렇다면, 윤대녕 소설에서 작중인물들을 통해서 표출되는 욕망

---

2) U. Eco, "Interpretation and history," Stefan Collini(ed.), *Interpretation and Overinterpretation*, Cambridge University Press, 1990, p. 36.

의 모습은 어떠한 것일까. 탈출에 대한 욕망과 진정한 존재가 그것. 두 가지이면서 하나이고, 하나이면서 둘인 욕망이다.

(가) 돌아오던 날 아침 나는 집 뒤란 처마 밑에서 담배를 피우며 검은 서까래 사이를 비집고 들어오고 있는 몇 가닥의 푸른 빛줄기를 환영처럼 쳐다보고 있었다. 그곳은 내가 중학교 땐가 상습적으로 담배를 피우던 곳이었다. 그때 나는 저 빛줄기가 틈입해 들어오는 사이를 비집고 나가 어디로 사라져야겠다는 생각을 하고 있었던가. (「銀魚」)

(나) 문제는 그렇게 실제에 있는 게 아니라 실존에 있는 것일 터였다. 말하자면 나는 나에 대해서 한없이 투명한 그 무엇의 기호이고 싶다. 그래, 진정성을 가진 하나의 돌올한 존재이고 싶다. (「銀魚」)

그의 욕망은 자신에게 있어 진정한 존재가 되는 것이고, 이 지긋지긋한 세계에서 빠져나가는 것이다. 왜 이 두 가지 욕망이 상보적으로 공존하는 것일까. 「January 9, 1993 미아리통신」의 등장인물들인 세종, 베티, 투생은 모두 자본주의의 이미지들이다. 화폐, 영화, 전업작가. 하지만 실제로 이들은 모두 자격 미달의 인간들이다. 돈이 많기를 하나, 베아트리체 달처럼 예쁘길 하나, 투생처럼 명성과 부를 얻고 있는 전업작가이길 하나, 하나같이 기호의 지시물들에 미달하는 존재들이다. 따라서 그들의 별명(기호)이란 자신들의 맨얼굴을 가리는 일종의 가면과도 같은 것이다. 이 가면들이 점치는 여자에 의해 벗겨지는데, 그와 동시에 순서를 기다리던 방에서 점치던 여자의 가면도 벗겨진다. 달리 말하면 모두 가면을 뒤집어쓰고 가면의 끝없는 연쇄 속에서 살고 있다는 것이 이 작품의 핵심이다. 이러한 세계 속에서는 시간이 흐를수록 근원으로부터 멀어지게 되며 또한 시원을 망각하게 된다. 돌아가고자 하지만 돌아갈 곳을 찾을 수 없고, 빠져나가고 싶지만 꼬리 잡고 맴돌기일 따름이다. 살아 있어도 살아 있음을 느낄 수 없는 삶이다. 가면을 쓰고 살아가는 삶이기 때문이다.

그가 카페에 죽치고 앉아서 바라보고 있는 것은 자본주의의 얼굴이다. 동시에 그는 자본주의가 제공한 가면을 쓰고 있기도 하다. 하지만 그는 가면 뒤에서, 사라져가는 것들, 근대성이라는 기계에 의해 배제되어 거의 질식할 정도로 숨통이 죄어져 있는 것들, 개인들의 내밀한 상처들에 대해 생각한다. '가면 뒤에서 다른 생각 하기'라 할 수 있을 것이다. 그렇다면 이처럼 허망한 일에 우리가 주목해야 하는 이유는 무엇인가. 글쓰기의 윤리학과 관련되기 때문이다. 자본주의라는 거대한 분위기를 자신의 몸에서 떼었다가 붙였다가 할 수 있다고 생각하는 것과, 그럴 수 없다고 생각하는 것 사이의 차이는 쉽게 무시될 수 있는 성질의 것이 아니다. 자본주의가 제공한 이미지란 가면에 지나지 않으며 (따라서 자신은 진짜 얼굴을 가지고 있으며) 언제든지 가면을 벗어 맨얼굴을 볼(보일) 수 있으리라는 생각과, 자본주의가 제공한 가면이야말로 자신의 진짜 얼굴일지도 모른다는 생각의 차이는 정도의 차이가 아니라 본질의 차이이기 때문이다. 윤대녕이 후자의 계열에 속함은 물론이다. 가면이 가면이 아니고 얼굴일지도 모른다는 생각, 더 나아가 얼굴이라고 생각하는 것, 그 길로 밀고 나가는 것, 그 길의 끝에서 가면의 연쇄 너머의 얼굴을 보는 것. 자신을 둘러싸고 있는 세계의 논리에서 벗어나면서, 그와 동시에 자신의 존재가 적소성(適所性)을 회복하는 곳으로 돌아가는 일. 벗어남과 돌아감의 동시성, 이 지점이 윤대녕의 자리이고 글쓰기의 윤리학이다.

4

 일반적으로 윤대녕의 작품 세계는 "존재의 시원에 대한 탐구"(남진우)라는 말로 요약된다. 소설이란 선험적 고향 없음에 대면하고 있는 장르이다. 돌아가고자 하는 몸짓이 항상 실패로 끝날 수밖에 없다는 운명을 짊어지고 있는 장르인 것이다. 이러한 관점에서 본다면 그의 작품은 그다지 새롭거나 신통한 것을 보여주지 못한다고 말할 수 있을 것이다. 너무나도 일반적인 주제에 해당하는 것이기 때문이다. 하지만 윤대녕은 이 지점에서 자신의 욕망을 전략화한다. 윤대녕의 근원적인 욕망은 무엇일까. 그것은 은어(銀魚)로 대변되는 '존재'이다. '그냥' 존재하는 것이 아니라 말의 참된 의미에서 존재하고자 하는 욕망이 그것. 윤대녕은 소비 행위로는 도저히 채워질 수 없는 잉여 욕망을 근원적인 차원으로까지 문제화한다. 그리고 그것을 글쓰기로 전이시킨다. 따라서 새로운 배치의 방식이 요구된다.
 존재에 대한 그의 물음은 감각할 수 없는 것에 대한 그리움을 대변한다. 감각할 수는 없지만 분명히 존재하는 것, 즉 존재자의 차원이 아니라 존재의 차원이 문제되는 이유는 바로 여기에 있다. 낯선 세계에 던져져 있다는 원초적인 기억은 들어온 길이 있었을 테니 나갈 길도 있으리라는 희망을 낳는다. 그 희망이 죽음에 이르게 하며, 사회적 삶의 뿌리를 드러내놓게 할지라도, 그 길, 존재에 이르는 그 길을 언어와 함께 떠나면서 동시에 언어를 거스르며 나아간다. 숨어 있어서 드러나지 않지만 분명히 존재하고 있는 그 무엇이 감각적인 것과 결합될 때, 우리는 윤대녕의 은어·말·소를 만나게 된다. 은어(銀魚)는 일년생의 회귀성 물고기이지만 동시에 숨어 있는 말

〔隱-語〕이기도 하다. 숨어(/숨겨져) 있는 말〔語〕, 그 말은 다시 '앞서가고 있는' 말〔馬〕이 되며, 고기 어(魚)자의 어원과 매개되면 네 발 달린 소〔牛〕가 된다.

지나간 시간을 언어와 더불어(동시에 언어를 거스르며) 환원해가는 과정, 달리 말하면 존재의 시원으로 나아가는 과정에서 모든 대상은 어떤 비밀 혹은 상처를 감추고 있다. 궁극적인 비밀을 향하는 움직임 속에서 끊임없이 또 다른 비밀들이 참조될 것이다. 그럼에도 불구하고 최종적인 비밀은 존재할 수 없다. 결국에는 텅 비어 있는 비밀에 도달하고 마는 것. 그렇다면 윤대녕 소설의 전략은 무(텅 빔)와 존재(있음)의 근원적인 공존을 승인하고 긍정하고 욕망하는 것에 다름 아닐 것이다. 빠져나감과 그대로 있음의 동시적인 존재, 있음으로서의 빠져나감, 존재이면서 비존재일 수 있는 가능성. 아마도 윤대녕이 말하는 개벽이나 해탈은 이러한 것이 아닐까.

5

빌리 할러데이의 목소리를 좋아하고, "짐 자무시의 영화「천국보다 낯선」, 고흐와 뭉크, 마리화나, 카메라와 프리섹스, 캔맥주와 롤랑 바르트"를 강령으로 삼는 비밀스런 집단, 자신들의 강령을 차체(車體)에 써놓고는 그 위에다가 빨간색 덧칠을 한 집단이 있다. 은어를 문장(紋章)으로 삼고 있는 집단, 그들의 목적과 전략은 무엇일까. 단지 동일한 생년월일을 가진 자들의 동질성 혹은 정체성 찾기일까. 그렇지는 않다. 그들의 언더그라운드적 속성은 자신들을 밀쳐낸 현실적 삶을 용납하지 않으려는 의지의 표출에 다름 아니다. 일상이라는 거대한 공기에 풀어져 있는 마취제를 호흡하면서, 합리화 과정이 만들어놓은 배제와 복속의 경계선을 그 내부에서는 바라볼 수 없다는 것이 그들의 출발점이다. 합리화 과정이 만들어놓은 그 '무경계 상태'에 경계선을 설정하는 일을 그들이 하고 있는 것이다. "삶에 거역하다 파면된 것들, 상처받아 불구가 된 것들 혹은 사살된 욕망," 달리 말해서 억압당하고 있는 '존재'에 대한 욕망에 자리를 주는 일의 의미는 무엇일까. 타자를 철저하게 배제하거나 하위 체계에 복속시켜온 마술적인 합리화의 논리를 거부하는 일이 그것.

그들은 스스로 지하underground로 기어 들어감으로써 존재에 대한 근원적인 욕망을 보호한다. 언더그라운드의 존재들은, 지상의 세계가 충족되지 못한 욕망의 공동묘지라는 사실을 역설적으로 보여준다. 그리고 대량 생산의 본질은 욕망의 창출과 충족에 있는 것이 아니라, 죽음의 생산에 있음을 증명한다. 따라서 지하에서 벌어지는 향연이란, 거대한 공동묘지 아래에 자신들의 무덤을 만들고 신생(新生)을 꿈꾸는 일과 다르지 않다. 무덤 더미 아래에다 무덤을 만들고 신생을 꿈꾼다? 궤변에 가까운 역설이 아닌가. 하지만 작가에 의하면, 그것만이 죽음의 일상에 머무르면서 일상을 빠져나가는 방법이다. 합리화의 근원적인 논리, 'A는 A이면서 동시에 A 아닌 것일 수 없다'는 모순율의 해체가 이 지점에서 이루어진다.

윤대녕 소설에 등장하는 '불꽃나무'(나무이면서 불꽃일 수 있는 가능성)는 이와 같은 전복적 사유를 대변하는 비유어가 될 것이다. 모순된 것이면서 동시에 참일 수 있는 말, 숨겨져 있는 말, 자신을 거스르는 말. 이러한 사유는 모든 것을 이성적 설명 아래에 포괄하려고 하는 합리주의적 전통을 위협한다. 이러한 사유 체계를 뭐라 불러야 좋을지 적절한 명칭을 당장 떠올릴 수는 없다. 하지만 이러한 사유는 서구 지향적인 합리주의의 특권 속에서도 죽지 않고 여백의 현상으로서 엄연히 '존재'해왔다. 하지만 윤대녕 소설이 이러한 사실을 강변하고 있는 것은 결코 아니다. 그는 단지 묻고 있을 따름이다. 여전히 자신의 가면이 자신의 얼굴일지도 모른다는 생각을 하면서. "나는 지금 어디에 있는가."

배신의 수사학, 둔갑의 상상력
―김영하 소설집 『호출』

1. 문턱의 세대 감각

　그때의 사람들은 다 어디로 간 것일까. 1987년 6월, 거리를 가득 메웠던 사람들 말이다. 대기업의 사원으로 살아가는 사람들도 많겠지만, 감옥에서 출소한 다음 제도적인 정치권에서 일하고 있는 학생회 간부 출신들도 있고, 학문의 가치 중립성을 완충 지대로 삼은 사람도 있고, 영상 매체에서 새로운 가능성을 발견한 사람도 있고, 고문의 후유증을 치료하다가 한의학이나 신비주의 종교에 몰입하는 사람도 있고, 아르바이트 삼아서 시작했다가 아예 학원선생으로 눌러앉은 사람도 많고, 조직에 대한 그리움이었는지는 몰라도 피라미드식 판매 사업에 목을 매고 있는 사람도 있다. 그 와중에는 여전히 노동 운동이나 환경 운동에 힘쓰고 있는 사람도 있다. 아마 백수도 많을 것이다. 그리고 소설 쓰는 사람도 빼놓을 수 없다. 사람들은 이들을 가리켜 386세대라고도 한다. 30대의 연령층, 80년대의 학번, 60년대생들. 사용하는 컴퓨터의 기종과는 전혀 상관없고, 시간이 지나면 성능과 무관하게 업그레이드될 수 있는 세대. 이들의 삶을 바라보는 시선의 착잡함이란 어디에서 연유하는 것일까. 사실 착잡함이라는 느낌마저도 낡은 것이다. 하지만, 김영하의 소설을 읽으면서 그 착잡함에서 벗어나기란 쉬운 일이 아니었다. 아마 통과제의처럼 지나온 시대의 문턱 때문이었을 것이다.

자신들의 젊은 시절에 대하여 자긍심을 가질 수 있었던 4·19세대와는 달리, 1980년대 후반 학번들에게 젊은 시절이란 자괴감의 그림자가 짙게 드리워진 시대가 아닐까. 그곳에는 저항의 낭만성만으로는 설명할 수 없는 어떤 대목들이 있다. 이성적인 사회의 건설을 위해 정치 체제의 정당성과 민주적인 가치를 격렬하게 요구했고, 역사의 과정 속에서 급진적인 해방의 가능성을 현실화하려 했던 시대로 1980년대를 요약할 수도 있을 것이다. 1990년대 중반의 시점에서 덧붙여 말할 수 있는 것은, 1980년대의 대학이 자본주의의 논리에 대해 가장 많은 학습을 했고 가장 부정적으로 반응해본 경험이 있는 세대군을 형성했다는 점이다. 반(反)자본주의적인 이론을 통해서 자본주의 메커니즘을 집단적으로 학습한 세대. 1990년 이후 세계사적인 사상 변화의 움직임 속에서 새로운 비전을 모색해야 했을 때, 그와 동시에 학교를 졸업하고 어떻게든 먹고 살 궁리를 해야 했을 때, 이들을 가장 괴롭혔던 것도 바로 이 대목과 관련된 자의식이었다. 자본주의 체제에 대한 비판적인 의식이 여전히 남아 있는 상태에서, 자본주의를 확대재생산하는 하나의 고리가 되어 살아갈 수밖에 없는 상황에 대한 민감한 자의식. 어쩌면 이 대목은 1980년대 세대들의 세대 감각을 구성하는 근원적인 지점이 될 수도 있을 것이다.

이러한 자의식이 '90년대'라는 말로 대변되는 시대의 문턱을 넘어서면서 또는 넘어서기 위해 근본적으로 아이러니컬한 면모로 나타나게 된 것도 사실이다. 두 가지 점에서 그러하다. 하나는, 자본주의 논리를 알고 있는 상태에서 스스로를 자본주의 사회에 편입시킨다는 것이 가장 문제였던 것. 다른 하나는, 80년대적인 체험과 자본주의에 대한 자의식이 삶의 알리바이가 되어 자본주의를 보다 효율적으로 향유할 수 있게 되었다는 것. 생활 감각과 도덕 감정이 역설적으로 교차하는 지점. 이를 두고 문턱의 세대 감각이라고 할 수 있다면, 문학에서의 문제는 그 세대들이 시대의 문턱을 넘어서는 방식과, 문턱의 감각을 숨기고 드러내는 방식에 대한 물음으로 요약될 것이다. 일반적으로 신세대 작가로 분류되고 그 범주 내에서 평가되고 있기는 하지만, 김영하는 이 물음에 답할 수 있고, 이 물음에서 그리 자유롭지 못한 몇 안 되는 소설가이다. 따라서 김영하의 작품 세계를 살피고자 하는 이 글 역시 시대의 문턱에 대한 무의식을 살피는 데서 시작할 수밖에 없을 듯하다. 또한 김영하 소설의 새로운 감수성에 대한 미학적인 고찰이 깊이 있게 이루어지고 있기 때문에,[1] 김영하가 보여주는 새로운 감수성의 낡은 측면에 주목하는 일도 어느 정도의 의미는 가질 수 있으리라는 생각이다.

2. 헌신과 배신 사이에 놓인 '헌신' 한 켤레

한번 더 묻는 일도 그리 나쁘지는 않을 듯하다. 1980년대와 1990년대 사이에 가로놓여 있던 문턱, 일종의 통과제의와도 같은 문턱을 사람들은 어떻게 넘어갔을까. 김영하의 소설에 등장하는 1980년대 학생 운동의 에피소드들을 살펴보도록 하자. 지금에 와서야 드는 생각이겠지만, 신파라는 느낌을 주는 장면들이 의외로 많다. 최근의 작품인 「베를 가르다」에는 내림굿을 받고 무당이 되는 수연이라는 인물이 등장한다. 고문으로 사망한 학생들을 추모하는 위령제에서

---

1) 남진우, 「나르시시즘, 죽음, 급진적 허무주의」, 『문학동네』 9, 1996년 겨울.

몸으로 베를 찢는 춤을 추고, 풍물을 하는 동아리 활동에 열중하느라 학교 수업에는 거의 들어오지 않는 학생. 1980년대 운동권 학생의 전형적인 모습을 보여주는 인물인 셈이다. 그렇다면 그녀는 시대의 문턱을 어떻게 넘어왔을까. 유명했다는 그녀의 연애담이 단서가 될 것이다.

총학생회장이 구치소와 교도소를 전전하는 동안 그녀가 부지런히 뒷바라지를 했다는 이야기는 널리 이미 알려져 있었다. 그동안 그녀는 일체의 활동을 중단하고 편지 쓰기와 면회 날짜 기다리는 것으로 하루하루를 보냈다. (……) 특사가 있었고 그 남자가 풀려났다. 남자는 살이 많이 쪄 있었다 한다. 다시 자유의 맛을 본 그 남자가 수연에게 헤어지자고 했고 그녀는 울며 매달렸다 한다. (……) 그후 정치에 투신한 그 남자는 지금 야당 국회의원의 보좌관이 되어 있다. (「베를 가르다」, p. 188)

해방의 이념을 노래하던 시기의 끝자락, 그 내면 풍경이 이토록 상투적이고 허망하다니. 수연과 남자 사이에 놓여 있는 배신의 모티프에서, 신파 연극의 상투적인 장면이 저절로 연상되는 것도 무리는 아닐 듯하다. 자신의 신념을 저버리고 세속적인 출세의 길로 나간 남자. 그리고 죄수용 고무신을 거꾸로 신은 남자에게 버림받은 여자. 수연의 삶은 운동에 대한 열정과 남자에 대한 애정의 미분화(未分化) 상태를 유지하고 있다. 헌신(獻身)이라는 말로써 수연의 삶을 충분히 요약할 수 있을 것이다. 그렇다면 수연은 1990년대로 대변되는 시대의 문턱을 어떻게 넘었을까. 남자에 대한 헌신만으로는 시대의 문턱을 넘을 수 없었다. 결국 남자의 배신(背信)으로 '헌신' 짝처럼 버려지고 나서야 그 문턱을 넘어설 수 있었다. 짧은 에피소드로부터 부여받은 막연한 생각이지만, 시대의 문턱 전후로 해서 헌신과 배신의 주고받기 같은 장면들이 내밀하게 숨겨져 있었던 것은 아닐까. 어쩌면 헌신하다가 배신당하고 헌신짝처럼 버림받는 경험은 수연의 개인적인 경험을 훌쩍 뛰어넘는 것일지도 모른다.

그녀가 3학년이 되었을 때, 그녀의 선배들은 말 잘하고 인물 훤한 그녀를 어떻게든 잘 키워보려고 했다. 그 무렵 학생회에서 일하고 있던 그 남자도 그녀의 자유주의적 성격을 비난했다. 결국 그녀는 전혜린을 버렸다. 그것까지가 그 남자가 그녀에 대해 아는 전부였다. 그녀가 전혜린을 버리는 순간, 그 남자는 그녀를 떠났다. (「전태일과 쇼걸」, p. 218)

「전태일과 쇼걸」에 등장하는 1980년대의 또 다른 에피소드이다. '그녀'가 바랐던 이상적인 자기 이미지는 다름 아닌 전혜린이었다. 전혜린으로 대변되는 자유주의의 낭만성을 가슴에 품고서 1980년대를 헤쳐나가기란 결코 쉽지 않은 일이다. 1980년대의 시대적인 무의식에는 불꽃 속에서 산화해간 전태일의 이미지가 가로놓여 있었기 때문이다. "조국과 민족, 혁명을 입에 달고 살던 그 남자"는 조직 내에서 여자의 자유주의적 근성을 비판했고, 그 일이 매개가 되어 여자는 스스로 전혜린을 버리고 운동에 헌신하게 된다. 하지만 바로 그 순간 이후로 남자는 여자를 배신했다. 여자는 현장에 들어가 2년 동안 활동하면서 동거하던 남자한테 얻어터지면서 살았고, 남자는 조직으로부터 서서히 이탈해갔고 지금은 학원강사로 살아간다.

두 사람이 보여주는 삶의 궤적을 단순화시켜보자. 여자는 전혜린을 배신하고 이념(남자)에 헌신했지만 이념으로부터 배신당했다. 남자는 학생 운동에 헌신했고 여자를 이념에 헌신하도록 만들었지만,

이념과 여자를 모두 배신했다. 여자와 남자의 삶은 헌신과 배신의 교체 과정이라 해도 크게 틀리지 않을 것이다. 중요한 점은, 남자와 여자는 배신과 헌신이 교차하고 엇갈리는 지점에서 서로 만나고 헤어지곤 했다는 사실이다. 세밀한 검증이 더 필요하겠지만, '헌신-배신'으로 요약되는 신파적인 도식이 시대의 문턱을 규정하고 넘어서는 하나의 논리였다는 사실만큼은 분명해진 것 같다. 여전히 신파적이고 상투적이라는 느낌이 들 수도 있겠지만, 김영하의 소설은 시대의 문턱과 관련된 내밀한 리얼리티를 포착해내고 있다.

크고 작은 배신이 있었고, 이념적인 당위성이 심리적인 필연성을 지배하던 시대도 지나가버렸다. 하지만 죄수용 고무신을 거꾸로 신은 개인적인 배신이든 아니면 역사의 간지(奸智)에 의한 시대적인 배신이든지 간에, 배신 이후에 남은 것은 배신당한 자와 배신한 자들밖에 없다. 헌신과 배신의 몸 바꾸기를 경험한 그들에게 사적인 것과 공적인 것을 결합시킬 방법은 없다. 또한 그들 자신에 대한 책임과 다른 인간 존재에 대한 책임을 함께 결합시킬 방법을 찾지도 않을 것이다.[2] 개인적인 차원뿐만 아니라 역사적인 차원을 통해서 형성되고 축적된 배신의 무의식은, 우리가 잊고 있었던 그리고 잊고 싶어하는 시대의 문턱인지도 모른다.

3. 배신에의 의지: 타인의 시선과 신체를 배치하고자 하는 욕망

아무래도 이해하기 어려운 인물은, 앞에서 살펴본 「전태일과 쇼

---

2) 리처드 로티, 김동식 옮김, 『우연성, 아이러니, 연대성』, 민음사, 1996, p. 13.

걸」의 남자 주인공의 행적이다. 남자는 여자의 자유주의적 속성을 공개적으로 비판함으로써 여자를 조직에 투신하게 했다. 그런 뒤에 정작 자신은 전혜린을 버린 여자를 버리고, 조직에서 떨어져나와 속물처럼 살아가고 있다. 남자는 대학 시절에 "조국과 민족, 혁명을 입에 달고" 살았다고 한다. 그렇다면 남자를 움직여간 심리적인 기제는 무엇이었을까. 배신이라는 말로 요약되고 말면 그뿐이겠지만, 그 저변에는 또 다른 욕망이 꿈틀대고 있었던 것은 아닐까. 이 지점에서 배신의 무의식을 넘겨다볼 수도 있을 것이다. 1980년대와 관련된 또 다른 에피소드를 담고 있는 작품인 「도드리」를 살펴보도록 하자.

「도드리」는 남자 주인공의 20대 초반과 서른 즈음의 이야기가 병치되어 있는 작품이다. 여기서 문제삼고자 하는 장면은, 대금을 연주하는 선배와 그 선배를 연모하는 단발머리 동기생이 등장하는 20대 초반의 이야기다. 민감한 독자라면 이미 알아차렸겠지만, 이야기의 기본적인 틀은 연애의 삼각형이다. 대금을 부는 선배—선배를 좋아하는 동기 여학생—그녀를 좋아하는 남자 주인공. 눈여겨봐두어야 할 대목은 남자 주인공의 공격성이 표출되는 장면들이다. 그가 보여준 가학적인 행동은 크게 두 가지. 하나는 연주 발표회에서 선배의 악보를 바꿔치기한 일. 선배는 단발머리 동기와 합주를 하게 되어 있었다. 하지만 뒤바뀐 악보 때문에 공연은 엉망이 되고, 선배를 둘러싸고 있던 신화는 박살난다. 낙담한 동기 여학생은 남자 주인공의 품에 안기게 된다. 동기와의 관계는 상당 기간 지속되지만, 그는 별다른 이유 없이 그녀를 배신한다. "당신은 소주 한 병을 들이밀며 방 안으로 들어간다. 소주는 당신의 알리바이. 한 잔쯤 마시고는 바로 섹스를 한다. 당신은 말한다. 나 이제 여기 안 와."

가학적인 폭력성이 표출된 또 다른 장면은, 추모 행사에 대금 연주자로 선배를 섭외하는 과정에서 제시된다. "처음엔 머뭇거리던 당신이 갑자기 그를 닦아세우기 시작한다. 형, 그럴 수가 있어요? 너무하네요. 죄 없는 학우가 타살당했는데, 누군 그 친구 잘 알아서 최루탄 뒤집어쓰면서 시위하는지 아세요? 멈출 수 없는 가학의 관성."
결국 선배는 섭외에 응했고, 그의 연주는 기계 고장으로 어수선한 분위기 속에서 보잘것없이 끝났다. 그의 공격성은 어디에서 연유했을까. 그의 말처럼 "시대를 업고 있었"기 때문일까. 그의 욕망이 형성되던 지점으로 되돌아가보아야 할 것 같다.

　스무 살의 당신. 한 사람을 보고 있다. 콧날이 오똑하고 눈이 깊은 사내, 대금을 불고 있다. 그때 당신은 또 하나의 시선이 당신의 뒤에서 그를 향하고 있다는 걸 느낀다. 콧날이 오똑하고 눈이 깊은 사내는 두 시선에 구애받지 아니하고 '도드리'를 불고 있다. 당신은 뒤를 돌아다본다. 거기, 짧은 단발 여자가 서 있다. 그녀는 **당신이 뒤를 돌아다보는지도 모르고 대금 부는 사내를 응시하고 있다**. 그래서 당신도 다시 그녀의 시선을 좇아 대금 부는 사내를 바라본다. 그때 당신의 가을이 지나가는 것이 보인다. (「도드리」, pp. 54~55. 강조는 필자)

라캉에 기대어 말하자면, 모든 욕망은 타자의 욕망에 의해 매개된 욕망이다. 또한 시선은 욕망의 메타포이며 욕망의 거울이다. 위의 인용문에 나타난 시선의 구도는 욕망의 엇갈림을 표상하고 있다: 선배는 대금을 연주한다. 동기생은 선배를 욕망한다. 남자는 선배처럼 대금을 잘 불고 싶고 그래서 동기의 욕망의 대상이 되고 싶어한다. 하지만 그는 선배만큼 대금을 연주할 수 없으며 단발머리 동기생의 시선은 선배에게로만 향해 있다. 인용문의 상황은 선배, 남자 주인공, 동기 여학생의 순서로 공간적인 배치가 이루어져 있다. 비극은 남자 주인공이 다른 시선을 예감하면서 되돌아보았을 때 발생한다.

"당신〔남자 주인공〕은 뒤를 돌아다본다. 거기, 짧은 단발 여자가 서 있다." 그녀의 눈과 그의 눈이 마주칠 수도 있는 상황, 아마도 그는 한치의 어긋남도 없는 시선의 교환을 꿈꾸었으리라. 하지만 두 사람의 시선은 겹쳐지지 못한다. 보다 정확하게 말하면 그는 처음부터 그녀의 시선-욕망에서 너무나도 확실하게 배제되어 있었다. "그녀는 당신이 뒤를 돌아다보는지도 모르고 대금 부는 사내를 응시하고 있다." 이를 두고 시선의 배신, 내지는 배반당한 시선이라고 할 수 있을 터. 연애의 삼각형 구도에서 그의 자리는 그녀의 욕망-시선에 의해 배신당하는 지점에 마련된다. 배반의 지점에서 그의 욕망이 매개되고 형성되었을 것은 충분히 짐작하고도 남음이 있는 일.

따라서 그가 선배와 동기에게 부여했던 가학적인 행위의 의미도 명확해진다. 그의 가학적인 행위란 자신을 욕망의 삼각형의 꼭지점에 올려놓고자 하는 욕망의 표출이다. 다른 곳을 지향하고 있는 타자의 욕망-시선을 자신에게로 돌려놓는 일. 조금 더 넓혀서 보자면, 그의 가학적 행동은 타자의 시선과 몸을 자신의 욕망에 부합하도록 배치하는 방법이었던 것이다. 이 지점에서 사랑에 대한 말할 수 없는 욕망은 타자의 시선과 몸을 소유하고 배치하는 '권력'에 대한 욕망으로 탈바꿈한다. 이를 두고 배신(配-身)에의 의지라고 할 수는 없을까. 그가 그녀를 배신(背信)할 수 있었던 것은, 그녀의 몸과 시선을 자신의 욕망에 따라 배치하는 일〔配-身〕이 이미 성취되었기 때문이다.

그의 욕망은 선배를 욕망하는 동기생의 욕망에 의해 매개된 욕망이다. 대금에 몰두한 선배는 그녀와 시선을 교환하지 않으면서도 그녀의 시선을 자기에게로 향하도록 붙잡아두고 있었다. 타자의 시선-욕망을 소유할 권리와 그것을 무시하고 다른 대상을 욕망할 권리를 동시에 가지고 있었던 것이다. 선배의 의지나 욕망과는 무관한 일이었겠지만, 선배의 모습은 적어도 그의 눈에 그렇게 비쳐졌고, 그는 자신이 발견한 선배의 모습을 닮고자 욕망했던 셈이다. 어쩌면 연애의 삼각형의 후미진 모퉁이에서 형성된 그의 욕망에는 처음부터 배신의 기제가 잠재해 있었는지도 모르는 일이다. 배반당한 욕망은 다양하게 변주된 배신의 모습으로 귀환한다. 마치 억압된 것이 되돌아오듯이.

4. 시대로부터 배신당한 자들의 표정

배신을 주고받으며 시대의 문턱을 넘어선 두 남녀가 우연히, 진짜 삼류 소설에나 등장하는 우연처럼, 만났다. 박광수 감독의 「아름다운 청년 전태일」과 NC-17등급 판정에 빛나는 「쇼걸」이 나란히 걸려 있는 서울극장 매표소 앞에서 두 남녀는 만났다. 단편 「전태일과 쇼걸」에서 작가는 두 가지 의문을 제기한다. 하나는 전태일의 전기 영화가 저질 포르노 영화인 「쇼걸」과 동일한 극장에서 상영된다는 사실이고, 다른 하나는 두 남녀가 평일 오후 3시에 '혼자'서 이 영화들을 보러 왔다는 것이다.

첫번째 의문부터 살펴보자. 「쇼걸」과 전태일 영화가 한 극장에 나란히 걸렸다는 사실은 그리 놀라운 일이 아니다. 1990년대의 시대적·문화적 논리가 관철되고 있는 지점에 다름 아니기 때문이다. 전태일의 상징성이나 「쇼걸」의 관능성은 1990년대의 문화 산업이 제시하는 카드들에 불과할 뿐이며, 그런 점에서 그 둘은 등가이다. 왠지 어울리지 않는다고 느끼는 것은, 전태일이라는 이름이 불러일으킨 심리적인 동요 때문일 터. 문화적 감각이 한순간 1980년대적인 코드로 돌아가 있었던 것. 1990년대의 감각으로 본다면, 두 영화가 함께 있어야 하는 이유를 발견하기도 힘들겠지만, 함께 있어서는 안 되는 이유를 발견하기도 어려울 것이다. 1990년대에 전태일의 상징성과 「쇼걸」의 관능성은 등가이다. 그러면 1980년대에는 사정이 달랐다는 말인가. 이 지점에서 작가가 주목하고 있는 것은 NHK판 광주 비디오이다. 매체에 대한 작가의 예리한 감각이 돋보이는 대목이어서 주목을 요한다.

1980년대 중반에 대학을 다닌 그에게 광주는 신성함의 표상이었다. 하지만 광주가 체험일 수는 없었다. 그의 광주는 비디오 테이프 속의 광주였다. 비디오 테이프를 통해서 이미지로 주어졌던 광주가 실체에 대한 그리움을 만들어내었던 것일까. 대학 3학년 가을, 그는 그녀와 함께 광주 망월동 묘지로 여행을 떠난다. 성지 순례지만 밀월 여행의 가능성을 배제할 수 없는 여행.

그러나 확실한 것은 광주, 라는 곳에서 그 남자와 그 여자는 섹스를 하지 못했다는 사실이다. 섹스를 꿈꿀 때조차 NHK판 광주 비디오를 떠올리는 시대, 그런 시대를 살았다는 희미한 기억뿐인 것이다. (「전태일과 쇼걸」, p. 214)

성지만 달랑 참배하고 왔다는 것이 추억의 대강이다. 1990년대 중반이 되었고 20대 후반이 되어버린 그들은 말한다. "혁명과 금욕이 어떻게 접붙을 수 있는지 지금으로서는 애매하지만 그 당시에는 명확했던 것 같다." 혁명과 금욕이 접붙었다는 말은 양자의 이념적·도덕적 친화성을 강조한 말일 것이다. 뒤집어보면, 혁명이나 광주는 성적인 욕망에 대한 억압 기제이거나 배제의 메커니즘이었다는 의미를 어렵지 않게 읽어낼 수 있다. 신체적인 접촉은 성스러움의 훼손이나 타락의 원인이 된다는, 무의식적인 금기의 체계가 그들에게 작동하고 있었던 것. 1980년대의 모든 사람들이 이러한 정결성의 상상 체계를 몸소 실천했는지의 여부는 알 수 없다. 다만 그러한 상상 체계가 당시의 인식소와도 같은 것이었다는 점을 말하고자 할 뿐이다. 따라서 신체적 접촉을 대신하는 자리에, 마치 주문처럼, 황동규의 시 「기도」가 놓여 있었음은 결코 놀라운 일이 아닐 것이다. 성스러움의 너울을 둘러쓰고 있는 광주와 혁명은 그 시대의 이념이었지만, 동시에 개별적인 존재들을 탈성화(脫性化) desexualization하는 기제로 작동하고 있었던 것이다. 혁명의 이념은 동질적인 몸과 욕망만을 엄숙한 얼굴로 승인하였는지도 모를 일이다. "그때는 왜 그렇게 안 된다고 발버둥을 쳤을까. 별일도 아닌 것을"이라고 푸념하는 그들의 목소리에는, 시대로부터 배신당했을지도 모른다는 무의식이 꿈틀대고 있다. 자신들의 몸이 말하고 있는 욕망을 스스로 배반했기 때문일 것이다. 그 당시에는 성스러운 일이었지만 지금은 촌스러운 일이 되고 말았다. 시대로부터 배신당한 자들의 표정이 떨떠름하기만 하다.

두번째 문제는 그들이 평일 오후에 그것도 '혼자'서 영화를 보러 온 이유와 관련된 것이다. 1980년대의 연대성은 '혁명적 동지애'라는 말로써 대변될 수 있는 것. "2년여의 연애가 끝날 때까지 숱한 밤을 함께 보냈지만 섹스는 하지 않았다. 〔……〕 어쩌면 동지적 연애니 혁명적 동지애니 하는 동어반복을 밤새 계속했을 것이다." 탈성화의 기제가 연대성의 전제 조건이었고, 한가운데에는 NHK판 비디오가 제공하는 광주의 이미지가 가로놓여 있다. 분명한 사실은 그 시절의 광주 비디오란 소통과 연대의 내밀한 표상이었고 시대의 부당함에 대한 각성과 연대를 촉발하는 매개였다는 점이다. 그렇다면 영화 「아름다운 청년 전태일」은 어떤 역할을 하고 있는 것일까. 1990년대의 영화는 공공연하게 사람들을 한곳에 불러모으는 일을 한다. 하지만 그렇게 모여든 그들은 고립된 개인일 뿐이다. 작품에 따르면 「아름다운 청년 전태일」은 역사적인 사건과 개인의 추억을 결합한 일종의 문화 상품에 지나지 않는다. 따라서 상품이라면 당연히 개별적으로 구입하는 것이 원칙이다. 미디어(비디오·영화)를 상상적인 거울이라고 할 수 있다면, 이제 거울은 그 시대를 살아가는 인간들의 모습을 비추어보는 물건이 아니라 개별적으로 구입해야 하는 상품에 불과하다. 전태일에 관한 영화는 당연히 공유할 수 있는 추억의 흔적이 담겨 있는 영화이다. 하지만 그들은 추억의 그림자가 드리워져 있는 영화는 '혼자 보기 좋은 영화'라는 사실을 확인한다. 왜 그런가. 그들의 추억 속에는 배신의 기억도 함께 자리하고 있기 때문이다. 배신의 기억을 불러일으킬 영화라면 공유하는 것보다는 혼자 보는 게 백 배는 더 나을 것이다. 시대로부터 배신당한 자들의 무의식이 매체와 관련된 감수성 속에서 잠시 빛을 발한다.

5. 거울, 또는 배신이 숨어 있던 자리

김영하의 데뷔작 「거울에 대한 명상」은 다음과 같은 문장들로 끝맺음을 하고 있다: "모든 거울은 거짓이다. 굴절이다. 왜곡이다. 아니 투명하다. 아무것도 반사하지 않는다. 그렇다. 거울은 없다." 거울을 통한 주체 정립의 가능성에 대해서 종언을 선포하고 있는 문장들이다. 거울에 대해 퍼부어지는 저주가 섬뜩하리만치 지독하다. 대체 거울이 어떤 잘못을 저지른 것일까.

거울과 '나르시시즘'의 관계를 먼저 살피는 것이 순서일 것이다. 일반적으로 나르시시즘을 공주병적인 증상과 관련된 자아 도취 정도로 생각하는 경우가 많다. 하지만 프로이트의 「나르시시즘에 관하여」에 의하면, 나르시시즘은 인간의 성격 발달에 있어 보편적인 단계이다. 모든 인간이 유아기에 경험하게 되는 원초적 나르시시즘이란, 자신의 현재 모습과 이상적인 자기 이미지가 일치하는 상태를 말한다. 내가 원하는 나의 모습이 지금 나의 모습인 상태가 나르시시즘인 것이다. 주체의 분열이나 대상화된 자기 인식이 발생하기 이전에 형성되는, 무척이나 행복한 단계라고도 할 수 있다. 라캉이 거울 단계로 재해석해낸 대목도 바로 원초적인 나르시시즘이었다. 나르시시즘이란 주체의 동일성을 확인하는 근원적인 체험의 구조인 것이다. 하지만 오이디푸스 콤플렉스를 거치거나 아버지의 이름이 개입하게 되면서 원초적 나르시시즘은 와해되어버리고, 이상적인 자기 이미지와 현실의 자기 모습 사이에서 분열과 소외를 경험하게 된다. 그런 의미에서 나르시시즘은 자기 도취와 자기 소외의 문턱이자 교차 지점이다.

　김영하의 작품에서도 거울과 나르시시즘이 주체 형성의 상상적인 기제라는 기본적인 의미를 전제하고 있다. 작가에 의해 강조된 지점이 있다면, 나르시시즘과 미시적 권력의 관계가 섬세하고 치밀하게 포착되어 있다는 사실을 지적할 수 있을 것이다. 「거울에 관한 명상」에 의하면, 나르시시즘이란 자기 소외를 은폐하는 방식(으로부터의 소외)이며, 자기 소외의 전도된 이미지를 타인에게 부여하고자 하는 힘이며, 타자의 시선을 관리하거나 자신의 욕망에 맞게 배치하는 일종의 권력이다. "형은 실존이랄 게 따로 없잖아요. 형은 형 주위의 모든 것, 모든 텍스트로 자신을 포장하는 절묘한 재주를 가지고 있거든요." "그 여자는 단지 형의 전도된 이미지예요. 대단해요. 존경해요. 세상 어디에든 자신의 복제품을 생산할 수 있는 위대한 나르시시스트가 바로 형이에요."

　「거울에 대한 명상」에는 세 사람의 주요 인물이 등장한다. 나르시시스트로 지목된 남자, 그의 아내 성현(성[聖]스러움의 드러남[顯]이라는 의미는 아닐까), 그의 정부(情婦) 가희(가혹하게[苛] 다루어도 되는 여자[姬]일지도 모른다). 간만에 한강 고수부지에서 가희를 만나 회포를 풀려던 차에, 얼떨결에 자동차의 뒤트렁크에 갇혀버리고 만다. 그 안에서 그는 거울의 비밀을 알게 된다. 거울의 비밀이란 무엇인가. 표면적으로 드러난 관계, 달리 말해서 남자가 믿고 있는 세 사람의 관계를 요약해보면 다음과 같다: 1) 성현—가희: 주변에서 흔히 볼 수 있는 절친한 친구 사이, 2) 남자—가희: 세 번의 낙태 기록을 가지고 있는 일반적인 불륜 관계, 3) 남자—성현: 별다른 문제를 보이지 않는 정상적인 부부 사이. 과연 그럴까. 거울의 비밀, 달리 말해서 내밀한 관계는 다음과 같다.

1) 성현—가희: 성현과 가희는 고등학교 때 윤간을 당한 경험을 공유하고 있으며, 나중에는 동성애적인 관계로 발전한 사이이다. 따라서 단순한 친구 사이가 아니다. 두 사람 사이의 문제는 가희가 남자를 사랑하게 되면서 발생했는데, 가희를 진정으로 사랑했던 성현에게는 심각한 '배신' 행위였다.

2) 남자—가희: 가희는 남자에게 헌신적이었고, "그녀가 그럴수록 난[남자는] 그녀에게 가혹"했다. 남자에게 가희는 섹스 파트너였을 따름이고, 성욕을 배출하는 하수구 같은 존재였다. 가희의 소개로 알게 된 성현과 결혼한 것은 가희에 대한 노골적이면서도 공공연한 배신 행위였다. 하지만 가희 역시 자신과 다를 바 없는, 달리 말하면 윤간과 동성애를 경험한 성현을 소개함으로써 남자가 가지고 있는 정결성의 환상에 배신을 때렸던 것.

3) 남자—성현: 남자는 성현의 정결함에 매혹되어 결혼했다. 하지만 성현이 결혼한 이유는 달랐다. 동성애 관계를 배신한 가희에 대한 복수를 위해서, 그리고 가희와 동성애 관계를 지속시키기 위

해서 결혼이라는 형식을 가져왔을 따름이다. 남자에게 성현은 정결성의 상징이지만, 성현에게 남자는 복수의 수단에 지나지 않는다. 성현의 윤간-동성애 체험은, 그녀를 "정갈하고 상처입지 않은 백색의 대지"로 생각해왔던 남자의 환상에 대한 치명적인 '배신'에 해당한다.

이 작품에서 말하는 거울이란 남자가 욕망하고 있는 거울이며 구체적으로는 아내 성현을 지칭한다. 아내는 그의 상징적인 "자화상"이며 "정갈하고 상처입지 않은 백색의 대지"였다. 하지만 그 거울은 남자-성현-가희로 엮인 배신의 삼각 받침대 위에 놓여 있었던 것이다. 남자는 단 한 번의 배신(가희를 버리고 성현과 결혼하는 것)에 의해서, 그리고 자신의 욕망에 따라 아내와 가희의 몸과 시선을 적절하게 배치해놓았다고 생각한다. 성현은 남자만을 보고 있을 따름이며 가희와 불륜 관계임은 까마득히 모르고 있다는 자기 환상 속에 그의 나르시시즘이 놓여 있다. 하지만 아내와 가희는 애증이 뒤엉킨 시선 속에서 서로를 마주보고 있었고, 아내의 시선에서 처음부터 남자는 배제되어 있었다. 남자의 이상적인 자기 이미지를 반영하지 않는 아내의 시선, 개밥의 도토리, 따라서 거울은 없다. 거울은 배신이며, 배신을 은폐하는 구조에 다름 아니다. 남자의 나르시시즘이란 자기 도취의 기제이면서 동시에 자기 소외의 완성이었던 셈이다.

세 개의 고리로 이루어진 욕망의 삼각형 속에서 모든 욕망들이 배신당하고 있다. 가희의 말처럼 그들은 신파 연극에 출연하는 배우였을 따름이다. "형은 극장으로 돈도 벌고 주연이 되어 군림하기도 했죠. 왜? 기분 나빠요? 그럼 신파 배우하구 연기하면서 형 자신은 컬트 무비라도 찍는 줄 알았나 보죠?" 배신의 고리로 얽혀 있는 지독한 신파. 재미있는 것은 신파(新派)라는 말 자체가 배신의 흔적이라는 사실이다. '새로운 물결'이라는 자신의 축자(逐字)적인 뜻을 배반하고, 역사적인 과정 속에서 낡고 상투적인 것을 지칭하는 관습적인 용어가 됨으로써 의미의 역전을 이루어낸 말. 신파라는 말 자체가 배신과 자기 소외의 상징인 셈이다. 삶은 신파고, 신파는 그 자체가 배신이다. 따라서 삶은 배신의 고리들로 촘촘하게 짜인 그물과도 같은 것. 배신의 전반적인 구조 속에서 믿음이란 일종의 우격다짐이거나 배신을 은폐하고 있는 기제에 불과하다. 이 지점에서부터, 믿음이나 신념은 무한하게 상대화되기 시작한다. 그리고 개인적인 체험뿐만 아니라 역사적인 체험이 신념-배신의 상대화를 가속화시킬 것이다.

그래도 문제는 남는다. 삶이 배신을 주제로 하는 신파극이라면, 배신의 삶 속에서 의미를 찾을 수 있는 방법은 없다. 모든 의미가 배반될 것이기 때문이다. 어쩌면 모든 배신을 무화시킬 수 있는 죽음만이 의미를 가지게 될지도 모른다. 이 지점에서 어떻게 살 것인가라는 문제는 어떠한 방식으로 죽을 것인가라는 문제와 등가 관계에 놓이게 된다. 죽음의 방식과 관련된 선택 사양은 다음과 같다. 배신의 고리로 엮인 삶을 위해 헌신하다 헌신짝처럼 버려질 것인가, 아니면 배반의 삶을 배반하는 컬트(제의)적인 죽음을 맞이할 것인가. "신파지만 진실이에요. 하지만 비록 신파처럼 살았을지언정 죽을 땐 이렇게 컬트로 죽잖아요. 〔……〕 이럴 줄 알았으면 옷도 좀 신경 써서 입고 올걸 그랬어요."

6. 배신의 상상력

김영하의 소설에 등장하는 남자 주인공은 대체적으로 무기력한 모습을 보인다. 뚜렷한 직업이 없는 경우가 대부분이고, 직업이 있더라도 별다른 의욕을 보이지 않는다. 사귀던 여자가 다른 남자와 결혼해서 유학 간다고 통고를 해와도 대학교 교지에 글 써주고 원고료로 담배나 책 살 궁리를 하거나, 팔라는 자동차는 안 팔고 집에 들어와 게임에 몰두한다. 무능하다고는 할 수 없고, 의도적으로 사회생활과 거리를 두고 있다고 표현하는 것이 적절할 것이다. 자본제적인 생활 양식에 적극적으로 참여하는 자신의 모습을 못 견뎌하는 사람, 또는 사회적인 생산 행위에 모종의 죄의식이나 공포감을 가지고 있는 사람이라고 할 수 있다. 따라서 사회적인 생산을 거부하는 지점은 아니지만 최소화하려는 지점에서 그들의 삶이 운영된다. 자본주의 경제 체제와 최소한의 연루만을 설정하고자 하는 삶의 포즈 너머에서, 체제 내부의 삶에 대한 무의식을 발견하는 것은 그리 어려운 일이 아닐 것이다.

 자본주의 경제 체제에 편입되어 살아가는 삶에 대한 민감한 자의식을 엿볼 수 있는 작품으로는 「나는 아름답다」가 있다. 주인공은 사진작가이고 그의 아내는 산부인과 의사다. 「날개」의 아내처럼, 그의 아내도 그에게 정기적으로 돈을 준다. 낙태 수술을 하고 온 날이면 이상하게도 아내는 어떤 '냄새'를 풍기는데, 그런 날이면 그는 그녀를 발가벗겨 달아매고 사진을 찍는다. 그런데 이상한 일은, 아내로부터 돈 받는 게 싫어서 1년 정도 광고 사진만 하던 시절에는 아내에게서 "더 이상 그 냄새가 나지 않았"다는 사실이다. 당연히 아내를 매달아 사진을 찍거나 하지도 않았다. 왜 그랬을까. 왜 상업 사진을 찍던 시절에는 그 모종의 냄새가 감지되지 않았던 것일까.

 그러던 어느 날 나는 아내의 냄새가 왜 사라졌는지 깨달았다. 〔……〕 그녀는 여느 날보다 더 열심히 손을 씻었다. 〔……〕 나는 그 냄새의 비밀을 알 수 있을 것 같았다. 웃음이 흐벅진 여자들과 엉덩이가 아름다운 남자들을 찍어대는 나도 아내처럼 열심히 손을 씻어야만 했음을. 후각은 가장 민감하고 그래서 가장 빨리 마비된다. 아내와 나는 같은 냄새를 풍기고 있었던 것이다. (「나는 아름답다」, pp. 227~28)

아내가 풍기던 그 묘한 냄새란 "죽인 자, 죽은 자, 죽은 듯이 사는 자, 그 일체의 죽음들이 풍겨내는 냄새"에 다름 아니다. 그리고 상업 사진을 찍고 있던 동안 그가 풍겼을 냄새는 낙태 수술을 마친 아내가 풍겼던 냄새와 동일한 것이다. 죽음의 냄새였던 것. 상업 사진 찍는 일과 아내의 낙태 시술은 죽음의 냄새를 풍긴다는 점에서 등가이다. 따라서 그의 상업 사진도 죽음의 기호이거나 죽음의 은폐를 유표화하는 기호에 해당한다. 문제는 아내의 낙태 시술과 나의 상업 사진 사이의 공통점 찾기로 집약될 터인데, 자본주의와 내밀한 공모 관계라는 점 말고는 다른 이유를 찾기가 어렵다. 자본주의는 모든 것을 교환 가능한 것으로 바꾸고 그 과정 자체를 은폐한다. 죽음마저도 등가교환(실제적으로는 부등가교환)의 메커니즘 속에서 유통된다. 아내는 죽음을 만들어낸 대가로 돈을 받았고, 그는 상업 사진을 찍으며 자신의 영혼을 팔았던 것. "작가? 나 같은 인간도 작가라고 부를 수 있는 걸까?" 낙태를 끝내고 돌아온 아내를 발가벗겨 매달고는 사진을 찍었던 것은, 아마도 죽음과 화폐를 교환하고 있는 자본주의적인 삶을 배반하고 조롱하고픈 욕망의 발로였을 것이다.

그거 배반 맞아요. 배반을 위한 작품이에요. 사람들이 가지고 있는 가학적 속성을 조롱하는 거죠. 여자를 발가벗겨 밧줄로 매다는 것은 단지 사디스틱한 행위에 지나지 않지요. 또 많은 포르노들이 그렇게 하구요. 그래서 전 포르노와는 달리 모델로 하여금 렌즈를

주시하게 한 겁니다. 관람자를 불편하게 만드는 장치죠. (「나는 아름답다」, p. 237)

배반. 인간의 가학적인 속성을 조롱하기 위한 가학적인 연출. 죽음을 은폐하면서 살아간다고 생각하겠지만, 사실 아내는 죽음을 은폐하면서 죽어가고 있다. 이를 두고 아내에게 잠재되어 있는 배신의 고리라 할 수 있을 것이다. 따라서 그의 가학적인 연출이란 발가벗겨 매달린 아내의 모습을 통해서 아내를 지배하고 있는 배신의 고리를 탈은폐(脫隱蔽)하는 방식에 다름 아니다. 자본제적인 삶이 강요하는 배신에 대한 복수가 포르노그래피적인 상상력 속에서 이루어지고 있는 셈이다. 그렇다면 왜 이러한 배반의 방식이 채택될 수밖에 없었을까. 단적으로 말해서 뾰족한 수가 없기 때문이다. "합리적 대안? 웃기고 있네." "상상, 그것만이 내가 할 수 있는 가장 그럴 듯한 복수였고 오락이었다."

컴퓨터 게임 '삼국지'를 통해서 복수의 상상력이 펼쳐지는 「삼국지라는 이름의 천국」을 보자. 주인공은 유능하지 못한 자동차 영업사원이다. 그의 무능함이란 의도적인 것이다. 그는 한 달에 차 한 대만 판다. "한 달에 한 대만 팔면 잘리지는 않"기 때문이다. 이렇게 살아가는 그가 하는 일은 무엇인가. 회사에 나가 도장 찍고, 실적 없다고 지점장에게 들들 볶이고, 거래처 들른다는 명목으로 집에 돌아와 삼국지 게임을 계속하는 것. 게임에 이토록 몰두하는 이유는 무엇일까. 삼국지 게임 속에 배신과 복수의 파노라마가 펼쳐져 있기 때문이다. 게임 중에 그가 경험한 배신은 두 가지. 하나는 관우의 배신. 원전에서는 있을 수 없는 일이지만, 게임 중에 관우를 잃었다.

그러나 관우에 대한 배신감이 너무 강했다. 그를 사로잡아야 한다.

잡아서 다시 자신의 사람으로 만들고야 말겠다는 일념이 합리적 판단을 흐리고 있었다. (「삼국지라는 이름의 천국」, p. 161)

배신에 대한 극도의 혐오. 김영하 소설에 나타나는 배신의 고리가 얼마나 뿌리깊은 것인지를 알 수 있는 대목이다. 게임은 원래의 텍스트보다 비정하다. "도원결의 따위는 입력되지 않"기 때문이다.

다른 하나는 배신을 밥먹듯이 했던 위연과 관련된 장면이다. 위연은 밥맛없는 지점장의 복제물이다.

자세히 보니 지점장의 뒤통수가 툭 튀어나와 있었다. 〔……〕 그래. 위연이다. 〔……〕 게임 속의 위연도 배신을 밥먹듯이 했다. 애초에 〔……〕 여러 차례 그의 영토를 공격해왔을 뿐 아니라 그의 장수 마속과의 일대일 대결에서 마속을 죽이기까지 했다. 언젠가는 내 너의 목을 반드시 베고 말리라. (「삼국지라는 이름의 천국」, p. 155)

이 지점에 이르면 게임은 현실과 구별되지 않는다. "이건 게임일 뿐이라는 생각은 그의 머릿속에 들어서지 않는다." 게임은 배신의 고리로 엮여 있는 현실의 거울이다. 다른 점이 있다면, 현실에서 불가능한 복수가 게임 속에서는 가능하다는 것. 그래서 작품의 제목이 「삼국지라는 이름의 천국」이었던 것이리라. 게임 속이기는 하지만 복수는 참으로 통쾌하다. 물론 결과는 비참하다. 관우의 배신을 인정할 수 없었고 배신자 위연에 대한 복수심이 지나쳐서, 합리적인 판단을 내릴 수 없었기 때문이다.

싸움은 끝났다. 모니터는 황혼이 지는 무렵, 망나니에 의해 목이 떨어지는 유비의 모습을 삼차원 그래픽으로 보여준다. 그는 한동안 그 모니터를 망연히 바라본다. 그리고는 고리 모양으로 걸려 있는 넥타이를 꺼내 목에 건다. 그리고 천천히, 아주 천천히 목을 조인다. 때묻은 셔츠의 깃이 그의 목에 완전히 밀착할 때까지. 〔……〕 그는 언제나처럼 마을버스를 타고 고개를 얼마간 숙인 채 다시 영업소로 돌아간다. (「삼국지라는 이름의 천국」, p. 173. 강조는 필자)

이건 게임이 아니다. 현실의 반영이며, 반복되는 현실이며, 현실의 예시이다. 현실에서 복수를 도모하기 위해 싸움을 일으킨다면, 게임 속의 유비처럼 그의 목은 가차없이 떨어져나갈 것이다. 그렇지 않다면 그는 스스로를 목 졸라가며, 때묻은 셔츠의 깃이 암시하는 것처럼 추하게 죽어갈 것이다. 그때까지는 게임이 리셋reset되듯이, 치명적이지는 않지만 점진적인 죽음이 그를 모종의 고리에 가두어 놓을 것이다. 고리 모양을 하고서 그의 목에 밀착하던 넥타이란, 그의 목을 조르고 있는 폭력 구조(배신의 고리)의 상징이면서 동시에 자본주의에 목을 매고 살아가는 삶에 대한 비유이다. 삶의 미시적인 차원으로까지 확장되어 있는 배신의 고리들. 배신에 대한 두려움이 죽음의 공포와 맞닿아 있다. 분명한 것은 어떻게든 죽어가고 있다는 점이다. 목이 잘려 죽든지 목이 졸려 죽든지 하는 것 정도가 그의 선택에 달려 있을 따름이다.

7. 에로티즘, 또는 죽음까지 파고드는 아름다운 배신

연출된 공간이나 컴퓨터 게임을 통해서 배신의 고리에 대한 복수를 감행하는 일이, 그 자체로서 의미를 갖는 것은 사실이지만 그 한계 또한 너무나 명백하다. 배신의 고리를 조롱하고 폭로할 수는 있겠지만, 결국은 심정적인 만족이나 심리적인 균형을 확보하려는 노력에 불과하기 때문이다. 더더욱 곤란한 점은 배신의 고리를 끊을 수 없을 뿐만 아니라 결국은 배신의 고리를 확대재생산하는 지점에 도달하고 만다는 것이다. 회사 일을 마다하고 몰래 귀가해서는 게임에 몰두하는 것은 그 자체로 이미 그가 복수에 돌입했음을 의미한다. 하지만 게임에 실패한 후 넥타이를 조여매면서 '하나의 고리'가 만들어졌고, 직장으로 다시 돌아가는 그의 궤적은 그 자체로 '또 다른 고리'의 모습을 하고 있지 않은가. 또한 게임에서 선택했던 유비의 목이 마치 내 목처럼 잘려나가는 모습은, 상상 속에서의 복수를 통해 최종적으로 도달할 수 있는 지점이 심정적인 만족이 아니라 극도의 자기 모멸이라는 점을 보여주고 있다.

그렇다면, 자기 모멸적이지 않으면서, 그리고 현실 원칙에 동화되지도 않으면서, 결정적으로 이 보이지 않는 고리를 빠져나갈 수 있는 방법은 없을까. 타인에 대한 초석적인 폭력마저도 허용하지 않으면서 죽음의 제의를 깔끔하게 수행하는 방법은 없는 것일까. 구차하게 살아오기는 했지만, 정말 깨끗하면서도 아름다운 죽음은 불가능한 걸까. 다른 작품들을 조금 더 살펴보도록 하자.

「도드리」는 두 개의 이야기로 이루어져 있는데, 앞에서 살핀 것처럼 첫번째 에피소드는 욕망—배신—가학을 주제로 구조화되어 있다. 두번째 에피소드에서도 여전히 그는 욕망의 대상이 되지 못하고 개밥의 도토리 형국이다.

　　당신과 그녀는 자주 만난다. 그러나 가끔씩, 아주 가끔씩 그녀의 시선은 당신의 머리를 관통하여 저 먼 소실점에 다다르려 하는 것을 안다. [……] 그 소실점에는 그녀가 가 닿고 싶어하는 사람이 있다. 그녀에게 욕망의 시작과 끝을 가르쳐준 사람이다. (「도드리」, p. 64)

그녀의 시선은 여전히 그를 지나 다른 대상을 욕망한다. 그녀의 시선은 그의 욕망을 비추어주는 거울이 되지 못한다. 어떻게 할 것인가. 이전처럼 타자의 시선을 자신의 욕망에 따라 폭력적으로 꿰어 맞출 것인가. 그렇지 않다. 달라진 점들이 눈에 보인다: 1) 타자의 존재에 대한 승인이랄까, 그녀와 그 사이에 개재해 있는 욕망의 어긋남을 인정하고 있다. 욕망의 충족을 생각하기 이전에 욕망의 어긋남을 먼저 인정해야 한다는 인식의 전환이 엿보인다. 따라서 "그녀의 원근법과 당신의 원근법은 계속 어긋"날 수 있다. 2) 소실점이라는 용어가 변화의 징후이다. 거울이라는 메타포는 욕망의 충족을 전제한다. 반면에 소실점이라는 용어는 욕망의 운동성을 포착한다. 대상에 고착된 욕망이 아니라 욕망의 운동성으로 강조점이 옮겨져 있다. 욕망에 대한 관점이 달라지자 새로운 가능성이 생겨난다. 그의 욕망은 상상적인 거울이 되어줄 그녀의 시선이다. 하지만 그녀의 시선과 욕망은 저 멀리 소실점에 도달하고자 한다. 그렇다면 그녀의 시선과 욕망을 좇아 욕망의 끝까지 가보는 일이 가능하지 않을까. 소실점에서라면 어긋나기만 하던 두 사람의 욕망이 만날 수도 있지 않을까. 그곳에서는 존재의 폐쇄성을 뛰어넘는 그 무엇을 기대할 수 있지 않을까.

단편 「나는 아름답다」가 욕망의 운동성을 끝까지 추적해보려는 실험에 해당할 것이다. 두 사람의 남녀가 고속버스에서 동석한다. 남자는 산부인과 의사였던 부인과 이혼한 경력이 있는 사진작가이고, 진짜 죽음을 카메라에 담고 싶어한다. 표면적인 이혼 사유는 두 가지 정도다. 하나는 부인이 매일 낙태 시술을 하고 들어온다는 점이고, 다른 하나는 아내가 누군가와 불륜에 빠져 있다는 것. 하지만 보다 심층적인 이유는 배신에 대한 두려움에서 찾을 수 있을 것이다.

아내는 산부인과 의사였어요. 매일 사람을 죽이고 들어오죠. 언젠가 나도 죽일 것 같았거든요. 모르핀 주사를 내 팔뚝 깊숙이 꽂고 가위로 나를 잘게 잘라버릴 것 같았거든요. (「나는 아름답다」, p. 238)

배신에 대한 공포가 조각으로 나누어진 몸의 공포에 닿아 있다는 점이 눈에 띈다. 왜 공포스러운가. 조각난 몸의 이미지는 죽음의 정체성마저도 위협하는 것이기 때문이다. 역설적이게도 미학적인 죽음에 대한 욕망이 이 지점에서 발생한다. 배신당하고 헌신짝처럼 버려져 조각난 몸으로 죽어 있기보다는 "이왕 죽을 거면 멋지게 죽고 싶"다는 욕망이 그것. 어차피 죽음을 당할 것이라면, '조각'나서 비참하게 죽기보다는 '조각(彫刻)'처럼 멋있게 죽고 싶다는 것. 따라서 조각나서 죽어 있는 몸의 공포에 시달리면서도 조각처럼 완성된 죽음을 꿈꾸는 자들에게 로댕의 조각이 현혹의 대상으로 다가오는 것은 결코 이상한 일이 아닐 터이다. "로댕은 나를 발정시켰던 유일한 조각가였다. 〔······〕 내 몸에 걸친 모든 옷을 벗어던지고 그의 대리석과 성교하고 싶었다."

그렇다면 여자는 어떠한가. 남편의 가학적인 폭력에 시달리다가 남편을 독살하고 자살하기 위해 길을 나섰던 것. 따라서 참으로 절묘한 만남이 아닐 수 없다. 고속버스에는 살아 있는 죽음을 찍고 싶어하는 남자와 자신의 죽음을 욕망하는 여자가 나란히 앉아 있었으니 말이다. 그들의 목적지는 A시(市). A라는 글자의 '형태'가 심상치 않다. 어긋나 있던 두 개의 직선이 결국에는 만나는 모습의 글자. 소실점의 구조를 가장 단순한 형태로 드러내고 있는 글자이고, 두 사람이 지니고 있는 욕망의 운동성과 그 궤적을 형상적으로 보여주는 글자가 아니겠는가. A라는 영문 글자는 무의미한 기호가 아니라 작품의 구도를 보여주고 있는 일종의 도상 icon인 셈이다. 여자의 요청으로 함께 찾아들게 되는 '섬'이야말로 소실점의 다른 이름일 것이다. 따라서 어긋나기만 하던 두 사람의 욕망은 섬-소실점에서 만나게 될 것이다. 섬이자 소실점인 그곳에 존재의 폐쇄성을 뛰어넘는 에로티즘이 있다.

나, 죽음을 본다. 쾌락의 절정에는 죽음이 있었다. 일체의 욕망이 자진하는 지점, 일체의 사고가 정지하는 지점, 일체의 행위가 그 의미를 잃는 지점, 그곳에 죽음이, 살아 있었다. (「나는 아름답다」, p. 244)

남자는 여자의 모든 욕망을 좇아 마지막까지 동행했고, 그 끝에서 자신의 욕망을 보았다. 섬-소실점에 도달한 그들의 모습이란 "죽음까지 파고드는 삶"[3]이었던 것. 여자는 "나뭇가지에 그물을 걸어"서 만든 "매듭"에 목을 걸고 죽었다. 매듭? 그렇다면 또다시 다른 고리인가. 하지만 다른 매듭이고 고리이다. 단절과 완결의 매듭이며, "소멸할 존재의 아름다움"을 상징하는 고리이기 때문이다. 욕망의 소실점에서 이루어진 미학적인 죽음. 욕망의 끝에서 되돌아 나오는 남자가 할 수 있는 일이 따로 있을까. "섬이 작아져 종내는 하나의 점이 되어 파도에 부서져버릴 때까지 섬 쪽을 바라보았다." 이를 두고 배신의 고리를 소멸의 지점까지 밀어붙이는 미학적이면서 치명적인 전략이라 할 수는 없겠는가. 아름다움과 에로티즘이 배신의 고리를 무화시킬 수 있는 이유를 짧은 순간 훔쳐보았다는 생각.

---

3) 조르주 바타이유, 조한경 옮김, 『에로티즘』, 민음사, 1989, p. 24

8. 에로티즘의 일반 경제학

다나이드를 닮은 여자는 미학적인 죽음을 완성함으로써 배신의 고리를 빠져나갔다. 하지만 미학적인 죽음이란 지나치게 치명적이어서, 욕망의 끝으로부터 살아서 되돌아 나오는 사람이 채용할 수 없는 전략이다. 살아 있는 자들은 여전히 배신의 고리에 목을 매고 조각난 몸의 공포에 시달리면서 살아야 할 것이기 때문이다. 그러면, 어떻게 해야 하나. 지금까지 배신의 고리로부터 벗어나는 방법으로 제시된 것은 크게 세 가지 정도이다. 복수의 상상력, 에로티즘, 미학적인 죽음. 앞에서 살핀 것처럼 복수의 상상력이 지닌 한계는 너무나 명확한 것이고, 미학적 죽음은 살아서는 적용할 수 없는 전략이다. 따라서 가능한 전략은 에로티즘이 될 것이다. 하지만 에로티즘 역시 손쉬운 전략은 될 수 없는데, '죽음까지 파고드는 삶'이란 그 자체만으로도 충분히 위태로운 것이기 때문이다. 따라서 에로티즘을 가능한 전략으로 설정한다고 하더라도, 그 근거가 되어줄 수 있는 새로운 출발점을 심각하게 고려하지 않을 수는 없는 일이다.

이 지점에서 작가가 제시하고 있는 것은 몸에 대한 탐색이다. 에로티즘의 근거를 몸에 대한 소설적 탐색을 통해서 마련해가고 있었던 것. 작가에 의하면 몸은 욕망의 은폐와 탈은폐가 교차하고, 억압과 해방이 공존하는 공간이다. 또한 보통명사가 지칭하는 통합적인 몸보다는 몸의 기관들에 주목하고 있는데, 이것은 신체 기관의 국부적인 특수성을 드러내기 위해서인 것으로 보인다. 신체의 각 기관들에 대한 김영하의 소설적 탐색이 보여주는 다양한 몸-이미지들을 살펴보도록 하자.

몸에 대한 첫번째 이미지. 몸은 이미 속령화(屬領化)되어 있는 영역이다. 김영하의 소설에 의하면, 몸은 도덕적 죄의식, 타자의 흔적, 흘러간 과거에 의해 이미 속령화되어 있다. 몸의 속령화를 보여주는 대표적인 메타포가 다름 아닌 반지이다. 몸에 들러붙어 있는 배신의 고리, 또는 배신의 고리 속에 갇혀 있는 몸의 이미지가 자연스럽게 떠오른다.

> 반지가 영원히 빠지지 않을 거라는, 그리하여 평생 그 반지를 내 몸의 일부처럼 받아들이고 살아야 하리라는, 그 공포를 아세요. 〔……〕 생각해보면 그때부터 지금까지 저는 그 조그만 반지에 갇혀 있었던 거지요. (「손」, pp. 73~74)

반지는 지나가버린 사랑의 약속이다. 하지만 약속이란 오래되면 구속이 되고, 일방적으로 파기하면 배신이 되는 것. 따라서 인용문의 반지는 시효가 만료된 약속의 기호이며, 배신의 흔적이며, 구속의 상징이다. 반지는 그녀의 손이 타자의 욕망에 의해 속령화되었던 장소였음을 보여주는 기호이자, 배신을 상징하는 하나의 기념물이다. 배신의 고리인 셈이다. 주인공은 반지로 표상되는 배신의 고리에 손가락을 건 채로 반지의 수인(囚人)으로 살아왔던 것.

반지가 속령화된 몸의 외면적인 표지라면, 「도마뱀」에는 도덕적 죄의식이 각인되어 있는 몸 또는 몸의 내면적 속령화가 제시되어 있다. 도덕적 마조히즘의 분위기를 깔고 있는 이 작품에는, 쇠로 만든 도마뱀이 여자 주인공의 몸 속으로 들어와 그녀에게 숨겨져 있던 모든 감각을 일깨운다는, 강간 환상이라고도 할 수 있을 법한 성적인 상상이 펼쳐진다. 하지만 에로틱한 상상에는 훼방꾼들이 끼어들게 마련이다. 아버지와 어머니가 원초적인 억압의 형태로 개입한다. "아빠가 보고 있다는 사실이 수치스럽다고 느낀다. 아빠는 얼굴이 벌개지며 화를 내고 있다. 그가 나를 때릴 것이라고 생각한다." 아버지의 시선은 검열자의 시선이며, 처벌자의 시선이다. 아버지로 대변되는 도덕적 억압은 욕망에 대한 원초적인 수치심과 무의식적인 죄의식을 주인공의 몸-상상-공간에 각인해놓았다. "나는 뭘 잘못했는지도 모르는 채 아빠에게 빈다." "엄마, 미안해요. 뭐가 미안한 건지 난 알지 못하지만 엄마에게 빌고 있다." 몸 바깥에서는 반지로 대변되는 배신의 고리가, 몸 안쪽에서는 무의식적인 죄의식이 몸의 경계를 규정하고 있었던 것이다. 몸을 탈속령화하는 방법은 없는 것일까.

두번째의 몸-이미지. 신체의 각 부분은 변형의 상상력이 작동하는 공간이라는 점. 김영하의 소설에서 신체의 기관들은 자신의 생물학적 기능에 국한되지 않고 도발적인 상징성을 획득하면서 자유롭게 변형된다. 레즈비언적인 분위기를 깔고 있는 작품 「손」을 보면, 손은 육체에 은폐되어 있던 욕망을 불러일으키는 매개이면서, 성적 욕망의 충족을 가능하게 하는 수단적인 도구이기도 하고, 동시에 예술적인 표현의 대상이 되기도 하며, 상징적인 의미로는 '칼'이 되기도 한다. 또한 「도마뱀」에서는 남성 성기의 이미지를 붉게 빛나는 "네온사인 십자가"로 전이시키는 도발적인 상상력을 보여주기도 한다. 따라서 신체 기관과 관련된 변형의 상상력은 신체의 고정되고 폐쇄적인 이미지를 거부하려는 전략으로 볼 수 있을 것이다. 다양한 양상으로 변형되고 변주되는 기관-이미지를 통해서 기관 내부에 숨어 있던 도발적인 의미를 탈은폐하는 효과를 겨냥한 것. 신체 기관으로부터 파생되어 나오는 변형의 상상력이란 신체에 내포되어 있는 해방의 잠재력과 변형 가능성을 드러내 보여주고 있다. 그렇다면, 혹시라도 변형된 몸은 배신의 고리를 빠져나갈 수 있지 않을까.

세번째의 몸-이미지. 신체의 각 기관들은 무질서와 혼돈을 받아들이며 결정적인 단절을 욕망하는 지점들이라는 사실. 앞에서 살핀 것처럼, 단편 「도마뱀」에는 쇠로 만든 도마뱀이 그녀의 몸으로 들어와 몸의 모든 감각을 불러일으킨다는 성적 상상이 제시되어 있다. 눈여겨보아야 할 대목은 마지막 장면이다. 성적 환상에서 벗어나면 늘 도마뱀의 자리를 확인하곤 했는데, 벽면에 걸려 있어야 할 도마뱀이 없어진 것이다. 어디로 간 것일까. 해답은 의외로 단순하다. 그녀의 몸 속에서 빠져나오지 못한 것이다. 그전까지 도마뱀은 그녀의 성기로 들어와서는 눈이나 입 또는 항문으로 빠져나갔다. 도마뱀이란 그녀의 신체에 부분적인 열림의 지점들이 있음을 입증하는 존재였던 셈이다. 도마뱀이 사라졌다는 것은 그녀가 도마뱀을 몸 속 깊이 가두어버렸음을 의미한다. 따라서 사라진 도마뱀은 그녀가 수용한 무질서와 혼돈이었던 것이다.

몸 속의 도마뱀, 도마뱀의 발이 몸 속에서 일으킬 동요를 상상해 보라. 몸 안의 도마뱀-무질서가 역시 몸 속의 도덕적 질서와 뒤엉켜 새로운 무질서를 생산해낼 것이다. 그렇다면 왜 그냥 뱀이 아니라 도마뱀이어야 하는가. "도마뱀은 꼬리가 잘려도 다시 자라나. 재생과 부활을 상징하지. 〔……〕 도마뱀에게는 과거가 없어. 그것만으로도 신이 되기에 충분하지. 그들에겐 영원히 현재만이 존재해." 도마뱀은 자발적인 단절이며, 재생과 부활의 제의적인 육체이며, 영원한 현재의 상징이었던 것. 도마뱀을 몸 속에 가졌으니, 이제 그녀의 몸도 도마뱀의 꼬리처럼 자발적인 단절을 욕망할지도 모른다.

─작두에 올라설 때 기분이 어땠어?
─그땐 잘 기억나지 않고 올라서기 전은 기억나. 죽는다는 기분이 들었어. 어머니가 비단을 작두 위에 비비다가 올려놓을 때, 그래서 그

비단이 두 쪽으로 갈라질 때 말야. 단절이랄까. 그런 느낌. (「베를 가르다」, p. 194)

그렇다면 왜 단절인가. 왜 몸은 단절을 받아들여야만 다시 살아날 수 있는 것일까. 역시 이유는 간명하다. 단절이란 죽음에 대한 근접성의 체험이기 때문이다. 단절의 상상력이 작용하고 있는 장면들을 보면 보다 명확해질 것이다. 작두에 올라서기, 도마뱀의 꼬리 자르기, 또는 자해(自害)를 통한 반지 빼기는 모두 "가벼운 죽음" 내지는 "죽음 흉내내기"(G. 바타이유)에 해당한다. 달리 말하면, 자발적인 단절이란 과거의 몸을 죽음에 이르게 하는 상징적인 제의에 해당하는 것이다. 따라서 제의의 주문은 다음과 같다. "몸을 바꿔야 해."

망치로 제 손을 내리쳤습니다. 〔……〕 왼손 약지가 뭉그러지면서 살갗 밖으로 허연 뼈가 드러났습니다. 〔……〕 저는 한 번 더 내리쳐 완전히 부수어버렸습니다. 〔……〕 왼손에 끼고 있던 반지는 찌그러지면서 뼈 속으로 박혀들어갔습니다. 〔……〕 너무 싱겁나요? 그렇지만 그 사건 덕택에 드디어 저는 그 반지를 뺄 수 있게 되었답니다. (「손」, pp. 90~91)

반지 끼고 있는 왼손을 망치를 쥔 오른손으로 내리치는 장면은 몸을 바꿔보려는 극단적인 시도이다. 몸은 욕망의 거주 공간이면서 동시에 욕망의 한계(경계)이다. 몸은 새로운 삶을 욕망하지만, 삶에 대한 미련 역시 몸의 요청이다. 배신의 고리에 목을 매고서도 삶에 대한 미련을 버리지 못한 것도, 결연하게 배신의 고리에서 빠져나와 미학적인 죽음을 향해 돌진하지 못하는 것도 모두 몸의 이율배반적인 성격에서 유래한다. 역설은 이 지점에서 발생한다. 과거의 몸을 죽음에 이르게 하지 않고서는 새로운 삶을 꿈꿀 수 없다. 하지만 실제로 죽음에 이르게 된다면 치명적인 전략fatal strategy은 말 그대로 치명적인 것이 되고 만다. 죽음을 향해서 곧바로 돌진하는 일이 곤란하다면, 죽음 비슷한 것이라도 견뎌야 하지 않겠는가. 따라서 망치로 내리쳐 손을 찌그러뜨리는 장면은 신체의 경계를 변형시키는 행위, 신체의 탈경계화에 해당한다. 그리고 그것은 실제의 죽음을 대신할 수 있는 작은 죽음을 받아들이는 제의적인 행위이다. 자해(自害)를 통해서 자아의 해방〔自-解〕에 도달하는 일.

 일그러진 손은 자기 학대의 흔적에 불과한 것일까. 결코 그렇지 않다. 변형되고 왜곡된 신체는 배신의 고리로부터 벗어난 몸을 유표화하는 기호이기 때문이다. 몸의 각 부분에서 피어나게 될 작은 규모의 미학적인 죽음, 스스로가 제사장이 되어 자신의 몸 일부를 희생양으로 바치는 제의, 죽음이라는 한계로부터 삶을 정초하기 위한 초석적 폭력. 신체의 일부를 내어주고 낡은 몸의 죽음을 받아들이는 교환과 제의의 과정에서 남는 것이 있다면, 그것은 다름 아닌 바뀐 몸의 삶일 것이다. 이를 두고 에로티즘의 일반 경제학이라고 할 수는 없을까.

연기(演技/延己)하는 유전자의 무의식에 대하여
―― 은희경 소설집 『상속』

1. 삶은 순정, 아니면 연기, 그도 아니면 오버액션

디드로는 『배우에 관한 역설』에서 일상적이면서 흥미로운 한 편의 일화를 제시하고 있다. 한 남자에게 사랑하는 여인이 있다. 드디어 심각한 고백을 털어놓아야 할 때가 되었다. 감정적인 사람이라 언제나 벌벌 떨면서 사랑하는 대상에게 다가가곤 한다. 심장은 벌렁거리고 생각들은 뒤죽박죽이 되고, 목소리는 어찌할 바를 몰라 말하는 내용을 망쳐버리곤 한다. 머리끝부터 발끝까지 우스꽝스러운 자신을 의식하면 의식할수록 더욱더 버벅대기만 한다. 그런데 그 여인을 사랑하지는 않지만 모종의 호기심을 가지고 있는 또 다른 남자가 개입한다. 그는 재미있고 가벼우면서도 스스로를 잘 통어할 줄 알고, 자기 자신을 잘 즐길 줄 알고, 또 칭찬할 수 있는 어떤 기회도 놓치지 않으며, 그것도 아주 섬세하게 칭찬하고 웃기고 즐겁게 하는 행복한 사람이다. 둘 가운데 누가 아름다운 여인의 선택을 받았을까. 감정의 밀도와 순수성으로 사랑이 선택되어야 한다는 입장에서 보면, 당연히 여인 앞에서 어쩔 줄 몰라하는 사람이어야 할 것이다. 하지만 디드로의 시절이나 은희경의 시절이나 결과는 크게 다르지 않은 것 같다. 순정이나 열정보다는, 오히려 순정이나 열정이 결여됨으로써 생겨나는 세련되면서도 쿨cool한 태도들이 사랑을 얻는 열쇠가 되니 말이다. 꾸밈이라고는 찾아볼 수 없는 벌거벗은 열정이 왜 퇴짜를 맞았을까. 이유는 간단하다. 연기력 부족. 순정보다는 연기력이 사랑을 얻는 상황이 지배적인 현실이라면, 사랑을 얻기 위해서는 감정을 끊임없이 객관화·탈낭만화해야 하지 않겠는가.

디드로의 예화가 담고 있는 모티프들의 확장과 변주를, 은희경의 작품에서 발견하는 일은 그다지 어렵지 않다. 삶이란 연기(演技)의 문제라는 전제를 수용하고 있는 작품들을 살펴보도록 하자.

> 소라의 표정이나 몸짓에는 타인의 시선을 의식하는 사람만이 갖는 부자연스러운 세련됨이 있었는데 그것은 어린애가 지니기에도 또 터득하기에도 어울리지 않는 대인 방식이었다. 누구든지 한 번만 보아도 알 수 있는 일이었다. 소라는 사랑받기 어려운 소녀였다. (「누가 꽃피는 봄날 리기다소나무 숲에 덫을 놓았을까」, pp. 43~44)

「누가 꽃피는 봄날 리기다소나무 숲에 덫을 놓았을까」(이하 「리기다소나무……」)의 주인공 소라(소연)는 공주의 분위기를 풍기는 아이였다. 행동과 사고는 언제나 모범적이었고 반듯했으며, 비록 시골 학교를 다니고 있지만 말투와 옷차림에는 도시적인 세련됨이 배어났다. 하지만 바로 그러한 점 때문에 또래 집단에서 그녀는 언제나 왕따와 같은 존재였다. 소라 자신이 의도한 것은 아니지만, 사람들에게 공주의 이미지를 연출하고 있다는 느낌을 전달했기 때문이다. 어설픈 연기력의 소유자였던 셈이다. 반면에 서울에서 전학 온 남학생 이현우는 탁월한 연기력의 소유자였다. 이현우는 귀엽게 불량스러웠고, 마냥 노는 것 같은데 학업 성적도 탁월했다. 모범적인 측면과 일탈의 측면 사이의 경계선을 아슬아슬하게 줄타기하며 연기를 해보이는 인물이었던 것이다. 이런 인물에게 소연이 어떻게 마음을 주지 않을 수 있었을까. 소연은 자신의 비밀(연기 철학)인 "이 세상에 진실은 없다"라는 말을 전학생에게 고백하고 만다. 성인이 된 소라는 순탄하게 결혼을 했고, 이현우는 방송국 기자가 되었다. 사건사고가 있을 때마다 이현우는 "이 세상에 진실은 없는 것 같습니다"라는 멘트로 뉴스를 종결하곤 한다. 이현우는 소라의 비밀을 연기의 레퍼토리로 활용하며 세상에다 공표하고 있었던 것. 반면에 그녀를 괴롭히며 즐거워하던 반장과 동급생 김영재는 소라를 잊지 못하고 있었다. 특히 김영재는 소라를 향한 순정을 예술적으로 승화시켜, 가난을 떨치고 훌륭한 화가가 되는 입지전적인 면모를 보인다. 침대에서 "내가 너를 안다니!"라며 감격해하는 김영재의 대사는 순정과 오버액션을 넘나들고 있다. 따라서 이야기는 이렇게 정리된다. 탁월한 연기자인 이현우를 어설픈 연기자인 소라가 좋아했고, 악역 전문의 성격 배우였던 반장과 김영재는 어설프기는 하지만 확실한 여주인공이었던 소라를 죽어라 좋아했던 것. 연기와 순정 그리고 오버액션이란 삶의 내밀한 관련성과 연관되어 있었던 것이 아닐까.

"자신을 따라다니는 수많은 카메라를 의식하는 여배우처럼 과장"된 몸짓을 보여주는 여자가 등장하는 「태양의 서커스」를 보자. 등장인물인 H는 무능함이 불러일으키는 동정심에 힘입어 구조 조정을 면했다. H는 허름한 카페 '휴식'에서 서빙 아르바이트를 하고 있는 은혜라는 대학생을 좋아한다. 회사에서 공금 2억을 횡령해 은혜와 호주로 도피할 생각을 갖고 있다. 물론 은혜와 사전에 어떤 약속이 있었던 것은 결코 아니다. 다만 2억을 들고 카페에 갔을 때 은혜를 만나게 된다면 자신의 거사를 용감하게 제의할 생각이었던 것. 그렇다면 그는 왜 호주로 도피할 생각을 했던가. 은혜가 태양의 서커스라는 쇼에 대해서 이야기했고, 호주에서만 하는 그 공연을 보고 싶다고 말했기 때문이다. 하지만 그날 은혜는 나타나지 않았다. 그리고 태양의 서커스는 호주가 아니라 캐나다에서 시작된 공연이었다. 이야기의 구조는 간단하다. 은혜는 태양의 서커스와 관련된 부정확한 대본으로 탁월한 연기를 펼쳐 보인 것이고, 그녀의 연기에 감동한 H는 과도한 순정이 동반된 오버액션을 준비했던 것. 그렇다면 어설픈 대본으로 탁월한 연기력을 보인 은혜는 배우이기만 했을까. 아니다. "아직 거기라구? 응큼한 년, 재미 보는구나, 하하. 함께 오면 되잖아. 뭐라구? 이 미친년! 그렇게 눈물을 빼고도 그 새끼하고 붙어 있을 기분이 나니?"(p. 270)라는 통화 내용에서 짐작할 수 있듯이, 은혜의 배후에는 순정을 바칠 또 다른 탁월한 연기자가 있었다. 그리고 여관에서 순정을 바치는 재미를 보다가 불의의 화재로 목숨을 잃게 된다.

다음날 오후에야 자리에서 일어난 나는 신문을 사러 나갔다. 전날 밤 화재로 죽은 사람 명단 속에 스물한 살 이은혜라는 이름이 있었다.
집으로 돌아오자마자 H에게서 전화가 걸려왔다. 목소리가 명랑했다.
너랑 헤어지고 나서 바로 회사 금고에 다시 갖다 뒀어.
싱겁네.
근데, 어젯밤 그 여자 정말 끔찍하게 시끄럽더라, 안 그래? (「태양의 서커스」, p. 273)

은희경의 소설에 따르면, 인간은 출처가 불분명하지만 내용은 뻔한 대본을 가지고 연기하는 배우이다. 그리고 동시에 다른 사람의 연기를 보며 한없이 감동할 준비가 되어 있는 관객이다. 방정식은 단순하다. 배우가 관객에게 무심할수록 탁월한 연기action를 펼칠 수 있다. 무심한 배우의 탁월한 연기는 관객의 순정 어린 반응·reaction을 이끌어낸다. 순정과 열정에 휩싸인 관객은 오버액션 overaction을 펼쳐 보이는 배우가 된다. 평범하고 사소해 보이는 일상에 대한 해부학적이면서 전복적인 시선, 삶의 운명적인 지점들을 농담으로 치부해 버리는 자기 냉소와 아이러니, 자폐적 고립을 향한 충동과 타인의 정서적 시혜에 대한 갈망 사이에서 움직이는 나르시시즘 등과 같은 은희경 소설의 전반적인 특징은 이와 같은 삶의 방정식들로부터 분절되어 나오는 것이라고 보아도 크게 틀리지는 않을 것이다. 연기와 순정과 오버액션의 짬뽕과도 같은 인생들이란, 작가 은희경이 그려내고 있는 세계의 근원적인 이미지가 아닐까. 연기와 순정과 오버액션이 혼합되어 있는 세계를 어떤 관점에서 그리고 어떤 시점에서 포착하느냐에 따라 삶의 다양한 단면과 변주가 제시될 수 있는 것이리라. 『새의 선물』의 마지막 장에 나오는 말을 빌리면, "삶은 순정, 아니면 농담"이다.

2. 삶은 생존이다, 그리고 사랑은 생존 본능이다

은희경에게 삶은 순정, 아니면 농담(연기와 오버액션)이 버무려진 짬뽕이다. 하지만 배우와 배역이 언제나 안정적인 상태에 있을 수는 없는 법. 가면을 쓰고 있을 때 맨얼굴에 대한 자기 의식이 예리해지듯이, 배역에 대한 의식이 민감해지면 해질수록 배우의 실존적인 측면에 대한 자기 의식 역시 섬세해질 것은 자명한 일이다. 그렇다면 '삶은 순정, 아니면 농담'이라는 명제의 배후에 가로놓여 있는 무의식이 궁금해질밖에. 소설집 『상속』의 의미는 바로 이 지점에서 찾을 수 있지 않을까. 조금은 역설적으로 들리겠지만 '삶은 생존이다'라는 명제가 그것.

어떤 때는 내가 뭣 때문에 이렇게 살고 있나 하는 생각도 들어. 아무리 봐도 내가 꿈꾸던 인생과는 거리가 멀거든. 그런데도 열심히 살고 있단 말야. 그런 걸 생존이라고 하는 건가. 넌 안 그래?[1] (「내가 살았던 집」, pp. 221~22)

그렇다면 '삶은 생존이다'라는 명제를 뒷받침하고 있는 무의식 내지 상상력이란 무엇이겠는가. 명확한 용어로써 확정지을 수는 없지만, 진화론 내지는 사회생물학과 관련된 무의식이 아닐까 싶다. 전체적인 조망을 위해서 7편의 중단편으로 구성된 소설 『상속』의 전반적인 구성을 살펴보자. 앞에서 살핀 대로 「리기다소나무……」와 「태양의 서커스」는 인간 운명의 연극적인 상황을 다룬 작품이다. 반면 「아내의 상자」에는 돌연변이 유전자에 대한 공포스러운 자의식이 제시되며, 「상속」에서는 세포(암세포)의 단위에서 인간의 몸을 이해하려는 노력이 발견되며, 「내가 살았던 집」에서는 사회적인 약자를 재생산하지 않으려는 동물적인 모성에 대한 성찰이 나타난다. 악동 소

---

[1] 단편 「내가 살았던 집」은 순정이나 연기력과는 무관한 지점에서 생겨나는 중립적인 목소리를 담아내고 있는 작품이다. 등장인물들 사이에서 순정과 연기력에 대한 자의식이 상호 견제되기 때문이다. "그녀의 목소리는 차가웠다. 나한테는 충동적인 때가 없었을 줄 알아? 하긴 내가 잘못 봤는지도 모르지. 너 같은 출세주의자가 어떻게 충동적이 될 수 있겠어. 넌 단지 감상이라는 촌스러운 취향을 가졌을 뿐이야. 그가 걸음을 멈추었다. 맞아, 네가 잘못 봤어. 그건 충동이 아니고 추진력이라는 거야. 그리고 감상이 아니라 순정이라구"(「내가 살았던 집」, pp. 211~12, 강조는 필자). 여기서 '감상이라는 촌스러운 취향'이라는 것은 연기나 오버액션과 관련된다. 또한 남녀 주인공이 모두 사랑은 연기거나 순정이라는 동일한 명제를 승인하고 있다. 따라서 이들 사이에서는 탈낭만화된 연기력이나 열정에 의한 오버액션이 별다른 의미를 갖지 않는다. 바로 이러한 조건이 연기, 순정, 오버액션의 배후에 놓인 무의식을 가늠할 수 있는 근거를 제공한다.

설적인 분위기를 풍기는 작품 「딸기 도둑」과 「내 고향에는 이제 눈이 내리지 않는다」는, 사회적으로 규정된 열성(劣性) 유전자의 삶을 조망하고 있기도 하다.

은희경의 작품들에서 사회는 진화론(과 관련된 일반적인 이해에서 말하는)의 자연과 닮았다. 자연 선택을 통해서 진화가 이루어지듯이, 사회는 인간에 대한 사회적 선택이 일어나는 공간이다. 그런 의미에서 사회는 시험(試驗)과 낙인(烙印)이라는 하위 기능을 가지고 있는 선택-선별 메커니즘이다. 선택-선별 과정을 거쳐 사회적으로 규정된 우성과 열성을 끊임없이 구분하는 사회의 이미지에는, 진화론과 관련된 일반적인 무의식이 굴절된 모습으로 나타난다.[2] 따라서 작품들 곳곳에서 인간과 사회에 대한 근원적인 이미지들이 숨겨지듯이 드러나 있는 것은 지극히 당연한 일이다.

인간의 삶에서 가장 원초적인 사건이라면 당연히 출생일 것이다. 「내가 살았던 집」에서 작가는 출생과 관련된 근원적인 이미지를 영화의 장면들을 통해서 제시하고 있다.

그녀는 중간쯤까지 돌아가 있던 테이프를 다시 데크에 밀어넣었다. 재생 버튼을 누르자 갓 태어난 아기가 화면에 클로즈업되었다. 아기의 얼굴은 말할 수 없이 고통스러웠다. 난생처음 외기 속으로 나와 숨을 쉬기 위해서 사력을 다하는 아기의 채 펴지지 못한 팔과 다리는 계속해서 바동거렸다. 살갗은 충혈되고 이마는 일그러지고 입술은 비뚤어졌다. 세상이라는 미지 속에 내던져진 그 붉은 생명 덩어

---

2) "N을 병원에 동행했던 남자는 제 육체를 통제할 수 없는 무력감에 대해 가벼운 논평을 던졌다. 다윈 때문에 인간들은 자기가 신의 창조물이 아니라 원숭이의 후예라는 걸 알고 자존심에 상처를 받았지. 거기다 또 프로이트가 무의식을 들고 나와서 인간이란 스스로를 통제할 수조차 없는 존재라고 주장하는 거야. 심각할 것 없어. 이젠 누구나 인정하는 일반 상식인데 뭐"(「상속」, p. 106).

리는 너무나 미숙하고 나약한 존재였으므로 살겠다는 본능부터가 고통을 의미했다. 우리는 모두 그렇게 인생을 시작한다. (「내가 살았던 집」, p. 217)

세상에 던져진 생명의 원초적인 모습에는 순정도 연기도 오버액션도 없다. 삶에 대한 고통스러운 의지만 존재할 따름이다. 초기 단계의 생명은 스스로는 생존할 수 없다. 다만 생존을 위해서 필요한 전략과 본능만을 가지고 있을 따름이다.

왜냐하면 착한 아이만이 어른들의 사랑을 받을 수 있으니까요. 왜 있잖아요, 〈동물의 왕국〉 프로그램에서 눈도 뜨지 못한 캥거루 새끼가 세상에 나오자마자 어미의 주머니 속으로 걸어 들어가는 것처럼 그건 일종의 생존 본능일지도 모릅니다. 어른의 보호를 확보하는 것 외에 달리 살아갈 방법이 없는 아이들로서는 말예요. 〔……〕 아이들에게는 자신이 착하지 않은 아이로 보인다는 사실이야말로 사랑받을 수 있는 밑천, 즉 생존의 조건을 잃어버리는 일이거든요. 사랑을 원하는 것은 모든 약한 존재들의 생존 본능이니까요. 그러므로 어느 날 착한 아이가 될 기회가 영영 사라져버렸음을 알았을 때, 그 아이의 절망은 포탄이 빗발치는 피난길에서 부모 손을 놓친 것만큼이나 심각한 일이었답니다. 겨우 아홉 살이었으니까요. (「딸기 도둑」, p. 166. 이하 강조는 필자)

은희경 특유의 냉소는 착하다는 사회적·도덕적 가치와 사랑받는 아이라는 개체적인 성격 사이에 형성되어 있는 것이 아니다. 착함-사랑받음이라는 조건이 생존 본능의 표현이라는 차원에서 냉소가 설정되어 있다. 생존하기 위해서는 착한 아이로 인정받아야 하고 그럼으로써 어른들의 사랑을 받을 수 있다는 단순한 현실 원칙은, 삶이 연기여야 하는 이유와 삶을 냉소적으로 관찰하고 배치해야 했던 근원적인 이유를 보여준다. 생존 본능과 사회의 논리가 만나는 접합 지점에서 삶은 원초적으로 연기여야만 한다. 사랑은 생명에게는 위기의 지점을 대변한다. 사회적인 선택과 도태가 결정적으로 갈라지는 생존 경쟁의 계기를 내포하고 있기 때문이다. 사랑받기 위해서는 연기(演技)가 필요하다. 그것은 인간에게 강요되는 최초의 패턴화된 삶의 양상이다.

작가 은희경에게 사랑은 원초적으로 탈(脫)낭만화되어 있다. 생존 본능이나 사회적 선택과 무관한 지점에 놓인 사랑을 욕망할 때, 바로 그때에만 사랑은 겨우 낭만화될 수 있을 따름이다. 따라서 낭만적 사랑에 대한 실현 불가능성 때문에 사랑을 탈낭만화한다는 것은 은희경 소설의 숨겨진 전제와는 무관하다. 사랑은 이미 언제나 탈낭만화되어 있기 때문에, 바보와 같은 순정으로 낭만적인 사랑을 꿈꾸어볼 수 있는 것이 아니겠는가. 하지만 그럼에도 불구하고 사랑이 생존 본능인 한 연기와 오버액션은 불가피할지도 모른다. 연기와 오버액션이란 사회적 본능과 다르지 않을 테니 말이다.

3. 열성 유전자의 발생학, 또는 문화적 유전자로서의 진화론

사회로 진입 initiation하기 위해서는 시험이라는 좁은 문을 거치게 마련이다. 당연히 사회적 선택과 개인적인 도태가 일어난다. 사회적 차원에서의 시험은 목을 조르는 상징으로 나타나는데, 열성으로 규정되는 경우에는 상징적인 죽음이라는 낙인과 함께 삶을 봉인당하게 된다. 「아내의 상자」를 보자. 아내는 대학 입시 때 어머니가 떠준 스웨터를 입었다. 그런데 그 스웨터는 목이 꽉 끼는 것이었다. 그래서였을까. 아내는 시험장에서 문이 닫혀 있는데도 문을 닫아달라며 소동을 일으킨다. 시험의 압박을 이겨내지 못한 그녀는 스스로 자폐를 선택했고, 사회는 열성 유전자라는 일차적인 낙인을 부여한다. 결혼해서 한 남자의 아내가 된 그녀는 아이를 낳지 못한다. 불임, 그것은 그녀가 열성 유전자임을 보여주는 또 하나의 사건이다. 그녀의 마지막 시험은 남편에 의한 것이다. 남편은 행실이 그리 좋아 보이지 않는 옆집 여자와 아내의 교제를 방기한다. 아내의 자폐 증세를 고치기 위한 방편이기도 했지만 결과적으로는 아내를 시험에 들게 하는 일이었다. 아내의 불륜은 남편에게 발각되었고, 남편은 그녀를 외진 수용소 시설에 격리한다. 「아내의 상자」는 사회적으로 열성 유전자 또는 불량 유전자로 규정되어가는 과정을 그린 소설인 셈이다. 작품 말미에 돌연변이 유전자를 가진 초파리에 대한 뉴스가 뜬금없이 제시된 이유도 여기에서 찾을 수 있다.[3]

「딸기 도둑」은 살인 사건의 용의자인 한 여인의 고백(진술) 형식을 취하고 있다. 이 작품 역시 어떠한 과정을 거쳐서 도덕적으로 불량-열성 유전자가 생겨나게 되는지에 대한 이야기를 들려주고 있다. 처음부터 그녀의 삶은 꼬였다. 아버지는 몇 달이 지나도록 출생

---

3) "지난 발렌타인 데이에 미국 캘리포니아의 한 연구실에서는 수컷 초파리와 암컷 초파리 사이에 치열한 싸움이 벌어졌습니다. 짝짓기를 하려고 날갯짓을 하며 암컷에게 달려드는 수컷을 암컷이 계속해서 머리로 들이받았습니다. 나중에는 다리로 수컷의 머리를 걷어차버리기까지 했습니다. 이 암컷은 수컷이 정액을 뿌려도 알을 낳지 않았다고 합니다."
아내나 좋아했을 얘기였다. 나는 물끄러미 화면을 쳐다보았다.
"그 이유는 돌연변이 유전자 때문으로 밝혀졌습니다. 연구팀은 이 실험으로 돌연변이 유전자가 신경 계통에 영향을 끼친다는 것을 확인했습니다. 그 유전자에는 '불만'이라는 이름이 붙여졌습니다"(「아내의 상자」, p. 315).

신고를 잊고 있었고, 게다가 늦은 출생 신고마저 다른 사람에게 부탁하는 바람에 엉뚱한 이름으로 호적에 등재된다. 남들 다 가지는 이름(고유명사)조차 갖지 못한 그녀가 우성일 수는 없는 법. 성당에서도 세례받을 기회를 얻지 못했다. 그녀의 열성을 입증하는 결정적인 사건은 친구인 은혜에게 전달하라는 딸기를 도중에 먹어치운 일이었다. 그 사건으로 딸기 도둑이라는 별명이 주어졌다. 딸기 도둑은 그녀가 가졌던 최초의 고유명사이자 열성 유전자임을 알리는 낙인이었다. 그와 동시에 상징적인 죽음이 그녀의 삶을 파고들었다.

어떤 영화를 보니 주인공이 지긋지긋하기만 했던 자기의 집과 가족과 그때까지의 자기 자신에게 불을 지르고 나서 고향을 떠나는 장면이 있더군요. 그것과 비슷한 과정을 거쳐 저는 새로운 사람이 되었던 것입니다. 은혜가 나타나서 현재의 저 속에다 과거의 저를 다시 살려내지만 않았더라면 말이죠. 마치 오래전 시간의 공모자가 나타나서 잊고 살았던 살인의 전과를 일깨워주는 것처럼 은혜는 눈부신 태양의 빛을 쓰고 나타나 저의 삶에 딸기 도둑이라는 그림자를 되살려놓았습니다. 저는 무엇엔지 공포를 느꼈던 모양입니다. 어린 시절 딸기밭에 갔다 온 그날처럼 이틀을 앓았습니다. 물컹하고 끈끈하고 검은 반죽 같은 그림자가 담을 넘고 벽을 뚫어가며 악착같이 저를 따라다니는 꿈을 반복해서 꾸었던 것 같습니다. 아무리 떼내려 해도 발꿈치와 등허리와 뒤통수로 옮겨다니며 어느 틈엔가 다시 내 몸에 달라붙어 있는 어둠의 존재 — 소름 끼치는 악몽이었어요. (「딸기 도둑」, p. 185)

열성 유전자라는 사회적 낙인은 삶을 변모시킨다. 딸기 도둑이라는 낙인을 스스로 망각하기 위해 그녀는 욕망을 가지지 않는 삶을 살았다. 좋게 말해서 무욕(無慾)의 삶이지, 실제로는 욕망을 거세

(당)한 것이나 다름없다.

「내 고향에는 이제 눈이 내리지 않는다」역시 열성 유전자의 분자 구조에 대한 이야기이다. 주인공은 윤준영, 당연히 출생부터 축복과는 거리가 멀다. "며칠째 계속해서 눈이 퍼붓던 윤년 2월의 마지막 날, 탯줄에 매달려 우는 붉고 작은 나를 문틈으로 흘끗 들여다본 아버지는 '요량 없고 성질 급한 놈'이라고 마땅찮은 첫인사를 던졌다고 한다"(p. 9). 신체적인 징후부터가 심상치 않다. 심하게 말을 더듬는 데다가 키도 잘 자라지 않는다. 가정 환경 역시 좋을 리 없다. 큰 빚을 진 아버지는 가정을 버렸고, 어머니는 술집과 무도장을 전전하며 놀아난다. 그사이에 윤준영은 껄렁한 패거리들과 어울리며 불량 청소년이 되었고, 도피 자금을 마련하기 위해 강도짓을 하다가 소년원에 가게 된다. 신체 조건이나 가정 환경이나 성장 과정에 있어서 윤준영은 불량 유전자이고 열성 유전자의 삶 그 자체이다.

소년원이란 열성-불량 유전자에 대한 사회적인 낙인일 것이다. 소년원의 상징성은 「아내의 상자」에서 보다 명료하게 제시된다. 앞에서 말한 바 있지만 아내는 불임이다. 불임의 이유를 설명하는 과정에서 아내는 밑도 끝도 없이 미국 영화의 내용을 이야기한다. 아버지는 떠돌이였고, 어머니가 세 아이를 키우다가 죽었다. 아이들은 복지 시설에 맡겨졌고, 소식을 들은 아버지가 아이들을 찾으러 온다. 하지만 무직자에다가 주정뱅이인 아버지에게는 양육권이 주어지지 않는다. 아버지가 직장을 구해서 아이들을 찾으러 왔을 때 이미 아이들은 뿔뿔이 흩어진 뒤였다. 천신만고 끝에 아이들을 찾았는데, 한 아이는 양부모에게 맞아 죽었고, 한 아이는 자폐증에 걸렸다. 그리고 한 아이는 소년원에서 거세를 당했다.

"나도 거세당한 거예요."

담배 연기 때문에 아내는 눈을 깜박거렸다.
"소년원에서 거세를 시키는 건 범법자의 대를 끊어버리려는 거잖아요. 나도 피가 나쁘기 때문에 애를 낳지 못하도록 거세당한 거예요."
"소년원에서 말야?"
내 입에서는 기어코 이죽거리는 말이 튀어나왔다. 아내는 말을 조리 있게 혹은 길게 할 만큼 논리적이지 못했다. 그렇지만 설명하려고 애썼다.
"그게 아니구요. 나 같은 사람은 선택 이론에 의해서 도태되게 되어 있어요. 책에서 본 적이 있어요. 우성만 유전되고 열성은 도태되는 게 진화잖아요."
나는 그녀가 조금 안쓰러워졌다. 손을 뻗어 그녀의 젖가슴을 만졌다. 그러나 그녀는 내 손을 밀쳐내더니 벌떡 일어나 앉았다. 그러고는 그녀의 입에서 나올 성싶지 않은 과격한 말을 내뱉었다.
"옆집 개 말예요. 그 더러운 개새끼는 곧 굶어 죽을 거예요. 죽는 날까지 토실토실한 개한테 가까이 달라붙겠죠. 뻔뻔스럽게도 그 개가 크는 것까지 가로막으면서 말이죠. 빨리 죽어주면 좀 좋아. 개들은 왜 자살 같은 걸 안 하나 몰라." (「아내의 상자」, p. 296)

진화론에 대한 일반적인 지식이 우생학적인 상상력으로 전이되었고, 열성으로 규정된 아내의 냉소적인 자기 도덕률로 자리잡은 양상이다. 물론 아내의 진화론은 근거가 없는 것이다. 진화는 개체의 차원이 아니라 종(種)의 차원에서 이루어진다. 그리고 하등하고 단순한 생명이 고등하고 복잡한 쪽으로 발전하는 현상이 아니라, 생태계에서 다양성이 증가하는 것일 뿐이다. 진화는 하나의 방향만을 가진 진보가 아니며, 그 결과는 예측할 수도 없다. 사회생물학의 기초적인 지식만으로도 그녀가 가진 생각의 근거 없음을 밝히는 것은 누워서 떡 먹기보다 더 쉬운 일일 터. 하지만 세속화된 오해이건 과학적인 인식이건 간에, 진화론에 근거한 우생학적인 사고는 스스로를 인식하는 하나의 설명 방식이다. 오히려 진화와 관련된 그녀의 무의식이 이미 문화적인 유전자 meme에 해당한다고 보는 편이 더 정확할 것이다. 진화론에 대한 무의식은, 그 이해의 정도를 떠나서, 은희경 소설에 드러나 있지만 잘 보이지 않는 무의식과도 같은 것이 아닐까.

4. 유전자 지도와 닮은 삶의 지형도

그 녀석이 집을 나가겠다고 말했을 때에도 우리는 둑방을 걷고 있었다. 〔……〕 그 녀석이 불현듯 침묵을 깼다. 이 둑방을 계속 따라가면 끝에 뭐가 있어? 동물원. 정말? 응. 그리고 좀더 가면 산이 나오는데, 공동묘지야. 그럼 반대편으로 가면? 거긴 왕릉. 아주 크고 오래된 무덤이겠네? 그래. 거기로 소풍 많이 갔지. 그러면 말야, 이 하천을 계속 따라가면 뭐가 나올까? 정말 별걸 다 궁금해하는구나. 나도 몰라, 안 가봐서. 하천을 죽 따라가면…… 아마 강이 나오겠지. 〔……〕 그 녀석은 잠시 깊은 생각에 잠기는 것 같았는데 표정이 몹시 우울했다. 늙는다는 거 생각해본 적 있어? 한참 만에 그 녀석이 다시 물었다. 늙으면 죽겠지 뭐. (「내 고향에는 이제 눈이 내리지 않는다」, pp. 27~28)

「내 고향에는 이제 눈이 내리지 않는다」에 제시된 공간 이미지는 은희경 소설에 등장하는 삶의 유형학 내지는 삶의 지형도를 압축적으로 보여준다. 여기서 하천과 둑방은 삶의 유형과 지형을 보여주는 공간화된 은유이다. 세 가지의 삶이 있다. 첫번째 유형의 삶은 동물원이 있고 산이 있고 공동묘지가 있다. 두번째 유형은, 첫번째와는 반대 방향인데, 어렸을 적에 소풍을 가곤 했던 왕릉으로 향하는 길이다. 세번째는 하천에서 강으로 그리고 다시 바다에 이르는 삶이다. 세 가지 유형의 삶은 문화적·경제적·환경적 차이를 내포하고 있는데, 생물학적인 용어로 수렴시켜보면 결국 열성의 삶, 평균적인 삶,[4] 우성의 삶으로 대별된다. 공동묘지와 왕릉의 공통점에서 확인할 수 있듯이, 모든 삶은 죽음에 이른다는 점에서만 공평하다. 유념해야 할 것은 열성의 삶과 평균적인 삶의 구분이 절대적으로 고정되어 있는 것은 아니고 상당 부분 겹쳐 있다는 점이다. 또한 열성의 삶을 사는 사람의 입장에서 볼 때 평균적인 삶은 상대적인 우성이며 우성의 삶은 당연히 절대적인 우성으로 나타나게 될 것이다. 작가의 작품에서는 열성의 삶과 평균적인 삶의 관계에 주목하는 경우가 대부분이다.

세 가지 유형의 삶이 동시에 제시되어 있는 「아내의 상자」의 한 대목을 보도록 하자. 주인공 부부는 차를 함께 타고 신도시 주변의 도로로 나왔다. 그리고 선택된 삶, 우성의 삶을 만난다.

　내가 매일 아침 지옥을 향한 진입로이듯 느리게 통과해 가는 길을 두 대의 스포츠카는 경쾌하게 뚫고 지나갔다. 나는 질질 끌듯이 그들은 칸타빌레로, 노래하듯이.
　그 길의 전혀 예상치 못했던 깜찍한 소용에 대해 솔직히 나는 약간 놀랐다. 그들의 차는 다음 신호등에서 좌회전을 받아 갈라져 나갔다. 지리한 회색 포장 도로로 직진하는 나와 달리 그들은 풀이 북슬북슬

---

[4] 여기서 평균적인 삶이란 진화적으로 안정된 전략 evolutionarily stable strategy을 채택하고 있는 삶이라고 할 수 있다.

한 방둑길로 접어들었다. 그러고는 연녹색 산 속의 오솔길 뒤로 사라져버렸다. 그들이 사라진 하얀 길은 알맞게 구부러졌고 꽃이 만발해 있었다.

옆자리를 보니 아내도 그 스포츠카들이 사라진 오솔길 쪽을 쳐다보고 있었다. 그 길이 눈앞에서 완전히 사라지도록 내내 고개를 잔뜩 돌리고 쳐다보았다.

"저 길로 한번 가보고 싶어요."

아내의 목소리는 꽉 잠겨 나왔다. 마치 선택된 사람에게만 열려 있다가 그 계절이 지나면 사라져버리는 환상의 길 같다는 말도 했다. (「아내의 상자」, p. 300)

「아내의 상자」에서 아내/남편/스포츠카는 각각 열성의 삶/평균적인 삶/우성의 삶을 상징한다. 평균적인 삶은 「리기다소나무……」의 소연과 「상속」의 아버지가 대표적인 예이다. 어렸을 때부터 반듯한 삶을 살았고 노력에 의해 자신이 원하는 것을 이룰 수 있다고 믿는 사람들. 하지만 결국에는 예기치 않았던 삶의 기습으로 어리둥절하게 되거나 좌절하고 마는 사람들.

그러면 작가의 관심이 집중되어 있는 열성의 삶을 살펴보자. 우성의 삶이 연녹색 산 속의 오솔길이며 선택된 사람에게만 열리는 환상의 길이라면, 평균적인 삶은 지리한 회색 포장 도로이다. 그렇다면 열성의 삶은 어떤 길이었던가. 동물원과 산을 거쳐 공동묘지에 이르는 길이었다. 산이 삶의 곤고함을 나타내는 일반화된 상징이라면, 동물원은 무엇일까. 인간에 의해 사육되고 길들여진 동물들이 죽을 때까지 구경 나온 인간의 시선을 받으며 야생 동물임을 연기하는 공간이 아니던가. 열성의 삶이 보여주는 사회적인 양상이 동물 내지는 동물원과 심층적인 차원에서 맞닿아 있다는 것만은 확실하다.

실제로 소설집 『상속』에는 곤충을 포함한 동물이 중요한 의미를 지니는 작품의 비중이 높은 편이다. 생존 경쟁을 벌이고 있는 두 마리의 강아지와 돌연변이 유전자를 가진 초파리가 등장하는 「아내의 상자」를 비롯해서, 사람이 보았다고 해서 자기 새끼를 잡아먹는 햄스터가 제시되는 「내가 살았던 집」, 나방의 탈태 과정을 제시하고 있는 「리기다소나무……」 등이 대표적인 경우이다. 은희경의 작품들에 등장하는 동물과 곤충은 작품 구성과 관련해서는 등장인물의 행동과 사고를 해명할 수 있는 통로가 되며, 작가와 관련해서는 세계와 인간을 사회생물학의 관점에서 이해하고 있음을 보여주는 표지이기도 하다.

「아내의 상자」에서 아내의 삶을 나타내는 비유는 두 가지이다. 하나는 자폐적인 삶을 나타내는 상자, 다른 하나는 파블로프의 개를 연상하게 하는 『벨 자』라는 소설이다. "파블로프의 개처럼 인간이 벨 소리에 의해 규칙적으로 약을 삼키기 위한 침을 분비하며 사육되는 폐쇄된 바구니." 그녀는 상처를 잊기 위해 상자를 쌓아갔고, 죽음과도 같은 깊은 잠에 빠져들었고, 불임 클리닉의 처방에 따라 배란주기에 맞추어서 남편과 섹스를 했다. "단단히 웅크린 그녀의 입구를 찾지 못해 진땀을 흘리던 밤들이 떠오른다. 〔……〕 그녀의 마른 몸에 물기가 돌게 하기 위해서는 언제나 그녀의 몸 한가운데 박혀 있는 입술산처럼 조그만 버튼을 참을성을 가지고 조심스럽게 만져줘야 했다. 그런 다음 가까스로 열린 그녀의 몸 속으로 들어가면 아내는 내 어깨를 꼭 당겨 안으며 당신을 사랑해, 라고 기운 없이 중얼거렸다. 그때마다 눈시울이 젖어 있었다"(p. 279). 남편은 그녀의 '버튼'을 눌렀고 그러면 그녀는 호르몬을 분비하며 가까스로 남편의 정자를 받아들였다. 그녀는 사육되고 있었고, 지극히 패턴화된 삶을 살았다.

「내가 살았던 집」의 주인공은 이제 생리를 시작한 딸아이가 있는 미혼모이다. 방송 기자 김훈과의 연애를 그가 결혼을 해서 유부남이 된 이후에도 이어가고 있다. 햄스터(쥐)와 인간의 유전자가 95퍼센트가량 일치하기 때문일까. 이 작품에서 주인공과 딸아이 그리고 햄스터 사이에는 연쇄적인 연결 관계가 형성되어 있다. 주인공은 불륜 과정에서 생겨난 뱃속의 아이를 낳을 것인지 지울 것인지 고민하고 있으며, 햄스터 암컷은 사람이 보았다고 해서 새끼를 잡아먹었다. 엄마에게서 버림받았다고 생각하던 딸아이는 햄스터를 베란다에 내다버린다. 딸아이는 햄스터의 엄마를 자처하던 터였다. 그리고 여자 주인공은 방송 기자와 관계해서 생겨난 새로운 생명을 낙태시켰다. 왜 그랬을까. 방송 기자는 교통사고로 이미 죽었다. 그렇다면 아이는 사생아에다 유복자이며 아버지가 다른 누이를 가지게 될 운명이다. 이보다 확실한 열성이 있을 수 있을까. 따라서 낙태와 관련된 그녀의 고민은 생명의 존엄성과는 다른 차원에 놓여 있는 것이다. 열성 유전자로 살아갈 운명에 대한 윤리적 또는 비(非)윤리적인 배려이기 때문이다. 적어도 작중 인물의 입장에서 생각하면 그렇다는 말이다.

　리처드 도킨스의 말을 빌리면, 모든 유전자는 이기적이다. 열성이건 우성이건 상관없이, 자신을 복제 재생산하기 위해 수단과 방법을 가리지 않는다. 그런 점에서 자신의 유전자가 열성임을 자각하고, 열성 유전자를 복제하는 일이 과연 진화의 원리에 합당한가를 고민한 끝에 재생산을 포기하는 유전자는 돌연변이일 수밖에 없을 것이다. 과연 이를 두고 뭐라 할 것인가. 자기 거세의 윤리학? 아니면 생존에 대한 말할 수 없는 권태? 어쩌면 진화와 관련된 과도한 무의식이 빚어낸 막다른 골목? 조금 더 생각해볼 문제이다. 하지만 작가의 작품에서 (열성의) 삶은 끊임없이 동물의 행태를 참조한다는 사실만큼은 분명해 보인다. 그리고 작가가 생명을 전략의 차원에서 사유하고 있으며, 무의식적이건 의식적이건 간에 소설의 육체를 유전자의 차원으로까지 가져가고 있다는 점은 참으로 시사적이다.

5. 세포의 기억과 몸의 발견

중편 「상속」은 은희경에게는 중요한 작품이 될 것 같다. 죽음을 앞둔 아버지를 둘러싼 일상적인 풍경이 제시되어 있는 작품. 그렇다면 아버지는 부인이나 자식들에게 무엇을 상속했을까. 아무것도 남긴 것이 없다. 실패한 사업을 일으켜 세우고자 백방으로 뛰어다녔고 보증 잘못 서서 떠안게 된 부채를 해결하고자 했지만, 결과적으로는 어떠한 일에도 성공하지 못했다. 그렇다면 이 작품이 말하고자 한 바는 무엇일까. 제목과 본문 사이에 설정된 일종의 아이러니를 노린 것이었을까. 아니면 지천으로 널린 가족 소설에 대한 냉소적인 표정일까. 「상속」에서 작가가 말하고자 한 것은, 다름 아닌 세포이다. 암이라는 질병이 아니라 암세포에 대해 말하고 있는 작품. 작가의 시선이 죽음이나 질병이 아니라 세포에 닿아 있다는 것. 따라서 죽어가는 아버지와 관련된 자식들의 기억이나 추억은 전혀 제시되지 않는다. 아버지에 대한 의식의 기억이 아니라 몸의 기억, 더 나아가서는 세포의 기억에 대해 말하고 있기 때문이다. 아버지의 죽음을 인식해가는 딸 N의 시선이 이 작품의 핵심이다. 그녀는 아버지 병문안보다는 남자와 여행하기를 선택하는 타입의 인간이다. 가족 관계를 냉소적으로 보는 사람인 셈이다. 따라서 N이 아버지의 죽음을 인식해가는 과정은 남다를 수밖에 없다. 매개항은 수면 내시경 검사이다. 자신의 몸을 외부가 아닌 내부로부터 들여다보았을 시선의 도입이 그것.

그날부터 N은 신경성 위궤양이 도져 병원을 찾아야 했는데 수면 내시경 검사를 받았던 그 병원이었다. 스스로 통제할 수 없는 상태에 놓인 육체를 생각하자 다시금 그녀는 공포를 느꼈다. 어쨌든 N은 자신의 육체 안에도 아버지 몸의 일부가 어떤 식으로든 깃들어 있고 그것을 다름 아닌 바로 자신의 육체로 느낄 수 있다는 생각을 하기 시작했다. N은 확실히 달라졌다. 한 사람의 육체가 생겨나기까지 자신이 알지 못하는 수많은 사람들의 육체가 시간 속에서 생멸을 거듭해왔다는 것도, 제 몸 속에 죽음이 들어 있다는 사실도 처음 깨닫는 일이었다. (「상속」, p. 119)

이를 두고 뭐라 할 수 있을까. 잠정적이고 상투적인 표현이지만, 신체의 발견이라고 할밖에. 피부에 남아 있는 감각의 환기도 아니고, 무의식의 후미진 모퉁이에 도사리고 있던 기억도 아니고, 신체의 내부를 들여다보는 시선에 의해 발견된 몸의 기억. 유전자의 복제를 통해 세포에 전사(轉寫)된 몸의 기억들. 이러한 장면에 주목하면서 작가의 소설이 새로운 전환점에 도달했다고 보는 것은 성급한 호들갑이 될까. 은희경의 소설이 자의식의 분열이 만들어놓은 공간을 연극화하는 데 있었음을 자각한다면, 신체의 발견은 새로운 전환점이 될 수 있지 않을까. 작품에는 'N의 모니터'라고 해서 아버지의 질병이 진행되는 단계들에 대한 사전(辭典)적인 설명을 부여하고 있는데, 그것은 아버지의 몸 안에서 일어나고 있는 병리학적인 상황들을 이해하기 위한 노력이다. 이와 더불어 눈여겨보아야 할 것은 몸에 대한 새로운 인식과 태도이다.

오래전에 운동을 멈춘 아버지의 다리는 근육이 빠져나가 앙상한 나뭇가지 같았다. [……] 간병인이 반대쪽을 닦기 위해 아버지의 성기를 한 손으로 훌떡 밀어내자 더 이상 참지 못한 J는 복도로 나가버렸다. N은 간병인이 손을 놀리는 대로 그 반동에 의해 힘없이 흔들거리는 아버지의 성기를 천천히 바라보았다. 그것은 검고 시들고 지쳐 보였으며 주름투성이었다. 그러나 모든 일을 끝마친 뒤의 엄숙한 침묵 같은 것이 깃들어 있었다. 아버지의 성기는 N이 지금 갖고 있는 육체의 시작이었다. 그렇게 시작된 N의 육체의 모든 안팎은 농부가 땅을 경작하듯 아버지가 몸을 부려 세월 속에 거두어온 것이었다. 할 일을 마친 육체의 휴식은 존엄하다고 N은 생각했다. (「상속」, pp. 140~41)

아버지는 죽음에 이르기까지 자신의 역할에 충실한 배우였다. 가족으로 하여금 심리적 동요를 불러온 '대리인'이란 존재는 아버지가 죽음에 이르기까지 자신의 연기를 고집한 배우였음을 보여주는 표지이기도 하다. 하지만 아버지가 생각했던 필생의 연극 역시 성공적이지는 못했다. 그리고 이제 아버지의 몸을 구성하던 단백질은 해체 과정에 있다. 아버지의 성기를 보는 일 그리고 그것을 육체의 시작으로서 긍정하는 일은, 남근에 대한 시끌벅적한 해석들과 무관한 지점에 놓여 있다. 그것은 지극히 외표적인 것이어서 어떠한 관습적 상징도 용인하지 않는다. 다만 아버지의 성기이고, 그래서 지극히 생물학적인 기관일 따름이다. 이 지점에서 분명해진 것은 아버지가 상속한 것이 몸이라는 사실이다. 몸의 기억은 이미 N의 세포들이 기억하고 있을 것이다. 아버지의 연기(演技)가 N의 몸으로 연기(延己)되었던 것.

그렇다면 세포 수준에서의 기억이란 무엇일까. 모든 인간의 삶이 가질 수밖에 없는 삶의 동형성(同形性)을 나타내는 것이 아니겠는

가. 생존에 대한 의지만 가지고 태어나 사회적인 시험에 시달리며 살면서 자신의 연기를 펼쳐 보이다가 죽음에 이르는 것. 하지만 육체가 죽음과도 같은 휴식의 단계에 이르면 연기도 끝나야 한다는 것. 아버지에 대한 N의 이해란 인간의 삶이 가진 운명에 대한 수긍과 다르지 않다. 또한 삶을 연출해가야 하는 필연적인 근거가 몸에 이미 언제나 내재되어 있었음을 자각하는 과정과도 크게 다르지 않을 것이다. 순정과 연기와 오버액션으로 점철된 삶을 충실하게 수행해온 육체에 대한 존경이 그것. 따라서 이 지점에서 보다 분명해진 듯하다. 삶이 순정, 아니면 농담일 수 있었던 이유, 그리고 삶이 생존이어야만 했던 이유. 그것은 몸과 죽음 때문이 아니었을까.

(가) 내가 내 삶과의 거리를 유지하는 것은 나 자신을 '보여지는 나'와 '바라보는 나'로 분리시키는 데서부터 시작된다. 나는 언제나 나를 본다. '보여지는 나'에게 내 삶을 이끌어가게 하면서 '바라보는 나'가 그것을 보도록 만든다. 이렇게 내 내면 속에 있는 또다른 나로 하여금 나 자신의 일거일동을 낱낱이 지켜보게 하는 것은 20년도 훨씬 더 된 습관이다. (『새의 선물』, p. 12)

(나) 삶을 지속하기 위해 육체는 늘 보살핌을 받는다. 인간의 삶이 육체가 있을 때까지만 존재한다는 데에 육체의 권능이 있었다. 아무리 멋진 정신을 갖고 있다 하더라도 육체가 죽어버리면 하는 수 없이 멋 부리기를 끝내야 한다. 고통의 수식(數式)은 정신이 아니라 육체에 속한 세계의 규칙에서 비롯되는 건지도 모른다. (「내가 살았던 집」, p. 233)

인용문 (가)는 자주 인용되는 『새의 선물』의 한 구절이다. 자의식을 통한 엄정한 관찰이 냉소적인 놀이(소설의 창작 방법)가 될 수 있음을 밝혀놓은 대목이다. (나)는 소설집 『상속』에 수록된 작품 「내가 살았던 집」의 일부분이다. 몸의 의미를 확인하고 발견하고 있는 대목이다. '보여지는 나'와 '바라보는 나'를 통해 중층적인 연기 over-action가 가능했다. 그렇다면 연기로서의 삶이 이루어졌던 무대는 무엇이었던가. '보여지는 나'와 '바라보는 나' 사이에 설정되어 있는 거리에는 무엇이 있었던가. 몸이 있었을 것이다. 소설집 『상속』의 의미는, 아마도 의식의 냉소적인 연출이 가능했던 무대를 자각하게 되었다는 점에서 발견할 수 있지 않을까.

운명이 되려다 만 것들에 대하여
── 함정임 소설집 『버스, 지나가다』

> 우연은 삶에다
> 눈에 띄지 않는 틈을 내놓는다.
> ──모리스 블랑쇼

> 운명을 상실한 인물들은,
> 운명을 자기 자신에 대한 치명적인 실험으로 대체한다.
> ──페터 슬로터다이크

1. 잠재된 미결정성으로 충만한 세계

　함정임의 소설은 세계를 합리적으로 이해할 수 있는 것으로 제시하려는 노력을 중지한 지점에 놓여 있다. 작가는 단지 세계의 합리성과 이해 가능성을 증명하려는 시도를 중지했을 따름인데, 세계는 더 이상 스스로를 합리적인 모습으로 드러내지 않는다. 물론 작가가 세계의 정당성의 근거를 의심하거나 부정하는 것은 결코 아니다. 다만 세계의 정당성의 근거를 밝히려는 노력을 중지했을 따름이다.
　작가의 작품 곳곳에서 배어나는 우수 어린 표정들은 세계를 정당화할 수 있는 초월적인 또는 선험적인 근거의 공백 상태와 맞물려 있는 것이다. 하지만 그렇다고 해서 세계를 정당화할 수 있는 근원적인 원리나 궁극적인 목적을 찾아 나서지도 않는다. 이유는 간단하다. 달리 찾아야 할 이유도 목적도 없기 때문이다. 함정임의 소설들은 특유의 조용한 목소리로 말한다: 세계가 정당성을 확인할 수 있는 근거를 가지고 있지 못하다고 해서, 반드시 세계의 정당성의 근거를 찾아 나서야 할까. 반드시 세계를 실체로서 경험하고 실천(목적합리성의 행위)을 통해서 세계와 만나야 하는 것일까. 없으니까 찾아야 하고 불확실하니까 확실하게 해야 한다는 관습화된 인과론적 사고를 고집한다면, 작가의 소설은 처음부터 끝까지 해괴망측한 것일 수밖에 없으리라. 작가의 작품은 인과 관계에 대한 우리의 기대지평을 이미 처음부터 비켜서 있기 때문이다.

그런 의미에서 함정임 소설은 히스테레시스hysteresis적이다. 형태와 발음은 유사하지만 히스테레시스와 히스테리hysteria 사이에는 어떠한 의미론적인 관련도 없다. 일반적으로 히스테레시스란 인과 관계가 좀처럼 진행되지 않는 상태를 말한다. 예를 들면 어떤 물체의 표면에 손가락을 대고 꾹 눌렀는데 약간 튀어나오다가는 더 이상 튀어나오지 않는 경우와 흡사하다. 원인이 제공되었는데도 결과가 현실화되지 않고 잠재적인 상태에 머물러 있는 것. 따라서 원인과 결과, 기원과 목적 모두가 잠재성의 영역 내에서 미결정의 상태로 머물러 있는 것을 의미한다.

따라서 함정임의 소설에서 삶은 특정한 목적에 의해서 인도되지 않는다. 또한 삶에는 과거의 상처를 봉합해줄 수 있는 초월성도 존재하지 않는다. 그렇다면 삶이란 무엇인가. 삶은 허공을 걷는 헛걸음질과도 같은 것이며 허공에 흩날리는 벚꽃과도 같은 것이다. 삶은 지극히 중성적인 무위(無爲)의 지대이다. 적어도 작가에게는 그렇다.

작품「그의 즐겨찾기」를 살펴보자. 박사학위를 가진 고등 백수의 일상을 그리고 있는 이 작품은 참으로 허망하다. 세계의 의미 없음을 재현하고 있기 때문이다. 작품의 대강은 이렇다. 주인공 남자는 인터넷에서 서핑을 마치고 유치원으로 아이를 데리러 간다. 육교 근처에서 집 짓는 풍경을 구경하고, 전철역 주변에서는 애완견 가게와 미용실을 들여다본다. 아이를 데리고 와서는 핌프 락으로 무장한 서태지의 컴백쇼를 텔레비전에서 본다. 울트라맨 스타일로 깎다가 아이의 머리를 엉망으로 만들어놓고, 공원에 가서는 발광(發光) 장치를 부착하고 달리는 킥보드들을 멍하니 바라본다. 공원 근처에서는 드라마 촬영이 한창이고, 친구를 만나서는 쓸데없는 대화를 나눈다. 아내에게 이메일을 보내려다 포기하고 아내의 화장대에서 매니큐어를 가지고 논다. 그리고는 들어오지 않는 아내를 기다리며 자신의 혀에 색색의 매니큐어를 바른다.

  소제목을 달고 있는 조각글로 구성되어 있는 작품의 형식에서 알 수 있듯이, 세계는 통일적인 실체로서 다가오지 않는다. 주인공이 보여주는 단속(斷續)적인 경험은 세계의 파편성과 무의미를 보여준다. 하지만 세계가 무의미해지고 주체성이 혼란에 빠진 이유와 그 결과는 여전히 막연하다. 다만 마비 증세를 겪고 있는 그의 혓바닥에 칠해진 매니큐어 manicure 속에 적어도 치유 cure의 무의식이 잠재되어 있을 것으로 짐작해볼 따름이다.

2. 전도된 가족 로망스: 백지와도 같은 운명에 대한 욕망

  함정임 소설의 등장인물들은 거의 대부분 일그러진 가족의 초상을 반영하고 있다. 아버지가 등장하지 않는 작품들이 대부분이며, 아버지가 있는 경우에는 어머니가 없다. 아버지, 어머니, 자녀들이 함께하는 일부일처제의 가족 형태는 등장하지 않는다.「버스, 지나가다」를 보면, 아버지의 기일(忌日)에 여주인공 송연과 함께 모였던 사람은 완전한 남이라 할 수 있는 계모, 그리고 반(半)은 남이라 할 수 있는 이복 여동생이었다.「그녀는 노래부른다」의 시골 아낙 한이는 아버지가 다른 두 남매를 낳았다.「휴일」의 경우, 아버지는 재혼해서 강원도에서 살았고 어머니는 양부(養父)와 아르헨티나로 이민을 갔다. 세계에 대한 경험이 단속적이듯이, 가족은 분열인 동시에 연결이다. 세계와 운명적으로 만난 가족이라고 한다면, 가족은 첫번째 운명의 고리이면서 동시에 첫번째 운명의 사라짐이다. 작가의 작품에서 가족은 회복 불가능한 과거이며 하나의 단순한 사실이다. 가족은 생물학적으로는 대체 불가능하지만, 사회적으로는 얼마든지 대체 가능한 인간 관계에 지나지 않는다. 가족도 타인과 같은 인간 관계에 불과하다는 것. 가족 관계에 드리워진 생물학적인 그림자는 다만 지울 수 없는 흔적을 가진 삶의 밑그림일 따름이다.

따라서 작가의 작품들에서 개인 또는 소설적 인물의 탄생은 가족이라는 테두리 내부의 소외되는 지점에서 이루어진다. 프로이트가 말했고, 김윤식이 함정임 소설에 적용한 바 있는 가족 로망스가 중요한 의미를 갖는 이유도 여기에 있다. 가족 로망스란 무엇인가. 자식이 성장하자 이제는 부모를 낮게 평가함으로써 부모에게서 자유로워지고, 대체적으로 더 높은 사회적 지위의 다른 사람들로 부모를 대체하고자 하는 환상을 말한다. 자기 부모들이 실제로는 부모가 아니며 진짜 부모는 왕이나 귀족이라고 상상함으로써 부모에게 복수한다는 것이다. 가족 로망스는 사회 질서 속에서 자신에게 주어진 (/주어질) 어떤 위치에 대해 환상을 갖는 방식이다. 따라서 가족 로망스란 가족의 이야기를 사회적인 차원에 역투사함으로써 만들어지는, 일종의 상상적 보상물인 셈이다. 하지만 작가의 작품에 가족 로망스를 적용하기 위해서는 미세한 차이점을 고려해야 한다. 가족의 이야기와 가족과 관련된 무의식이 작용한다는 점에서는 가족 로망스이다. 하지만 우울함과 비극적 표정이 압도적으로 제시되어 상상적인 보상이라고 규정하기는 조금 곤란하다. 오히려 가족은 일종의 운명적인 징벌에 가까운 모습으로 제시되어 있기 때문이다. 이를 두고 가족 로망스의 전도된 형태라고 할 수는 없을까.

그렇다면 전도된 가족 로망스 속에서 가족의 의미는 무엇인가. 유화(油畵)에 비유하자면 가족은 캔버스에 미리 그려져 있는 그림이다. 달리 말하면, 전도된 또는 뒤틀어진 가족 로망스란 한 인간의 운명은 태어날 때부터 백지 상태가 아니었다는 사실에 대한 자각인 셈이다. 가족 로망스의 전도된 형태 속에는 운명의 제로 베이스, 또는 운명의 백지 상태에 대한 욕망이 투사되어 있다. 따라서 가족에게서 독립한 이후의 삶은 이미 존재하는 그림(가족)에다가 덧칠을 하는 일과 같다. 캔버스를 모두 흰색으로 덧칠하려고 해도 처음 그림(가족)의 흔적들은 가려지는 동시에 드러나게 될 것이다.「조용한 날들의 계단」의 주인공은 아버지와 애인 관계에 있는 여자의 아이에게서 화산(火山)을 느낀다. 그에게 화산, 특히 베수비오 화산은 가족이 함께한 마지막 여행지였다.「꽃구경」의 미호는, 벚나무를 배경으로 사진을 찍어달라는 관광객의 요청을 받게 되자, 사람은 빼고 벚나무만 카메라 앵글에 담는다. 그녀의 아버지는 벚나무 앞에 엄마를 세워두고서는 정작 벚나무만 찍었던 적이 있다. 가족은 무의식 속에 침전되어 있는 운명이다.

3. 가족 바깥에 놓인, 개체의 논리로서의 성

함정임 소설에서 성(性)은 사회적·생물학적인 의미를 지니지 않는다. 모든 성적인 관계는 사회적인 관계를 이미 언제나 내포하고 있다. 묻지마 관광처럼 일회적인 유흥만을 목적으로 삼는다고 하더라도 성적인 관계는 사회적인 규약을 불러들인다. 상대방의 사회적 조건들이나 정체에 대한 물음을 금지한다는 약속(규약)이 그것. 성은 생물학적인 것이지만, 그와 동시에 사회적 계약의 층위로 치솟아 오른다는 것. 가족 역시 사회적으로 규정된 생물학적인 관계라 할 수 있다.

작가의 소설에서 성은 가족의 형성으로 수렴되지 않는다. 성은 가족과 절연되는 지점, 가족 속의 구성원이 아닌 단독자로서의 개인이 정립되는 지점에서 의미를 갖는다. 「버스, 지나가다」에서 주인공 송연이 자신의 방을 갖는 시점에 성적 경험이 놓여 있었다. 또한 「소풍」의 여주인공 수주의 성 역시 가족과는 철저하게 무관한 것이었다. 「소풍」은 두 가지 스토리 라인을 갖고 있다. 하나는 수주의 어머니 월아네의 생일을 맞아 가족 모두가 고기 구워 먹으러 나들이를 갔던 이야기. 다른 하나는 수주가 신도시 외곽에서 채팅으로 만난 남자와 서로에 대한 아무런 정보도 없는 상태에서 번개팅을 한 이야기. 이 작품에서 가족 이야기와 성에 대한 이야기는 서로 아무런 관련 없이 병치되어 있다. 성은 한 사람의 개인이 가족과 무관함을 보여주는 가장 중요한 지표이다. 이것은 가족 내에서의 성에도 여전히 적용된다. 「조용한 날들의 계단」에서 아버지의 성(性) 또는 사랑은 기존의 가족 관계와는 무관하다. 그리고 「꽃구경」에서는 엄마가 다른 남자와 만났을 가능성을 오히려 부풀리기까지 한다. 가족이란 생물학적인 성(性) 경험이 사회적인 관계 속에서 형체를 부여받은 것을 말한다. 하지만 함정임의 작품에서 성은 사회적인 차원이나 생물학적인 차원을 벗어나 있는 그 어떤 지점에 설정된다. 그것은 가족과는 무관한 개인의 표지이다. 가족 구성원에서 개인으로 완전히 환원된 지점에, 개인과 개인이 만나는 지점에 성이 우연이자 운명의 모습으로 자리하고 있다.

「그녀는 노래부른다」의 한이를 보자. 자식으로 남자애와 여자애를 두었다. 남매의 터울은 스무 살 가량 되고, 아버지는 각각 다르다. 그렇다면 한이는 헤픈 여자였을까. 결코 그렇지 않다. 헤프지도 않은 여자가 아버지가 다른 남매를 두었다고 한다면, 그녀에게 성이란 무엇인가. 그것은 가족과는 무관한, 순정하게 개인적인 선택이자 운명과도 같은 것이다. 성의 결과로서 가족이 생겨난다. 철이와 부남이 그리고 한이는 어떻든 가족의 모습을 하고 있지 않은가. 하지만 한이에게 성은 가족이라는 사회적인 결과로 수렴되는 것이 결코 아니었다. 철새 조사원을 받아들일 때 한이는 다만 한 사람의 여자였을 따름이다. 그녀의 자궁 속에는 아무것도 없었지만, 모든 가능성으로 충만해 있었다. 니체적 의미에서 주사위를 쥔 따뜻한 손이 한이의 자궁으로 전이되었을 따름이다. 부남의 잉태와 출산은 그녀의 자궁 속에 충만해 있던 가능성 가운데 하나가 현실화된 것일 따름이다.

따라서 "호수가 원래 호수가 아니었던 것처럼 부남이는 원래 한이의 자식이 아니었다. 한이는 열 달 동안 제 뱃속에 품어 낳았으면서도 아직도 부남이를 그렇게 여기고 있다, 부남이는 한이에게 자식이 아니라 손님으로 온 것이다"라는 대목이나 "삼십 년 전 철이놈을 낳던 때나 팔 년 전 부남이를 낳던 때나 한이는 애비 없이 애를 낳아 손님처럼 길렀다"는 대목은 육아와 관련된 관습적인 의미망과는 아무런 관계가 없다. 철이와 부남이가 자식이 아니라 손님이었다는 것은 무슨 의미일까. 한이에게 철이와 부남은 가족이기 이전에 손님처럼 찾아온 운명이었다. 성은 가족 바깥에 놓인, 개체성의 논리였고 운명은 그녀의 자궁 속으로 찾아들었다. 그리고 손님과도 같은 운명을 자식처럼 가졌던 것. 따라서 이렇게도 말할 수 있을 것이다. 함정임의 소설에서 성은 운명을 받아들이는 방식이며 동시에 운명을 잉태하는 방식이라고. 작가가 제시하는 가족 관계나 성적 묘사들이 일상적인 도덕 관념에서 많이 이탈해 있음에도 불구하고 불륜의 그림자를 드리우지 않는 것도 그 때문일 것이다. 개체성의 원리인 성은 운명을 만나고 받아들이고 자신의 것으로 만드는 가능성이다. 적어도 작가의 작품에 의하면, 그러하다.

4. 비(非)인칭의 운명과 존재의 수동성

함정임 소설의 인물들은 운명과 맞서거나 대결하지 않는다. 이것은 비겁함이나 소심함의 표현이 아니라 자기 방기에 가까운 수동성의 차원과 관련된다. 운명과 비기고자 하는 자의 표정이 그것. 운명과 맞서지 않고, 단지 비스듬히 서서 한편으로는 운명을 맞으면서 또 다른 한편으로는 운명을 비껴간다. 거울에 자신의 얼굴이 반 정도만 비치게 하는 놀이와도 같다고나 할까. 그의 소설은 그 어떤 운명적인 겸허함, 또는 존재의 운명적인 수동성을 보여준다. 그의 인물들은 중성적인 무용함으로 소설 속의 인생을 채색하고 있으며, 때로는 방기에 가까운 부주의함으로 인생을 기획한다.

「사랑처럼」을 보자. 두 여자의 처녀성 상실기, 정확하게는 처녀성 주어버리기가 제시된 작품. 주인공은 영신과 재인, 학교 선후배 사이이다.

"그가 왔어."
(......)
"그..., 누구?"
(......)

영신은 무심결에 되묻기는 했는데, 말을 뱉고 나서는 혹시 그가 아닐까 생각했다. 아니, 아닐 것이었다. 그를 입에 올리지 않은 지는 아주 오래, 십 년도 넘었다. 그러나 그 이외에 그들이 그라고 부르는 사람은 없었다. 그동안 둘은 공범끼리 발설해서는 안 되는 암호처럼 그라는 단어를 피해왔다.

대학 시절에 영신은 프랑스 여자 에브에게 처녀성을 주었고, 재인은 시위 도중에 올라탔던 트럭 운전사에게 주었던 것. 인용문의 '그'는 직접적으로는 트럭 운전사를 지칭하지만 동시에 영신의 사랑 아닌 사랑이었던 에브를 가리키기도 한다. 트럭 운전사의 만나자는 연락에 대해서 재인 대신에 영신이 나갔다가 튤립나무만 보다가 돌아온다는 것이 작품의 전체적인 대강이다. 민감한 독자라면 벌써 느꼈겠지만, 단편 「사랑처럼」에는 아무런 사건도 일어나지 않는다. 다만 시간만 흐를 뿐이다. 처녀성 상실기는 무척이나 돌발적이고 예외적인 사건이지만 십 년도 넘은 일이고, 그밖에는 어떠한 사건도 없다고 해도 무방할 정도이다.

아무런 사건도 일어나지 않는 이야기로서의 소설, 「사랑처럼」은 사건과 인물의 전체성을 다루는 것이 아니라, 사건 이전이나 이후 또는 사건의 주변만을 다룬다. 공백으로서의 사건. 작품의 한가운데에 자리하고 있는, 그것도 함몰된 채로 자리하고 있는 사건의 결핍이 놀랍게도 소설을 구성한다. 다르게 말하면 소설에 등장한 모든 언어들은 사건의 부재를 둘러싸고 있으며 그 어두운 구멍 속에서는 낮고 내밀한 노래가 흘러나온다. 노래 속에는 현재와 과거 그리고 미래가 침전되어 있는데, 우리는 다만 그 침전물의 사소하면서도 치명적인 탈(脫)침전화 과정을 순간적으로 엿들을 수 있을 따름이다.

그렇다면 물어야 할 것이다. '그'의 되돌아옴이 의미하는 것은 무엇이며, 사건의 부재란 무엇을 위한 것일까. '그'란 이름 붙일 수 없는 운명의 명칭일 것이다. 3인칭 또는 비(非)인칭으로서의 운명. 말할 수도 없고 들을 수도 없고, 언어에 의해 지시 대상이 되지도 않는 것을 두고 비인칭이라고 할 수는 없겠는가. 소통과 지시가 멈춘 지점에서의 운명. 이러한 비인칭의 운명을 기다리는 존재는 수동성의 존재이다.[1] 그렇다면 소설이 사건의 부재를 형상화하는(/해야 했던) 이유도 수동성 내지는 비인칭의 운명과 무관하지 않을 것이다. 운명 없이 살면서 운명이 (되)돌아올 자리를 마련하고 사는 삶이 소설에서 사건의 부재를 요청한 것은 아니었을까. 작가 함정임에게 소설이란 자유 의지의 표현일 수 없다. 소설은 세계와 주체 사이에 잠재되어 있는 우연성의 영역을 운명의 형식으로 받아들이고 긍정하는 방식이다. 이 지점을 인정하지 않는다면, 어쩌면 작가의 작품에 한 발도 다가갈 수 없을는지도 모른다.

5. 운명 없이 사는 삶

「버스, 지나가다」는 운명에 대한 이야기이다. 주인공은 송연, 우

---

[1] 여기서 수동성은 능동성과 의미론적으로 대립되는 말이 아니라, '긍정하는 존재'의 특징을 기술하는 말이다.

체국 직원으로 근무하고 있다. 여자에게 남자란 운명의 표정으로 다가오는 법. 두 번의 운명-남자가 있었다. 첫번째는 아버지이고 두번째는 그녀에게 방을 제공해준 첫 남자. 묘하게도 아버지가 죽은 날 그녀는 방을 가졌고 남자와 관계를 가졌다. 이제 남자는 죽었다. 아버지가 운명이라면 남자 역시 운명이었고, 이들은 모두 죽어버린 운명들이었다. 운명은 운명한다는 이야기.

그리고 십 년 동안 남자는 없었다. 운명 없는 삶을 살았던 것. 그리고 한 남자를 발견했다. 그러나 그 남자는 버스가 지나가듯이 그녀의 곁을 스쳐가버렸다. 그렇다면 어떻게 그녀는 남자에게 관심을 가지게 되었을까. 남자와 송연은 모두 고아나 다름없는 처지. 남자의 할머니는 「홍콩 아가씨」를 노래불렀고, 여자는 북경반점 이층에 살았다. 남자는 컴퓨터 바둑 사이트에서 접속했던 사람을 만나러 나갔다가 설치미술작품 「몽고인의 텐트」를 보았고, 여자는 방을 제공해준 중년남자 만수가 죽었을 때 몽고의 환영을 보았다. 남자가 몽고에 보내는 편지를 가져왔을 때 그녀는 몽고에 대한 환상에 젖어 있었다. 그리고는 아무 일도 없었다.

그렇다면 주인공은 왜 만수가 죽었을 때 몽고를 떠올리게 되었을까. 몽고에는 가본 적도 없고 친지도 없는데 말이다. 운명이 운명하자, 북경반점 위층에 사는 여자가 몽고를 떠올렸다? 어찌 된 일일까. 반점(飯店)에서 반점(斑點)으로 기호의 보이지 않는 움직임이 일어났던 것은 아닐까. 그러자 북경은 몽고로 전이될 수밖에 없었을 터. 몽고반점(蒙古斑點). 남자가 죽었을 때 여자는 어떤 상태였던가. 두 팔로 무릎을 감싼 채로 몽고의 초원을 꿈꾸었다는 것. 하지만 몽고에 대한 환상은 통속적인 슬픔과는 무관하다. 몽고반점의 의미를 찾는 일이 핵심이 될 것이다.

사람들의 입에서 그의 죽음이 흘러나왔다. 여자는 죽은 남자를 찾아가지 않았다. 남자의 죽은 몸이 이 지상에 남아 있는 사흘 동안 여자는 두 팔로 두 무릎을 감싸 최대한으로 몸을 작게 해서 남자가 얻어준 방구석에 틀어박혀 꼼짝하지 않았다. 남자가 여자를 끌어안아주었던 것처럼 여자는 누구도 아닌 자신이 자신을 부둥켜안고 있었다. 남자는 어디인지 모를 낯선 대륙의 낯선 부족의 일원으로 돌아간 것으로 여겨졌다. 〔……〕 허기와 빈혈 속에 여자의 의식은 하염없이 몽고의 초원으로 내달리고 있었다. 그는 몽고로부터 와서 몽고로 돌아간 것 같았다. 바람 불고 풀들 자잘하게 흔들리는 초원 위를 말을 타고 힘차게 달려갔을 것 같았다. 처음 비롯된 곳으로 돌아간 것 같았다.

두 팔로 무릎을 감싸 최대한으로 몸을 작게 한 채로 사흘 동안 방 안에 있었다는 대목이 참으로 의미심장하다. 왜 그랬을까. 어쩌면 그 시간에 그녀는 신생아로 되돌아가 있었던 것은 아닐까. 엉덩이에 새파란 몽고반점을 지니고 막 자궁을 벗어나 양수를 토하며 울어대는 어린아이. 태어나 숨을 쉬며 살아간다는 사실을 제외하고는 어떠한 자명한 사실에도 얽매이지 않은 존재. 어떠한 운명도 가지지 않은 존재. 따라서 아버지의 기일은 가족으로 대변되는 첫번째 운명이 운명한 날이며, 새로운 운명(만수라는 이름의 중년남자)을 만난 날이다. 그리고 두번째 운명이 운명하자, 이제 그녀에게 운명 없는 삶이 마치 운명처럼 찾아왔던 것이리라. 운명(남자)이 운명에 이르자, 그녀는 시간 속에서 살아간다는 것을 제외하고는 어떠한 운명도 가지지 않은 상태에 이르렀던 것. 운명의 백지 상태 또는 운명의 영도(零度)가 그것.

함정임 소설이 보여주는 진경(眞景) 가운데 하나가 바로 '운명 없이 사는 삶'이다. 운명이 운명하자 운명 없는 삶이 운명처럼 펼쳐진다. 운명은 이제 정언명령의 형태가 아니라 무척이나 불명료한 모습으로 다가온다. 앞에서 우리는 작가가 그리는 세계가 불명료한 모습일 뿐만 아니라 전체성을 가진 실체로 파악되지 않는다는 사실을 확인한 바 있다. 세계의 파편성과 불명료함이란 운명 없는 삶과 비슷하게 서로를 조응하고 있었던 셈이다. 그렇다면 이후로 우리가 작품에다 물어야 할 질문은 무엇일까. 앞으로 어떤 운명이 주어질 것인가. 아니다. 운명의 내용과 관련된 물음이어서는 안 될 것이다. 운명 없이 사는 삶 속에 과연 운명은 다시 도래할 것인가, 또는 운명이 다가왔을 때 운명인지 어떻게 알 수 있을까, 라는 물음이 보다 작품 세계에 근접한 물음이 될 것이다. 「사랑처럼」 또는 「사랑인가」 등의 작품과 같이 운명이 비유법과 의문법의 대상이 되는 이유도 여기에서 찾을 수 있다. 운명 없는 삶 속에서는 운명에 대한 기대와 회의가 엇갈리고 실재와 비유가 비슷하게 놓인 시공간이 펼쳐졌을 것이다.

6. 운명과 비(非)운명의 변주

운명 없이 사는 삶에서 운명은 불확실하거나 비유적인 그 무엇으로 찾아든다. 하지만 운명 없이 살 수 없다고 한다면, 운명을 확인하는 일이 필요하다. 그 과정은 마치 존재론적인 내기의 양상으로 나타난다. 「사랑처럼」에 제시된 처녀성 버리기와 유사한 방식일 것이다. 반항하거나 거부할 수 있는 상황이었는데도 왜 영신은 가만히 있었는가. 그리고 재인은 왜 그토록 무의미하게 처녀성을 버렸을까. 두 장면 모두 운명이란 주체의 자유 의지를 넘어선 지점에 있다는 사실을 긍정하는 방식에 해당한다. 그리고 자신의 운명을 불러들이고 운명인지의 여부를 확인하는 제의적인 몸짓에 가깝다. 이를 두고 처녀성과 운명을 교환하는 책략이라고도 할 수 있을 텐데, 최소한 그들은 운명의 계기를 만들고 있었던 것이다.

운명이 비유적인 차원에서 이야기되는「사랑인가」를 살펴보도록 하자. 주인공 남자에게 먼지 냄새는 그의 무의식을 불러올리는 표지이다. 왜 먼지 냄새인가. 먼지 냄새는 어머니의 뱃속에 존재했지만 태어나지 못했던 동생을 환기한다. 태아로서만 존재하는 동생이란, 운명이 될 뻔했다가 운명이 되지 못했던 것에 다름 아니다. 한 어머니의 자궁에서 차례를 달리해서 태어난다는 사실처럼 운명적인 것이 또 있을까. 그는 동생을 가지지 못할 운명이었다. 그렇다면, 운명이 되지 못했던 것에 대한 섬세한 감수성의 연원은 무엇인가. 그 역시 운명 없는 삶을 살고 있기 때문이다. 혹시 그는 마치 게임이나 내기처럼 자신의 운명을 확인하기 위한 절차를 거쳤는가. 당연하다. 쫄딱 망하기는 했지만, 그는 열정적으로 주식 투자를 하며 살아 있음을 실감했다. 주식 투자는 경제 활동의 하나이거나 공인된 도박이거나 재테크의 방법이다. 하지만 이 작품에서 주식이란 운명을 확인하는 일종의 내기이다. 또는 운명인지 아닌지 확인하며 사는 삶에 대한 메타포이다.

주인공 남자는 포항에서 실내 인테리어를 하는 매형 집에 얹혀살면서 피아노학원을 온통 푸른색으로 칠해주었다. 그리고 말이 없는 여자를 만났다. 그 여자 역시 운명을 운명에 이르게 한 여자였다. 성악이 운명이었던 여자였는데, 갑자기 목소리를 잃었다. 운명이 될 뻔했던 존재(태내에서 죽은 동생)에 대한 무의식을 가지고 운명 없는 삶을 내기하듯이 살아가는 남자와, 성악가라는 운명을 잃어버리고 운명 없는 삶을 사는 여자가 만났다. 눈여겨봐두어야 할 것은 작가가 이 작품에서 제기하고 있는 물음이다. 새로운 운명은 어떻게 주어지는가, 라는 물음이 그것. 작품이 들려주는 대답은, 뜻밖에도 베네치아이다.

베네치아로 가겠다는 생각은 태어나 처음이었다. 퇴근 후면 날밤을 새면서 인터넷으로 나스닥 분석까지 다 훑다가 잠깐잠깐 여행 상품에 들어가 베네치아라는 데를 본 것이었다. 의식 저편에서는 비상구를 찾고 있었던가 보았다. 그렇다고 그렇게 눈빛을 내쏘며 베네치아에 가겠다고 공표할 정도는 아니었다.

남자는 인터넷 서핑 중에 우연히 베네치아라는 기호를 보았을 따름이다. 베네치아에 갈 심리적인 진정성이나 상징적인 필연성이 있었던 것은 결코 아니다. 따라서 베네치아는 그에게도 조금은 막연한 기호일 수밖에 없었다. 다만 그가 여자와 관계를 정리하기 위해서 베네치아를 말했을 때 조금은 의미있는 기호가 되었다. "난 베네치아로 갈 거야. 기다리지 마. 나는 좀 매정하다 싶을 만큼 목소리에 힘을 주었다." 하지만 놀랍게도 그의 말 한마디가 운명 없는 삶을 살아가는 여주인공 미정의 욕망을 불러일으켰고 그녀가 욕망하는 운명의 기호가 되었다. "소리는 없었지만. 어쩌다 베네치아라고. 베네치아에 갈 거라고 했어요. 한사코 막다가 문득 깨달았어요. 그애에게 꿈이 생겼다는 것이 얼마나 큰 희망인가를." 운명은 마치 베네치아처럼 무의미하면서도 우연하게 만들어진다.

소리를 잃어버린 여주인공 미정에게 베네치아란 무엇이었던가. 운명 없이 사는 삶 속에서 주어진 새로운 운명에 대한 희망에 다름 아닐 것이다. 이 지점에서 작가가 던지는 물음은 이런 것이 아닐까. 하나의 삶에 하나의 운명이 대응되어야 하는가. 운명이란 반드시 필연성의 표정으로 삶을 구성하는 것일까. 하나의 삶에 여러 개의 상이한 운명이 있을 수는 없을까. 함정임 소설은 이러한 물음과 마주해 있다. 그렇다면 베네치아란 여러 개의 운명이 놓여져 있는 삶, 그리고 운명과 비(非)운명의 변주되는 삶을 표현하는 수없이 많은 기호들 가운데 우연히 주어진 하나의 기호일 것이다.

7. 욕망의 우연성

 욕망에 기원이 있는가. 욕망에 궁극 목적이 있는가. 욕망의 기원과 궁극은, 극과 극이 닿아 있는 방식으로, 서로의 영역을 이미 언제나 공유하고 있는가. 알 수 없는 일이다. 인간의 욕망이 갖는 운동성을 사후(事後)적으로 설명할 수 있다고 해서, 과연 그 설명 모델이 욕망의 기원 그 자체라고 할 수 있을까. 욕망이 설명될 수 있는 것은, 그 기원을 결코 드러내는 법이 없기 때문이 아닐까. 이 글은 이러한 어려운 문제에 대답할 수 없다. 하지만 욕망이 설명될 수 있다고 해서 모든 욕망에 필연성이 개재해 있다고는 생각할 필요가 없을 듯하다.
 함정임 소설에서 욕망은 텍스트를 추동하는 근원적인 힘이다. 하지만 그 힘은 인과 관계를 따라서 움직이지 않는다. 욕망의 움직임은 우연성이라는 수로를 따라서 흐른다. 욕망이 결핍에서 연원하든지 또는 결핍을 모르는 욕망이든지 간에, 그의 소설에서 욕망은 세계 속에 잠재되어 있는 우연과 만나도록 위치지어져 있다. 그리고 욕망은 주체의 내면이나 유년기로 환원되지도 않을 뿐만 아니라 외부 세계로 귀속되지도 않는다. 따라서 욕망의 저변에는 어떤 운명적인 표정을 위한, 운명이 깃들 수 있는 공간을 위한 자리들이 마련되어 있다. 함정임의 소설에서 욕망은 욕망을 들여다보고자 하는 욕망

또는 메타화된 욕망의 모습으로 나타난다. 이유는 소박하다. 욕망과 운명은 우연의 수로(水路)를 따라 흘러들기 때문이다.

  욕망의 우연성을 가장 잘 보여주는 작품은 「소풍(逍風)」이다. 소풍이란 무엇인가. 바람을 맞아 노니는 것이라 할 것이다. 그렇다면 바람이란 무엇인가. 바람은 기압의 고저에 따른 공기의 물리적인 이동 현상[風]이면서 동시에 어떤 대상을 지향하는 욕망의 운동성[願]이다. 「소풍」은 가족들과 함께 바람 쐬러 간 이야기와 낯선 남자와 바람을 피운 이야기가 병치되어 있다. 이 작품에서 욕망을 표현하고 있는 메타포는 종이 개구리이다.

  그는 대답 대신 탁자 위에 놓인 손바닥만한 사각 메모지를 가져다 손끝으로 접고 또 접었다. 손을 이리 줘봐요. 그가 말했다. 수주가 그에게 손을 내밀었다. 내가 종이로 만들 줄 아는 유일한 거예요. 그는 수주의 손바닥에 방금 만든 것을 얌전히 내려놓았다. 하얀 개구리였다. 〔……〕 그가 수주의 손에서 그것을 다시 가져가서는 탁자 위에 얹고는 꼬리 부분을 손끝으로 꾹 눌렀다 놨다. 그러자 살아 펄쩍 뛰는 것처럼 개구리가 수주에게 달려들었다. 수주가 놀라 작게 비명을 질렀다. 그 소리에 그도 수주도 깔깔거렸다. 〔……〕 한 마리 만들어볼래요? 수주는 그가 하는 그대로 개구리를 접었다.

  남자가 종이로 개구리를 접어서 그녀를 즐겁게 했고, 그 유치한 장난이 그녀의 욕망에 가 닿았다. 남자를 만난 이후로 수주는 개구리 종이접기를 한다. 종이 개구리는 어디로 튈지 모른다. 그리고 누군가 꼬리 부분을 눌렀다가 놓아야만 튀어 오른다. 함정임 소설에서 욕망은 종이 개구리와 같은 방식으로 존재한다. 욕망을 종이 개구리처럼 튀어 오르게 할 손이 누구의 것일지, 언제 다가올지는 알 수 없다. 또한 욕망은 종이 개구리처럼 어디로 튈지 모른다. 원인(타인의 손)과 결과(방향)가 종이 개구리 속에 우연성의 모습으로 잠재되어 있다. 욕망은 존재의 자리에 우연처럼 그리고 운명처럼 찾아온다. 따라서 욕망은 기원을 갖지 않는다. 욕망은 운명의 수사학이지 결코 결핍의 계보학이 아니다. 다만 욕망에 대한 운명적인 상기(想起)가 있을 따름이다.

8. 매개항을 욕망하는 욕망

단편 「꽃구경」은 참으로 묘(妙)한 작품이다. 여주인공의 이름은 미호. 거짓말만 하는 남자를 애인으로 두었는데, 알면서도 속아넘어 가준다. 이미 오사카에는 벚꽃이 다 져버렸을 시간인데도 그는 꽃구경을 가자고 한다. 그의 거짓말 때문에 전주와 군산 사이를 달리기까지 했었다. 그런데도 여자는 오히려 그의 거짓말에서 희망을 발견하기까지 한다. 뭐 이런 작품이 다 있는가 하는 생각이 절로 드는, 괴상망측한 작품.

능수벚꽃이 처음 피었을 때 아버지는 엄마를 꽃핀 가지 아래 세워 두고 사진을 찍었다. 미호는 능수벚 아래 서 있는 엄마와 열 발작 정도 떨어져 사진을 찍는 아버지의 모습을 역시 엄마와 아버지로부터 열 발작 정도 떨어진 왕벚나무 아래서 바라보았다. 엄마는 능수벚꽃보다 아름다웠고 그런 엄마를 아버지는 카메라 렌즈를 통해 오래 들여다보았다. 엄마는 아버지의 행복만큼 오래 웃고 있어야 했고 아버지는 시간을 끌었다.

미호의 아버지는 벚꽃나무 농원을 했다. 엄마는 능수벚을 좋아했고, 아버지는 능수벚을 주로 생산했다. 이후에 밝혀진 일이지만, 위의 인용문에서 사진을 찍던 아버지는 엄마를 프레임에 담지 않았다. 그는 다만 벚꽃만을 찍었을 따름이다. 하지만 엄마가 지리산에 꽃구경 갔다가 죽은 후로 아버지는 더 이상 벚꽃을 찍지 않았다. 그리고 벚꽃이 피지 않는 서울의 중랑천으로 이사를 했다. 벚꽃에 미친 아버지, 남편의 무관심에 짜증이 난 엄마, 부부 사이의 갈등이 가져온 일탈과 파탄, 뭐 이런 식의 신파적 구도가 이 작품의 핵심일까. 그렇지 않다. 이 작품의 핵심은 매개항이다.

아버지의 욕망은 어머니를 매개해서 벚꽃나무에 닿아 있다. 카메라는 욕망의 대상을 확정하는 기제이다. 따라서 아버지가 욕망하는 대상은 벚꽃이다. 그렇다면 어머니가 죽은 뒤에는 왜 벚꽃을 찍지 못했을까. 이유는 소박한 곳에 있을지도 모른다. 미호의 어머니, 달리 말하면 벚꽃을 욕망하게 한 매개항을 잃어버렸기 때문이 아닐까. 아버지는 벚꽃(대상)에 이를 수 있는 매개항(엄마)을 잃어버렸던 것이다. 아버지의 욕망은 다음과 같은 사실을 보여준다: 욕망에 있어서 매개항은 대상(목적)보다 본질적이다.

모든 욕망은 매개항을 갖는다, 또는 모든 욕망은 매개된 욕망이다, 라는 지라르의 설명은 함정임 소설에 이르면 변형된다. 아버지의 욕망을 모방하고 있는 미호의 욕망은, 매개항을 배치하는 욕망으로 나타난다. 미호의 이상한 연애가 그러한 사실을 증명하지 않겠는가. 미호에게 남자는 욕망의 대상이 아니다. 남자 친구의 거짓말은, 미호의 억압된 욕망(엄마의 죽음으로 억압되고 금기시된 꽃구경이라는 욕망)을 해소할 수 있는 매개항이다. 욕망의 궁극적인 목적이 대상에 있는 것이 아니라면 그녀는 무엇을 하려는 것인가. 매개항에 잠재되어 있는 가능성을 수용하고 긍정하는 일이 그것이다. 미호의 욕망에서 매개항은 대상에서 연역되지 않는다. 욕망의 궁극적 대상과의 관련이 있을 때에만 자리를 부여받는 매개항이 아니다. 그녀는 매개항(남자 친구의 거짓말)이 가져다줄 수없이 많은 그리고 예측하기 어려운 가능성들을 수용하고 긍정하고 있는 것이다.

수의 거짓말에 미호가 숨이 차올라 마른침을 꼴깍 삼킨다. 벚꽃 하얗게 휘날리는 전군가도를 달리게 한 수가 이번엔 미호를 어디에 세워둘 것인가. 〔……〕 거짓이라는 것을 미호는 너무나 잘 안다. 〔……〕 미호는 어쩌면 오늘 오후나 내일 수의 거짓말을 따라 꽃구경하러 오사카행 비행기를 타게 될지 모른다고 생각한다. 미호는 칼로 무 베듯 단번에 수와 헤어질 방법을 궁리하면서도 여전히 수의 말을 믿는 자신을 믿는다.

남자 친구가 하는 말들은 모두 거짓말이다. 그의 거짓말은 참과 거짓, 현실과 비현실 사이를 요동친다. 달리 말하면 매개항으로서의 거짓말에는 참과 거짓, 현실과 비현실이라는 가능성이 동시에 잠재되어 있다. 현실에서는 오사카에 꽃이 있을 수 없다. 하지만 수의 거짓말을 매개항으로 승인하는 순간, 오사카에서 꽃구경을 할 수도 있다는 욕망의 가능성이 생긴다. 따라서 거짓말을 믿는 자신을 믿는다는 말은 삶의 가능성에 대한 신뢰를 표현하고 있는 것이다. 삶의 가능성들이 잠재되어 있는 매개항에 대한 욕망. 그녀는 대상이 아닌 매개항을 욕망하고 있으며, 그녀의 욕망은 매개항을 배치하는 욕망이다.

단편 「꽃구경」은 욕망에 대한 사후적인 설명이 아니라, 매개항이 욕망의 대상이나 궁극 목적과 관련되기 이전에 단지 매개항으로서만 존재하고 기능하던 지점에 대한 소설화이다. 매개항은 욕망의 목적이나 대상에 의해서 규정되는 것이 아니라, 매개항은 그 자체로서 삶을 변화시킬 수 있는 가능성이다. 그렇다면 삶의 가능성이 잠재된 매개항을 가진 후로 미호에게는 어떤 일이 생겼을까. 몸이 바뀌었다. 거짓말을 해도 딸꾹질이 나지 않으며 엄마가 죽은 봄인데도 몸살을 앓지 않는다. 몸이 욕망의 기원이었다면, 매개항 때문에 기원이 흐려진 셈이다. 함정임의 소설에서 욕망은 기원을 갖지 않는다. 또한 궁극적인 목적도 갖지 않는다. 다만 매개항에 잠재된 삶의 가능성으로서 충만하고자 할 따름이다.[2]

9. 운명이 도래할 자리를 마련하는 욕망

한번도 제대로 품어보지 못한 여자를 잃고 그리워만 하는, 얼빵한 남자의 바보 같은 순애보를 그리고 있는 「치사(致死)」를 보자. 주인공 봉수의 사랑은 다방 종업원 미스 유. 그녀는 욕망이 없는, 또는 욕망의 대상을 모르던 여자였다.

---

2) 작가의 무의식이 대상이 아니라 매개항에 있음을 보여주는 또 다른 작품은 「휴식」이다. 여주인공은 여행사 가이드. 일본 역사 탐방팀 여행객이던 경민이라는 소년이 팀을 이탈해서 그녀를 따라왔다. 경민은 마이코(일본의 소녀 기생) 인형을 선물했고, 그녀는 일본의 힙합밴드 엠 플로 시디를 선물함으로써 부담을 덜고자 했다. 이후로 소년이 여주인공에게 감정적으로 몰입했음은 충분히 예상 가능한 일일 터. 하지만 우리를 당혹스럽게 하는 것은 여주인공의 매몰찬 태도이다. 경민이 심리적 혼란을 이기지 못해 끝내 자살을 시도하고 겨우 목숨을 건져 그녀만을 찾는 상황에서도 그녀는 경민을 찾아가주지 않는다. 왜 그랬을까. 욕망의 대상이 되는 것을 거부했기 때문이 아닐까. 그녀가 승인하는 것은 욕망의 대상이 아니라 매개항이 되는 수준이었기 때문이다. 이 작품에서 눈여겨보아야 할 것은 인형의 행방이다. 나중에 알려진 일이지만, 소년의 엄마는 그를 낳고는 마이코가 되었다. 그리고 소년은 마이코 인형을 그녀에게 주었다. 그리고 그 인형을 여동생이 허락도 받지 않고 가져갔다. 작품의 제목으로 제시된 '휴식'은 바로 그 지점에서 주어진다. 욕망의 기원도 아니고 대상도 아닌, 단지 매개항에 머무르는 것.

욕조를 갖고 싶어요. 봉수가 무엇이 갖고 싶냐고 묻자 미스 유는 번번이, 갖고 싶은 것이 아무것도 없어요, 라고 대답했다. 그래도 봉수는 무엇인가를 미스 유에게 안겨주고 싶어 미칠 지경이었다. 미스 유는 자신이 뭘 갖고 싶은지, 곰곰이 생각하다가, 정말 아무것도 갖고 싶은 것이 없어요, 라고 대답해서 봉수의 다리 힘을 주욱 빼곤 했다. 미스 유는 진심으로 하는 말이었다. 아무것도 어리지 않은 미스 유의 정갈한 눈동자가 그것을 말해주고 있었다. 그러다 어느 날 미스 유는 석류가 붉은 속살에 밀려 벙그러지듯이 무심히 입을 열었다. 욕조를 갖고 싶다는 거였다. 동백다방 담벼락 너머로 라일락꽃 향기가 암내를 풍기듯 뭉텅 쏟아지던 화창한 봄날 대낮이었다.

 골똘히 그리고 심각하게 생각해도 자기가 뭘 갖고 싶은지를 모르던 여자가, '무심히 입을 열었다.' 그때 나온 말이 욕조였다. 목욕물을 담는 욕조(浴槽)였을까. 그랬을 수도 있지만 그녀의 욕망을 대변하는 말인 욕조가, 과연 목욕물 담는 그릇이라는 대상과의 일치를 염두에 둔 말이었을까. 욕망이 생긴다 또는 욕망이 형체를 부여받는다는 의미에서의 욕조(慾造) 내지는 욕조(慾彫)의 무의식에 그녀 자신도 모르게 가 닿아 있었던 것은 아닐까. 이 지점에서 두 가지의 욕망이 서로 교차한다. 미스 유는 봉수 때문에 욕조를 욕망하고, 봉수는 미스 유가 욕망하는 욕조를 욕망한다.
 미스 유라는 작중인물의 이름이 가지고 있는 상징성이 힘을 발휘한 때문일까. '아주 가지는 않는다'던 미스 유가 돌아오지 않는 상황이 벌어진다. 봉수는 미스 유를 잃어버리고 miss you 애타게 그리워만 하며 miss you 늙어간다. 왜 봉수는 미스 유를 찾아 나서지 않았던가.

미스 유를 찾아와야 했다. 그러나 그와 동시에 다른 한 생각이 봉수의 목덜미를 잡았다. 봉수가 미스 유를 찾아 나서는 순간 미스 유는 돌아오지 않을 것이란 사실을 인정하는 것이었다. 그것은 깨닫고 싶지 않은 진실 같은 것이었다.

왜 봉수가 찾아 나서는 일이 그녀는 돌아오지 않을 것이라는 사실을 인정하는 일이 되는가. 이 지점이 「치사」의 순금 부분이다. 찾아 나서는 순간 미스 유는 욕망의 대상이 되기 때문은 아닐까. 찾아 나서지 않고 기다리고 있는 동안 미스 유는 봉수의 인생에 잠재되어 있는 삶의 가능성(매개항)이었다. 미스 유는 돌아올 수도 있고 돌아오지 않을 수도 있는 가능성이었다. 하지만 봉수가 찾아 나서게 되면 미스 유가 돌아오더라도 돌아온 것이 되지 않는다. 찾아 나서는 순간 미스 유가 돌아올 수 있는 가능성과 돌아오지 않을 가능성은 모두 차단된다. 봉수는 대상으로서의 미스 유가 아니라 삶의 가능성들을 보존하고 있는 매개항으로서의 미스 유를 욕망했던 것. 또한 봉수가 그녀를 찾으러 갈 수 없었던 이유는 그의 욕망 속에 이미 미스 유가 만들어놓았고 봉수가 승인한 그녀만의 '자리'가 마련되어 있었기 때문이다. 욕조가 바로 그것이다. 욕조란 무엇이었던가. 그것은 텅 빈 가능성이었다. 욕조는 미스 유의 상징적인 대리물(정화의 상징과 자궁의 상징)이며, 운명이 되지 못한 삶의 상징이며, 운명을 기다리는 자의 표정이다. 운명이 도래할 자리를 마련해놓고 있는 삶이 욕조 속에 있다. 운명을 기다리는 일상이 영원회귀의 이미지로 다가온다.

밤이 되어 자전거를 만지지 않을 때는 마치 욕조가 미스 유라도 되는 듯이 욕조 곁을 떠나지 않았다. 〔……〕 어둠 속에서 봉수의 손등은 가끔 흰빛을 띠었다. 봉수는 어둠과 그 속에 언뜻 비치는 흰빛 속에 기다림의 속성을 익혔다. 기다린다는 것은 살아가는 한 방편이기도 했지만 거꾸로 죽어가는 한 모습이기도 했다. 봉수는 달빛을 받아 더욱 희게 돋보이는 욕조를 끌어안고 미스 유우! 하고 불러보았다. 봉수의 부름에 어둠만이 힘없이 메아리칠 뿐 봉수는 주인 없는 웅대 속에 결국 미스 유가 떠난 지 이십 년하고 서른 사흘이 되는 날을 내일처럼 보고 있었다. 봉수는 붙잡을 수 없는 시간을 타넘듯이 욕조 속으로 들어가 늙은 몸을 눕혔다. 그리고 저절로 감기는 눈을 내리닫으며 생각했다. 그리 나쁘지 않은 하루였다.

10. 운명과 일상, 그리고 환각

작가에게 소설이란 운명적인 사건과 일상적인 사건의 변주이다. 「그녀는 노래부른다」의 한이를 보자. 그녀의 운명은 무엇이었던가. 그것은 아이를 낳는 것이었다. 그녀는 아버지가 다른 남매를 낳았다. 두 번의 다른 운명이 있었던 것이다. 그렇다면 그녀의 일상은 무엇인가. 슈퍼에서 딸기 요플레를 팔고, 주문 들어온 물건 배달하고, 웅덩이에 가서 소리를 쳐보는 것. 하지만 부남이를 잉태하던 운명의 날도 그녀의 전형적인 일상과 다르지 않았다. 그 남자가 왔을 때도 딸기 요플레를 팔았었고 단골손님에게 하듯이 말을 주고받고 했었으니까. 운명은 일상 속에 몰래 숨어서 그녀의 몸 속으로 들어왔던 것. 돌이켜보니 운명이었지 그때는 일상이었을 따름이다. 그렇다면 일상을 타고 들어오는 운명을 어떻게 알아볼 것인가. 이 대목이 핵심이다. 일상은 영원회귀처럼 반복되는 삶인 동시에 운명의 도래를 매순간 가늠하는 시간이다.

　함정임의 소설에는 운명을 숨기고 있는 일상과, 운명으로 판정이 난 일상이 있을 뿐이다. 이들을 넘어서는 초월적이고 선험적인 층위는 설정되어 있지 않다. 작가의 여러 작품들에 의하면, 운명이란 수정구슬이 비출 만한 아주 특별한 사건에서 생겨나는 것이 아니다. 운명은 영원회귀처럼 반복되는 일상의 리듬 속에서 매순간 자신의 몸을 열었다 닫았다 한다. 함정임의 소설에서 일상과 운명의 관계는, 발터 벤야민이 말한 바 있는 "모든 순간은 메시아가 들어올 수 있는 작은 문"(「역사철학적 테제」 18)의 이미지와 아주 유사하다. 하지만 분명한 차이가 존재하는데, 구원의 가능성과 초월의 지평이 함정임의 소설에는 설정되어 있지 않다는 점이다. 운명이 도래하는 지점들은 언제나 영원회귀와도 같은 일상의 지평 속에 놓여 있다. 따라서 일상은 운명 부재의 상황이며, 삶의 원초적인 가능성으로 충만한 시간이며, 동시에 운명의 미시(微示) 상황이다. 따라서 일상 속에서 운명의 존재를 입증하기 위한, 처절한 그리고 때로는 터무니없는 몸짓들이 피어오른다. 과문한 필자는 우리 소설사에서, 운명을 초월이나 구원으로 환원시키지 않고, 운명과 일상의 변증법을 이처럼 잔혹한 지점까지 추구한 작품들을 알지 못한다.

　입만 벌리면 거짓말만 하는 애인의 이야기에 일부러 속아넘어가는 여자, 누가 더 허망하게 처녀성을 버리는가를 내기하는 듯한 두 여대생, 아내의 매니큐어를 혓바닥에 바르는 남자, 나이 많은 남자가 죽었을 때 몽고의 초원을 꿈꾸는 여자, 아무런 심리적 필연성도 없이 베네치아를 동경하는 남녀, 한번도 제대로 안아보지도 못한 여자를 기다리며 욕조를 부둥켜안고 늙어간 남자 등등. 일상 속에서 그들은 자신의 운명을 시험했던 것이다. 운명 없는 삶을 살아가는 자신을 위해서 '이것이 너/나의 운명인가'라고 물었을 것이다. 그 과정에서 언젠가는 일상의 리듬 속에서 회귀하게 될 운명의 매듭 하나를 만들어서 시간의 흐름 속에 놓아보낸 것인지도 모른다. 함정임 소설에 등장하는 인물들은 참으로 어리석다. 하지만 작가는 어리석음이 증대하는 가운데서도 희망의 어떤 형태들을 응시하고 있는 듯하다.

 운명이 되지 못한 것들, 운명이 되려다 만 것들이 되돌아오는 지점들은 어떠한 모습일까. 운명은 한 세기나 두 세기에 한 번 피는 꽃과 같은 것. 그렇다면 일상 속에서 운명이 되지 못하고 사라졌던 비(非)인칭의 운명들은 화석이나 고목의 이미지에 가깝지 않겠는가. 운명과 일상의 변증법은 아름다움의 환각으로 수렴된다. 무엇이 환각이었던가. 환각은 백 년 만에 핀 꽃이 아니라 고목이다. 운명이 되지 못한 일상이야말로 고목이자 환각이었던 것. 운명과 일상과 욕망이 만나는 지점에 피어난 고목의 환각, 그리고 입 속에서 웅웅거리는 언어들. 그 어딘가에 문학이 있을 것이다.

 미요…! 나는 입에서 소리가 빠져나가지 않고 있는 것도 느끼지 못한 채 계속 미요를 불렀습니다. 대답처럼 언덕 끝에서 손짓을 하는 것이 있었습니다. 올라갈 때는 보이지 않던 키 작은 고목이 검은 가지를 날개처럼 벌리고 서 있는 것이었습니다. 고목의 수령은 몇백 년은 되어 보였습니다. 고목에 비하면 꽃이 피고 지는 것은 한순간이라고 누군가 옆에서 속삭이는 것 같았습니다. 그래요. 고목에 꽃이 찾아오려면 한 세기가 필요할지도 몰랐습니다. 그것을 깨닫는 순간 고목의 존재야말로 나에게는 환각처럼 보였습니다. 나는 다시 돌아설 수도 위로 올라갈 수도 없이 찰나의 환각을 붙잡고 있었습니다. 저 아래 나를 기다리고 있는 것은 세상이었을 것입니다. 앞으로도 뒤로도 한 발작도 움직일 수 없는 지점에서 나는 무엇인가 덧없는 봄날의 흰 꽃잎처럼 귓불을 간질이며 지나가는 것을 보았습니다. 어디로든 발을 떼어야 했습니다. 한 발을 들어올리며 나는 입 속에서 웅웅거리는 말을 가만히 내려놓았습니다. 꽃을 본 적이 있다. (「꽃을 본 적이 있다」)

11. 주석 바깥에 놓인 에필로그

함정임 소설의 인물들은 노래를 한다. 그들의 노래는 아직 완성되지 않았고 현재의 또는 현재 진행의 노래가 아니라 미래의 미정형의 노래이다. 그들은 노래가 완성되지 않았기에 노래를 부른다. 그들은 아주 나지막한 소리로 노래를 부르면서 서서히 추락하거나 침몰하거나 침전하고 있다. 내밀하지만 지극히 평범한 노래. 미니멀 아트의 작품들처럼 단순하면서도 반복되면서 자기 안에다가 환각의 지점들을 만드는 노래. 그 노래를 들으며 우리는 존재의 심연으로 이끌리게 된다. 그의 소설을 읽으며, 소설(문학)은 결코 제도화된 제도일 수 없다는 것을 배운다. 문학은 삶 속의 죽음이라는 균열 속으로 자신의 몸을 던지는 상징적·상상적 행위이며, 궁극 목적이나 인과론적인 결정의 문제가 아니라 매개적 과정의 문제라는 것을 자각하게 된다. 문학은 이미 정해진 목적이 아니라 매개 과정의 온전한 가능성이어야 할 것 같다. 그것이 아니라면 문학의 존재 이유를 다른 어디에서 발견할 수 있을까.

느슨한 역설의 언어를 위하여
──이영유 시집 『홀로 서서 별들을 바라본다』

1. 낯섦

몇 번을 읽었는데도, 여전히, 이영유의 시는 낯설다. 「새들도 가만히 보면 정신이 없다」라는 작품에는 제목과 달리 가만히 보고 있는 사람도 없고 정신나간 새도 등장하지 않는다. 작품을 읽어가는 과정에서 "나는 로봇이다/〔……〕/비바람 맞아도 춥지 않은 나는 로봇이다"라는 진술을 만나게 된다면, 제목과 본문 사이에 설정되어 있는 그 폭력적인 거리 앞에서 그만 정신이 없어지는 것은 새가 아니라 독자일 것이다. 시집 곳곳에 폭탄처럼 배치되어 있는 낯선 장면들과 언어들은, 구체적인 대상이나 체험을 환기시키지 않는다. 시가 시인의 문제 의식과 근원적인 지점에서 밀착되어 있을 것은 사실이겠지만, 시인은 그 근거를 쉽사리 보여주지 않는다. 혹시 개인적 상징에 매몰되어버린 난해시에 불과한 것은 아닐까. 독자의 입장에서는 낯섦을 가능하게 하는 문맥마저도 은폐하고 있는 것은 아닌가 하는 당혹스러움마저 느끼게 된다.

잠시 숨을 돌려 시간을 거슬러 올라가보자. 10년 전에 그는 첫 시집 『그림자 없는 시대(時代)』(문학과지성사, 1985)를 펴낸 바 있다. '그림자 없는 시대'란 무엇을 말함인가. 그림자가 없다는 것은 실체를 가지지 않는다는 의미와 크게 다르지 않을 것이다. 따라서 '그림자 없는 시대'란 허깨비처럼 실체 없는 시대를 의미한다. 이 지점에서 두 가지의 사실을 확인할 수 있다. 하나는 시인이 어떠한 방식으로든 시간의 역사적 층위(시대)와 마주하고 있다는 것이고, 다른 하나는 시인의 주도적인 관심이 물리적 실체로 정향되어 있지 않다는 점이다. 어쩌면 이처럼 소박한 확인 작업이 이영유의 시를 이해하는 데 하나의 출발점이 될 수 있을 것이다. 시인의 작품에는 허망하고 덧없는 삶을 사는 자의 분노 섞인 자조 혹은 야유가 빈번하게 등장하는데, 그것은 시간의 부정성 속에 갇혀 시간의 윤곽을 파악하지도 못하고 시간에게서 벗어나지도 못하는 자의 심정이 대변되어 있기 때문이다. 시간 속에서 살고 있지만 시간의 실체를 붙들 수 없다면, 시인에게 남아 있는 가능성은 실체 없는 시간과 시인이 맺고 있는 '관계'일 것이다. 시간의 역사적 층위와 자신의 삶이 맺는 관계, 혹은 윤곽 없는 대상(시간)과 자신의 글쓰기가 맺고 있는 관계가 그것. 아마도 시인의 언어는, 실체의 포착이라는 층위에서 미끄러지듯이 하강해서, 관계의 언어를 지향하게 된 것이리라. 하지만 관계 또한 그 실체를 포착하기 어려운 것이기는 마찬가지이다. 그렇다면 흐린 윤곽을 가진 대상(시간)과 맺고 있는 관계에 주목하고자 하는 언어가 낯섦의 맥락을 숨기고 있었던 것은 아닐까.

2. 탈구(脫臼)된 역사가 남겨놓은 시간의 잔재들

이영유의 시는 소멸과 부패의 역겨움으로 가득하다. 시인이 대면하고 있는 소멸과 부패는 국지적이거나 일시적인 것이 아니라, 전반적이며 공시적인 양상을 보인다. 자신의 삶을 둘러싸고 있는 시대가, 자신이 발 딛고 사는 세상이 소멸과 부패로 치닫고 있다는 인식은, 이영유 시를 이해하는 데 기본항에 해당한다. "기다리던 역사(歷史)의 깃발은 오르지 않고"(p. 98), "총알은 보이지 않는 총구로부터 마구 날아"(p. 18)와 "역사가 잠시 우리들을 총알받이로 써"(p. 18) 버린 시대. "역사의 그늘"(p. 14) 아래 신음하는 시대가 시인이 파악하고 있는 시대의 초상이다.

> 다만 역사가 잠시 우리들을 총알받이로
> 써, 그 길고 갈 데 없는 여름 밤을
> 꼼짝없이 붙들어놓았네 나, 아무 말 않고
> 수박 한 통을 들고 마장교를 건넜지
> 피 흘리는 육신을 두고 영혼이 따라온다고
> 믿었지 눈을 뜨고 있으나 눈을 감고 있으나
> ——「표절, 또는 유월로 시작되는 독백」

역사가 우리를 총알받이로 사용해서 여름 밤을 붙들어놓았다? 무슨 말인가. 역사가 붙들어놓은 '여름 밤'이란 계절의 순환과 같은 자연적 질서에서 벗어나 있는 상황을 암시한다. 변증법의 정지 상태 또는 역사의 층위에서 탈구되어버린 시간. 역사가 '여름'을 붙듦으로써, 역사 자신도 여름에 고정되어 더 이상 나아가지 못하고 있는 상황이다. 역사는 더 이상 진행하지 않고 다만 멈춰서 있다.

"완전히 어둠에 덮인/밀림"(p. 40)과도 같은 '여름 밤'이란, 역사가 정지해버린 시대에 대한 비유이다. "역사의 그늘"이 만들어낸 완전한 어둠 아래에 그림자가 있을 리 만무하다. 그림자가 없으니 실체도 존재하지 않는다. 어둠 너머를 도저히 가늠할 수 없는 상황, 끝이 보이지 않는 어둠 속에, 총알받이로 사용된 시체들과 더불어 시인은 '여름 밤' 안에 갇혀 있다. 갇혀 있지만 가두고 있는 것의 실체 또한 보이지 않는다. 어둠과 겹쳐진 여름(여름 밤)은, "밀랍"이라는 말에서 느낄 수 있듯이, 후텁지근한 열기로 뒤덮여 있다. 그 후텁지근함 속에서 총알받이였던 시체들의 부패는 가속화되고, "썩어가는 송장 냄새 지척에/묻혀 있다"(p. 84). 따라서 시인이 살고 있는 곳 그 자체가 "무덤"이다. "무덤들이 산을 이룬 한 도시"(p. 34), "쓰레기들의/거대한 무덤"(p. 34). "산 놈도/죽은 놈 같고 죽은 놈도 산 놈 같아 산 귀신 죽은 귀신이/모두 이승의 옷을 낙락하게 입고 다니"(p. 24)는 세상. 공동묘지와도 같은 세상.

시인은 눈을 크게 뜨고 "공동묘지 아래 집들과/그 지붕 위에 핀 값싼 희망"(p. 26)을 본다. 그의 시선은 예비군 복장을 한 장정들에서 고3 학생들, 수다떠는 여편네들, 부모 없이 혼자 노는 아이들에게까지 미친다. 하지만 "개나 고양이들이 물어다놓은 생선토막들이" 지붕 위에서 썩으면서 풍기는 "스멀스멀 역한 냄새"(p. 43)들만이 시인의 감각을 자극할 뿐이다. 탈구된 역사가 남겨놓은 시간의 잔재들 속에서, 공동묘지와도 같은 세상을 "떠도는 절망"(p. 26) 아래에서, 그는 외친다. "나는 견딜 수 없어"(p. 26). 그리고 다시 외친다. "나는 도망갈 수 없어"(p. 26). 견딜 수도 없지만 도망갈 수도 없는 세상, 공동묘지와도 같은 세상 속에 그가 살고 있다. 하지만 부패와 소멸의 단일한 시간 흐름 속에서 시인이라고 해서 온전할 수 있을까. "나는 몸 전체가 밑동에서부터 서서히 썩어/가는 것을 알았다"(p. 22).

3. 덧없음과 욕망을 왕복하는 바람

시간의 잔재 속에 피아노 한 대가 있다. 그 앞에 어깨를 늘어뜨리고 역사가 앉아 있다. 역사는 마지막으로 남은 피아노 건반을 울리고 있다. 탈구된 역사가 연주하는, 단일한 음의 반복으로 이루어진 레퀴엠. 시대가 연주하는 음악 아닌 음악이 부패의 시간 속에 소음처럼 울리고 있다. 공동묘지 같은 세상을 바라보던 시인이 말한다. "노래가 들리지 않았다/노래 같은 건 모두들 잊어버리고 사는 것 같았다"(p. 47). 이제 시인은 세상이 망각하고 있는 것, 세상에 결핍되어 있는 것을 "눈 뜨고" 바라본다. 그의 눈은 현상의 차원을 넘어 비가시적인 결핍을 보기에 이른 것이다. 그리고 스멀스멀 역한 냄새를 피우는 이 "여름 밤"에서 벗어나고자 한다. "아직도 우리에게 여름에서 가을로 가는 좁은/샛길은 남아 있다"(p. 84)고 믿기 때문이다. 세상의 결핍을 바라본 자가 남몰래 갖는 희망이라고나 할까.

시인에 의하면, 세계는 소멸과 부패의 시간축으로 구성되어 있다. 과연 그 전체적인 부패의 과정 속에서, 여름의 끈적함과 기분 나쁜 악취들 사이를 가로질러 상쾌한 가을에 이르는 샛길을 찾을 수 있을까. 시간이 문제의 주범이라면, 문제 해결의 실마리 또한 시간에서 나올지도 모른다. 시인에 의하면 부정적인 시간성은 시간의 흐름 속에 갈라짐 · 균열 · 결핍을 형성해왔다. 하지만 시간 속에 각인된 갈라짐 · 균열 · 결핍은 놀랍게도 바람이 지나가는 통로가 되기도 한다.

  스쳐 지나가는 바람이 겨울을
  불러내고 어차피 내용은

없는 것 스쳐 지나가는 바람은
             바람으로서 참답다
             [………]
             실려가는 계절의 묵은 때나
             실려오는 시간의 덧없는 내용들은
             어차피 없는 것 없음을
             있는 양 찾아가며 그리워하는
             바람인 것 바람이 나무의
             이름을 흔들 때 속 빈 그리움의 싹은
             소리로 퍼져 날아오른다   ──「표절, 또는 시간의 흉내」

 이영유에게 바람은 참으로 중요한 의미를 지닌다. 두 가지의 바람이 제시되어 있다. 바람의 가장 기본적인 속성은 '스쳐 지나감'이며, 그를 통해서 계절의 변화를 불러낸다. 이때의 바람은 기압의 고저와 관련된 대기의 흐름이라는 사전적 정의에 부합하는 바람, 달리 말해서 물리적 현상으로서의 바람이다. 그렇다면 스쳐 지나가는 바람을 보면서, 부패와 소멸의 계절 또한 스쳐 지나갈 수 있으리라는 희망을 가지고자 함일까. 그렇지는 않다. 그러한 희망이란 근거 없는 낙관주의에 지나지 않을 것이다. 물리적 현상으로서 바람이 가져오는 변화란 "시간의 덧없는 내용들"에 불과하며, 소멸과 부패라는 거대한 시간 흐름 위에 일어나는 표면적이며 현상적인 변화이기 때문이다.

 바람이 불러들이거나 찾아 나서는 것은, 시인이 보기에는 "시간의 덧없는 내용들"에 불과하다. 하지만 "어차피 없는 것 없음을 있는 양 찾아가며 그리워하는 바람"이라는 진술에서 알 수 있듯이, 덧없음을 그리워하며 찾아가는 것이 바람이라는 인식에 도달하게 되면,

바람은 한바탕 의미론적인 변화를 경험하게 된다. 없음을 있는 것인 양 찾아가며 그리워하는 바람이란 욕망 내지는 소망 또는 희망의 차원과 관련된 것이기 때문이다. 바람〔風〕에서 바람〔願〕으로의 전이, 달리 말하면 스쳐 지나감을 바라보는 차원에서 스쳐 지나갈 수 있음을 욕망하는 차원으로의 전이가 이 지점에서 이루어지게 된다.

이영유에게 바람은 물리적 현상〔風〕과 욕망의 차원〔願〕 사이에서 동요하는 운동성이다. 그리고 시는 바로 이 지점에서 생겨난다. "바람이 나무의/이름을 흔들 때," 달리 말해서 시인이 "말 속에 바람을 집어넣고"(p. 60) 흔들 때, "속 빈 그리움의 싹은/소리로 퍼져 날아오른다." 왜 속 빈 그리움인가. 없음(결핍)을 지향하는 욕망은 그 자체로서 '없음'이라는 실체화된 대상을 갖는다. 그러나 이영유의 바람은 없음이라는 실체를 가지지 않는 없음〔덧-없음〕을 스쳐 지나가고자 한다. 달리 말해서 없음이라는 실체나 대상을 가지지 않으려 하는 것이다. 이 욕망이 다름 아닌 속 빈 그리움이다.

구체적인 대상을 갖지 않는 그리움은 허망하다. 속이 비어 있기 때문이다. 하지만 그 속 빔의 구조는 울림〔共鳴〕을 가능하게 하며 음악의 매체를 구성한다. 그러나 소리가 나타났다고 해서 저절로 음악이 되고, 시가 되고, 시인이 될 수 있는 것은 아니다. 시인은, 역사의 총알받이들이 나자빠져 있던 곳을 뒤로하고 수박 한 통을 들고 '아무 말 없이' 다리를 건너지 않았던가. 그렇다면, 지금에 와서 말하거나 노래할 수 있는 근거는 어디에 있는가. 시인의 썩어가는 몸뚱어리, 그의 상처가 바로 근거이다. "상처 속으로/음악이 내 손의 흔들림을 따라오면서부터 나는/거기 다른 세상 하나를 발견했다"(p. 22). 울림은 소리가 되어, 소멸과 부패로 끊임없이 수렴되는 시간의 흐름 속으로 그리고 시인의 상처 속으로 스며든다. 그리고 날아오른다. 그는 어디로 가려는 걸까.

하늘을 향해
쌔가 빠지게 제 몸뚱어리를 박차고, 날아오르는
날아오르는 새를, 나는
보았다

[………]
밤이 새도록 어둠이 가실 때까지
혀가 빠지도록 짖어대는 개를, 나는
보았다

하늘을 지나서 더 멀리
올라갈 수 있다 　　　　　　　　　　　　　——「털」

"하늘을 향해/쌔가 빠지게 제 몸뚱어리를 박차고, 날아오르는/날아오르는 새"는 초월을 꿈꾸는 시인의 모습이며, "밤이 새도록 어둠이 가실 때까지/혀가 빠지도록 짖어대는 개"는 노래를 읊는 시인의 또 다른 모습이다. 그의 근원적인 욕망이 새와 개를 통해 그려져 있는 셈인데, 타락한 세상과 대결하면서 초월을 꿈꾸는 일이 시인의 근원적인 욕망임을 쉽게 알 수 있다. 하지만 세상으로부터 도피하거나 초월을 희구한다고 해서 시인의 욕망이 충족되는 것은 아니다. '쌔/혀가 빠지게'라는 표현에서 느낄 수 있듯이, 노래만이 그를 하늘 너머로 이끌어줄 것이다. 하늘 너머에 인간화된 시간이 미치지 못하는 "별"이 있기 때문이다. 시인은 잠시나마 희망을 갖는다.

저 먼 별로 가라
인간의 숨소리가 들리지 않는 먼 별로 가라
손길이 미치지 못할 시간을 넘어, 어둠을 지나
한 그루 팽나무 뿌리로 혼자 뛰어놀거라
　　　　　　　—「홀로 서서 별들을 바라본다」

4. 노래: 초월의 가능성과 불가능성

이제 시인은 눈을 뜨고 세상을 바라보지 않는다. 시간의 바람은 "눈을 뜨고 바라보면 아무것도 보이지 않"고 또 "아무것도 볼 수 없"(p. 61)기 때문이다. 눈을 감은 대신에 노래를 부른다. 시인은 자신의 노래를 "밤의 노래"(p. 16)라고 한다. 역사의 총알받이들이 널브러져 쓰레기들처럼 악취를 풍기며 썩어가는 여름 "밤"과 같은 세상 속에서, 그 같은 세상을 향하여 부른 노래라는 의미를 담고 있는 말일 것이다. 그렇다면 구체적으로 밤의 노래란 어떠한 것을 두고 말함인가. 시인의 말에 귀를 기울여보자.

시간은 발가벗고 앉은 청춘
[………]
숨소리가 사그라질 무렵 시간은
뻣뻣한 함정 속에서 쓸쓸한
두레박을 끌어올리고 깨끗한
기억은 무화과 줄지어 선 지평 너머
뜬구름의 떼들이 부풀은 씨앗을
땅속에 묻는다 건조한 바람의

> 신음은 다리를 건너고 끝없이 이어지는
> 다리를 건너고, 잎 지는 풍경 사이로
> 깨끗한 시간은 모든 과거를
> 되돌려놓는다 아, 멀고 먼
> 구름 사이의 저 다리
> 청춘을 다 쓰고도 아직 건너지 못한
> 다리……   ―「벌판의 이름」

희망은 과거에 있다. 그리고 그는 기억하려 한다. 그의 기억은 이름 없는 과거의 시간으로 정향되어 있다: "이름 없는 시간의 모진 희망이여/과거의 다른 이름이여"(p. 17). 숨소리가 사그라질 무렵의 "깨끗한 기억"은 땅속에 씨앗을 심는다. 그 위를 '바람'이 스쳐 지나가고 "깨끗한 시간은 모든 과거를/되돌려놓는다." "숨소리가 사그라질 무렵"이란 잠이나 죽음, 또는 죽음과도 같은 잠을 연상시킨다. 소멸과 부패로 치닫는 현재-현실의 삶의 논리와 가장 거리를 두게 되는 지점을 지칭한다. 그럴 때에만 시인의 "깨끗한 기억"이 등장할 수 있으며, 깨끗한 기억이 나타나야만 과거를 되돌려놓을 수 있는 깨끗한 시간도 가능하다. 하지만 여전히 시인은 이 밤의 끝을 잡고 노래를 부르고 있으며, 또한 그의 노래는 지나간 시간들을 깨끗하게 기억하지도 못한다. "언제나 기억하지를 못한다 소리쳐 부르지를 못한다"(p. 71).

> 밤의 노래는 괴롭고 어눌하여
> 슬픈 기억들만 가슴에 남는다
> 잊었던 희미한 등불들을 차례차례
> 켜는 어눌한 말들의 찌꺼기   ―「표절, 또는 시간의 노예」

"푸르른 날들은 시들어 쓸쓸히 선 채 흔들리"고 있을 뿐이며, 시인이 부르는 밤의 노래는 "어눌한 반향"이며 "흔들림의 아우성"(p. 16)일 따름이다. "소리로 퍼져 날아오른다"고 하던 시인의 외침은 "쓸데없는 말"(p. 71)에 지나지 않으며, 깨끗한 기억을 지향하는 것은 "이제는 다만, 작고 작은 몸짓일 뿐/사랑도 희망도, 모두 몸버린 더러운/발자취"(p. 102)에 불과하다. 밤의 노래는 "어두운 기억의 저편"(p. 102)에 가두어져 있기 때문이다.

눅눅한 슬픔 가르는 휘파람처럼 애잔한
밤의 노래는 날개도 없이 너를
푸른 하늘의 허공에 매달아두려 한다   ―「표절, 또는 장마」

실패로 돌아간 밤의 노래 이후의 시인이 처한 상황이다. "날개도 없이," 달리 말하면 "깨끗한 기억"도 없이, 단지 초월을 지향하는 욕망만이 남아 있다. 시인이 초월을 꿈꾸는 것이 아니라 밤의 노래가 시인을 "푸른 하늘의 허공에 매달아두려고" 하는 상황. 어정쩡하기 그지없는 상황.

공동묘지와도 같은 세상과 마주서서 노래를 부르(고자 하)던 시인, 그는 노래를 통해서 초월의 가능성을 보았고 초월의 불가능성을 깨닫는다. 무덤 같은 세상에 휘감겨 "썩어"들어간 그의 발은 대지를 떠난 지 오래이고, 노래는 그를 "별"에게까지 이르게 하지 못한다. 그는 초월할 수도 없고 가라앉을 수도 없으며 굳건히 서 있을 수도 없다. "헛소리"와도 같은 자신의 노랫가락에 대롱대롱 매달린 채로 허공에 떠 있을 뿐이다. 타락한 세상에 대해 입을 벌려 노래를 하고 뭔가 말을 해보려고 하는 자신에 대한 자조가 불거져 나오기 시작한다. "무엇 하나, 옛것 아닌 것이 없다/새로운 무엇을 만들어보겠다고?/〔……〕/새로울 리 없다"(p. 78), "뜻 모를 아침이여, 오늘은 또 무얼 말하랴?"(p. 74). 새로운 것도 없고 말할 것도 없다. 시인은 이제 자신에 대한 경멸이 극대화되는 지점, 말할 것 없음을 말할 수밖에 없는 지점에 선다.

슬픈 오후의 기쁨으로 불이 탄다 찢어진 찢어질 계집의 백지가 탄다 혼자선 갈 데가 없니 시간이
없니―화내고 있나―말했으면
들어라 아 잡년아 바닥까지 쫓아와서 바닥을
내니 저녁 또는 쓰러질 새벽 어이 그 끝에……
아직도 말이 할말이 있기는 있니
―「화내고 있나 가만히 있나」

말할 것 없음에 대한 분노와 말할 것 없음을 말해야 하는 분노가 중층적으로 놓여 있는 이 시에서, 형식적인 작가는 물론 시인이다. 하지만 말하고 있는 사람은 시인이 아니다. 이 시에서 말하고 있는 것은, 찢어진 채 시인 앞에 널브러져 있고 앞으로도 계속해서 찢어질 "계집의 백지"이다. 시인은 그녀의 하얀 속살을 자신의 몸으로 메우지 못하고, 그녀 또한 시인을 받아들이지 않는다. 화가 난 시인이 그녀에게 폭행을 가하고 욕설을 해대지만, 그녀는 시인에 의해 찢어지면서 시인의 귀에 대고 속살거린다. "아직도 말이 할말이 있기는 있니." 지치지도 않는지, 새로운 파지가 생겨날 때마다 시인의 바닥을 드러낸다. 그 지루한 반복의 끝에 시인이 비명을 지르듯 말한다. "아직도 말이 할말이 있기는 있니"라고. 역설적이게도 시인이 그녀에게 되돌려준 말은 그녀가 시인에게 끊임없이 반복했던 말, 바

로 그 말이었다. 따라서 그의 시는 "아침마다 똑같은 비명으로/시작되는" "표절"(p. 28)과 다르지 않다.

5. 표절, 또는 흉내(胸內)의 진정성

그렇다면 초월을 향한 시인의 욕망이 좌절된 이유는 어디에 있을까. 두 가지 정도를 거론할 수 있을 것이다. 첫번째 이유. 앞에서 살펴본 대로, 이영유 시에 나타나는 욕망의 뿌리는 "속 빈 그리움"이다. '덧-없음,' 달리 말해서 '없음이라는 실체마저도 가지지 않는 없음'을 스쳐 지나가고자 하는 욕망의 움직임이 그것. 없음을 실체화하거나 대상화하지 않으려는 이러한 움직임이 울림과 소리를 가능하게 했던 것. 어느 누구도 시인더러 이러한 욕망을 가져야 한다고 말한 이는 없다. 시인 스스로가, 노래하는 자가 되기 위해, 그러한 욕망을 만들어냈던 것. 하지만 시인은 "밤의 노래"를 부르면서 기억하고자 했고 외치고자 했다. 그는 스쳐 지나가지 않았다. 바람처럼 몸이 가벼워야 하는데 그는 그러지 못했다. 기억하려 했기 때문이다. 적어도 과거의 희망을 실체화하려 했기 때문이다. 그가 실체화하려 했던 과거의 희망이 덫이 되어 그의 발목을 붙잡은 형국이다. 몸이 무거워진 그는 바람처럼 사뿐하게 다리를 건널 수 없다.

두번째 이유. 시인의 시와 삶이 소멸과 부패로 수렴되는 시간의 논리에 침윤되어 있다는 점. 그는 왜 "깨끗한 기억"에 이를 수 없었을까. 왜 "밤의 노래"는 결국 '말할 것 없음'으로 귀착될 수밖에 없었을까. 허위로 가득 찬 세상 속에서 시인이 어떻게 살아왔는가를 먼저 물어야 할 것이다. 그의 말을 들어보자: "나의 하루 아홉은 거짓과 눈속임 과정으로 때우고/남은 하나 온전히 나일 수 있는데/누가 뭐래도 나는 아니라던 그것마저/굴욕과 눈치 철 따라 변색되는 아부를 위하여/속속들이 팔고 시계를 보며 '시간은 보지 못하고'" (p. 56), "자꾸 틀리고 그래도 막무가내로 굶으며 구걸하며/훔쳐먹으며 보람 있는 세월을 보낸다 보냈다 그게/참으로, 실수였다" (p. 66). 이와 같은 인식이 실제의 삶에 대한 고백이 아니라, 기억의 과정에서 얻은 반성의 결과물이라 해도 사정은 크게 달라지지 않는다. 잘못 살아왔다면 애초부터 과거에는 희망이 없었던 것이다. 시인의 과거는 외부적 시간의 논리(부패와 소멸)에 의해 부스러져 있는 시간의 잔해에 지나지 않는다.

 세상은 부패와 소멸이 반복되는 삶의 집합체이다. 하지만 "되풀이"되는 삶 속에서도 친숙함은 생겨나지 않는다. 오히려 낯섦으로만 환원되는 삶(세상)만이 무수한 반복의 끝에서 시인을 기다리고 있다. "몇 푼 안 되는 돈 그걸 벌어보자고/낯선 땅에 빈털터리로 찾아든다/언제 와도 낯설기만 한 그런/몸짓으로"(p. 57) 세상의 시간은 "어제의 길을/되짚어 다시 떠나"는 것처럼 반복되다가 "되짚어 물 묻은 기억들을/소멸시킬 것이다"(p. 15). 시간은 차이 없는 반복만을 생산한다. 소멸의 목적론 아래 놓여 있는 '차이 없음―반복'의 환상적 논리는 정지된 역사의 저변(底邊)에서 일어나는 움직임들이며, 동시에 역사가 멈춰설 수 있는 이유이며, 역사가 소멸의 전체성이라는 하나의 동질성 homogeneity으로 통합될 수 있는 이유가 된다. 이영유의 시 역시 이러한 논리에서 빠져나올 수 없다. 그의 시는 반복의 사슬로부터 초월하고자 하지만, 무차별적인 반복의 과정 속에서 소멸(망각)을 기다리고 있을 따름이다. '차이 없음―반복―소멸(망각)'의 구조 속에서 진정성의 흔적들은 삭제된다. 그리고 시간 아래의 모든 것은 "흉내"로 환원된다.

그림의 뒤판같이
질탕 진저리 흉내내다
어제 한 일 오늘 또 하나
어제 주정 또 해야 하나

[.........]

사라진 흉내 말고 무엇이 남았나
시간을 죽이자
초침 분침 모조리 떼어내고
方向을 정하지 말자   ─「친구들」

 시인의 현재는 과거에 현존했던 "사라진 흉내"를 흉내내는 삶이다. 흉내의 흉내를 내면서 사는 삶, 따라서 "시인(詩人)에게는 현재가 없다"(p. 11). 또한 사라졌거나 사라질 흉내를 흉내내는 것만이 남아 있을 따름이어서 미래도 존재하지 않는다. 반복의 소용돌이 속에서 모든 진정성이 사라진 지점, "흉내" 혹은 "표절"이 모든 사물과 행위의 존재 근거로 제시되어 있는 지점, 시간의 덧없음과 결부된 글쓰기의 허망함에 대면하고 있는 지점에 시인이 서 있다. 이제 시인은 소멸과 부패를 지향하는 시간에 맞서서 "깨끗한 기억," 모든 과거를 되돌려놓을 수 있는 "깨끗한 시간"을 욕망하지 않는다. 욕망하는 것조차 불가능하기 때문이다. 그렇다면 시인에게 가능한 것은 무엇인가. 시쓰기를 포함한 자신의 모든 행위가 사라진 흉내를 흉내내는 일에 불과한 것이고, 그것밖에는 달리 할 수 있는 것도 없다면 시인에게 남은 가능성은 한 가지이다. 싫으나 좋으나 시간의 논리를 따르는 것. 시인은 방법적인 차원의 표절이나 수단적인 차원의 흉내를 단호하게 거부한다. 그는 살기 위해 흉내를 내기보다는, 죽음보다 더 고통스럽겠지만, 흉내를 그리고 표절을 자신의 존재론적 기반으로 받아들인다. 흉내내기의 진정성. 하지만 그의 가슴속(胸-內)에는 "시간의 흉내"를 통한 "시간 죽이기"라는 복수의 전략이 번득이고 있다.

 소멸과 망각으로 수렴되는 시간의 흐름 속에서, 시인은 시간의 잔재로부터 "깨끗한 기억"과 "깨끗한 시간"을 일으켜보려고 욕망했다. 하지만 이제 그는 망각과 소멸로 치닫는 시간 위에 올라탄다. 그리고 소멸과 망각에 이르는 속도를 가속화시킨다. 이제 그의 목적은 모든 것을 망각하는 데 있다. 세계와 시간을 망각하고, 그를 배반했던 꿈과 희망마저도 망각하고자 한다. 죽음과도 같은 잠 속에서 그는 자신의 말처럼 그리 새로울 것도 없는 역설에 도달한다.

   아 잠! 모든 것을 다 잊게 하므로 모든 것을 다 갖게 한다
                 —「하얀 소의 꿈」

6. '또는'의 수사학과 느슨한 역설의 가능성

 역설은 이영유 시의 도달점이자 출발점이다. 서시에 해당하는 「시인」을 보면, 이영유 시의 근원적인 파토스가 '분노'에 닿아 있음이 명료하게 드러난다. 그런데 분노에 대한 시인의 생각은 우리가 분노라는 감정에 대하여 일반적으로 가지고 있는 것과는 상당한 거리가 있다. "분노는 이기심이나 수치/파렴치까지도 알뜰히 먹어치우는/또는 게워내는 질 좋은 밥상이다"(p. 11). 특정 대상에 대한 일방적이며 공격적인 감정과는 달리, 이영유가 말하는 분노는 일방적이지도 공격적이지도 않다. 먹어치우면서 동시에 게워낸다는 역설적 인

식도 중요하겠지만, 보다 중요한 것은 그러한 역설적 인식이 "또는"이라는 말에 의해서 가능하다는 점이다.

이영유의 역설은 "또는"을 의미의 축으로 하는 언어함수이다. "또는"을 사이에 둔 역설에 대한 이해를 돕기 위해, 'A 또는 X'라는 모델을 가지고 생각을 해보자. 'A 또는 X'라는 표현은 적어도 세 가지의 가능성을 내포하고 있다. 1) '또는'은 A와 X가 의미론적으로 등가 관계에 있음을 나타낸다. 2) '또는'에 의해서 X에는 어떠한 말이 와도 무방하다. 따라서 X는 무수한 대체 가능한 단어들이 놓일 수 있는 지점을 표시한다. 일반적으로 A와 유사 관계나 대립 관계에 있는 단어들이 오는 경우가 많지만, 유사성을 갖지 않는 말들 또한 인접성의 축을 통해서 X의 자리에 놓일 수 있다. 따라서 '또는'을 축으로 하는 역설적 인식은 생산성을 갖는다. 「표절, 또는 시간의 노예」 「표절, 또는 도깨비 자궁」 등과 같은 「표절, 또는……」 연작은 '또는'이 지니는 생산성에 입각해 있는 것이다. 3) '또는'은 A와 X의 동시성 내지는 동시 공존을 암시한다. 달리 말하면 이항 대립을 구성하는 것이다. 그러나 '또는'에 의한 이항 대립은 폐쇄적인 동일성으로 환원되지 않는다. 앞에서 보았듯이 X의 자리가 무수한 대체 가능성의 지점이기 때문이다. 따라서 '또는'은 열려진 이항 대립을 산출하는 함수로서 기능을 한다. 시인이 대면하고 있는 세계의 편집증적 폐쇄성은 '또는'의 매개 과정을 거치면서 상상적 개방성을 구성한다.

그러면, 'A 또는 X'라는 모델에 시인의 상황을 대입해보자. A에는 '표절'로 대변되는 세상의 부정적 속성이 놓인다. 시인은 세상의 타락한 논리에 철저하게 구속되어 있는 상황이다. 세상은 그의 발을 썩게 만들어 대지에 뿌리내릴 수 없게 했고, 초월을 향한 그의 욕망을 빗나간 총알로 만들었다. 흉내로 희화화된 노래들, 허공에 어중

간하게 떠 있는 시인의 모습을 이미 우리는 보아왔다. 그 결과 시인은 소멸과 부패, 무의미한 반복으로 대변되는 세계의 논리를 승인하고 무조건적으로 받아들이지 않으면 안 되는 지점에 서 있다. 세계에 대한 일방적이고 직접적인 감정으로서의 분노는 더 이상 힘을 가질 수 없는 상태이다. 이 지점에서 먹어치움/게워냄 또는 흡입/분출의 대립항으로 구성되어 있는 역설적 분노는 새로운 전략으로 그 모습을 드러낸다. 세상이 요구하는 것을 모두 받아들이고(먹어치우면서) 동시에 게워냄으로써, 더러운 세계의 소멸과 부패를 촉진시킨다는 것. 세계에 대한 복수. 따라서 분노는 우회적인 방식으로 자신의 목적을 달성한다. "저 거대한 움직이는 똥통의 세상"(p. 12)이 강요하는 부패와 소멸의 논리에 휘감겨들어가 허망함의 끝에 서 있던 시인은, 이제 자기가 당했던 것과 동일한 방식으로 세상에 돌려주고자 한다. 오물과 역한 냄새만을 던져주었던 세상에 대해 시인 역시 그에 준하는 것을 되돌려주고자 한다. 따라서 세상을 만나는 방식부터 달라진다. "거대한 좌변기들의 하품의 세상, 오늘도 볼기짝을/맞대며 세상과 조우한다"(p. 12), 그리고 항문으로 말한다. '시쓰기'는 과격한 '똥싸기'가 되고, 시인은 이를 두고 "시간의 흉내"(p. 19) 또는 표절이라고 한다. 세계의 부정성을 흉내내는 일이 다름 아닌 표절인 것이다. 역설. 하지만 시인은 흉내의 덧없음 속에서 "반복 없는 표절"(p. 28)을 향한 열려진 가능성을 보고 있는지도 모른다. 역설의 역설. 그가 게워내는 오물이, 보다 예술적인 똥싸기 기법에 의해, 딴 곳으로 튀지 않고 고스란히 그가 미워하는 세상만을 겨냥하기를 독자로서 기원할밖에. 느슨할 대로 느슨한 역설.

버티고 서 있는 자의 현기증 vertigo
──김영현론

1. 떨림 혹은 여운

거리의 주인이 바뀌었다. 감각적인 세련됨이 악보화된 유행처럼 흘러가는 곳, 그 거리 곳곳에 핏발 선 젊음이 있었다는 사실은 무관심과 망각의 대상일 뿐 그 이상도 그 이하도 아니다. 1990년대 거리의 주인들을 두고 유행의 경박성이라 할 수도 있을 것이고, 천박하고 소란스런 세기말적 해프닝이라고 치부해버릴 수도 있을 터이다. 하지만 그곳에 이전 시기의 이념이 들어설 자리는 더 이상 존재하지 않는다는 것, 지금 우리의 시대가 1980년대와 현격하게 달라졌다는 것만큼은 누구도 부인할 수 없는 사실이다. 그러나, 그래도 그 거리에 역사와 이념이 물결치던 모습을 기억하면서 거리의 주인이 바뀐 시대를 살아가는 사람은 있다.

작가 김영현이 『그리고 아무 말도 하지 않았다』(창작과비평사, 1995)라는 표제의 작품집을 출간했다. 『깊은 강은 멀리 흐른다』(실천문학사, 1990) 이후 5년 만의 일이다. 5년 전의 그는 자신의 시대를, 계몽의 약속은 사라지고 잘려 부패된 손가락만 나뒹굴고 있는 상황으로 그려냈다. 그리고 이러한 상황 속에서 인간의 자유란 무엇이며 진정한 역사란 무엇인가라고 물었다. 어떻게 하면 실존적 존재로서의 인간이 역사적 존재로 전이될 수 있는가라고도 물었다. 역사의 근원적인 추동력과 인간적인 것에 대한 집요한 탐구 과정 속에서 정치적인 것과 역사적인 것이 구분되지 않았던 것은 당연한 일이었다. 그가 그 당시에 쓴 소설들은 적(敵) 개념이 분명한 소설이었으며, 싸움의 장소가 너무나도 명백했던 시기의 소설이었다. 그는 자신이 역사라고 생각하는 지점, 정치적이면서 동시에 역사적인 상징성을 획득하고 있는 지점으로 달려갔다. 분신 자살, 고문, 군대 체험, 고문 은폐 및 사체 유기, 거창양민학살과 광주, 삼청교육대, 김귀정양 살해 사건 등. 싸움의 와중에서도 김영현이 중요하게 문제삼은 것은 역사, 자유, 해방, 인간적인 것과 같은 거대한 이념들이었다. 그는 이념에 대한 자신의 신념을 정직하게 표현했고, 이념의 실현을 방해하는 부정적 권력과의 힘겨루기는 불가피한 것임을 역설했다. 대부분의 김영현 소설이 단편의 형식을 취하고 있지만, 그 배후에 거대 이야기가 자리하고 있는 것은 이 때문이다.

그는 지금에 와서, 깊은 강은 멀리 흘러 아무 말 하지 않았다고 말하고 있는 것일까. 『그리고 아무 말도 하지 않았다』라는 표제의 의미가 각별한 것은 이 때문이다. '그리고'에서 엿보이는 연속성의 흔적, '않았다'에서 느껴지는 종결된 과거의 편린들, 침묵의 상황을 말함으로써 무언가 말하고자 함을 드러내는 방식, '아무 말도'라는 과장된 몸짓 등이 보여주고 있는 것은 무엇일까. 그것은 여운이 아닐까. 떨림 혹은 여운이란 김영현 소설의 존재 방식과 닿아 있는 것은 아닐까. 첫 작품집이 군대 체험과 감옥 체험의 여운이었다면, 불꽃 같은 이념이 휩쓸고 지나간 시절의 여운이 두번째 작품집을 감싸고 있다. 체험의 여운이든 이념적 대상의 상실감에서 비롯하는 여운이든 그것은 그리 문제되지 않는다.

여운으로서의 글쓰기, 김영현의 작품 세계를 엿보고자 하는 이 글은 두 작품집 사이의 거리를 재는 일에 그 초점을 맞춘다. 깊은 강물이 멀리 흘러 아무 말도 하지 않게 되기까지의 내적 논리를 따라가는 일이 이 글의 몫이다. 김영현의 소설에 다가감에 있어 유의하고자 하는 점은 크게 두 가지이다. 하나는 김영현 소설을 진보적 이론의 퇴조 이후에 지식인의 공허함을 다룬 후일담 소설(최재서의 용어)의 일종으로 성급하게 규정하지 않는다는 점이고, 다른 하나는 이념과 관련된 일관된 입장을 요구하지 않는다는 점이다(소설가는 지사가 아니다). 그보다는 이질적인 사실의 세계와 자신이 견지하던 이념 사이에 빚어지는 긴장 관계 속에서 김영현의 대응 방식과 변모 양상을 그의 말을 통해서 살펴보는 일이 유의미하다고 생각하기 때문이며, 그 과정 속에는 1980년대를 잊고 오늘을 살아가는 우리들의 자화상이 거울조각처럼 남아 있기 때문이다…… 그래서 김영현을 읽는 일은 고통스럽다.

2. 벌레

김영현의 소설에서, 자신의 시대는 감옥이(었)다. 인간은 인간이어야 한다는 자명한 진리는 물 건너간 지 오래고, '너희는 인간이 아니다'라는 사실에 대한 승인을 강요당하는 시대. 폭력과 고문이 일상화된 상황 속에서 자유에 대한, 해방에 대한 우리의 열망은 원초적인 급진성을 상실해버리고…… 그 어디서도 안전 지대를 찾을 수 없었던 시대, 역사의 보편적 이념이 거부당하는 가짜 역사의 시대. 이러한 시대를 살아가는 인간들은 벌레와 같은 삶을 살고 있거나 그러한 경험을 한 적이 있을 수밖에 없다. 벌레는 감옥 같은 사회를 살아가는 인간들의 기본적인 존재 방식이다. 암흑과 같은 시대는 지배

계급을 제외한 모든 인간들에게 인간이기를 포기할 것을 종용하고, 어둠의 각질 속에 스스로 갇혀 있기를 요구한다. 벌레라는 범주는 강요된 것이다.

하지만 생명의 유한성이라는 한계를 떠날 수 없는 개별자들의 입장에서 볼 때, 자기 보존을 위해 벌레를 기본적인 존재 방식으로 승인하는 것은 불가피한 일이다. 일단 받아들여야 자기 보존이 가능하기 때문이다. "그때 나는 놀랍게도 내가 한 마리의 벌레로 변해가는 것을 알았다. 그것은 매우 놀라운 발견이었다. 손목을 죄는 수정의 고통도 이젠 더 이상 그렇게 혹독하지는 않았다. 그리고 입을 틀어막고 있는 방성구도 이젠 더 이상 고통으로 느껴지지 않았다. 〔……〕 그것은 매우 비참하고 괴로운 경험이었지만 동시에 이상한 위안감을 느끼게 해주었다"(「벌레」). 위안감 혹은 '편안함'의 근거는 무엇일까. 보상 심리의 일종이거나 독방에 갇힌 자의 내면 표출로 치부해버릴 수는 없을 것이다. 벌레의 상황이 가져다주는 위안감과 편안함을 강조한 것은 무엇 때문일까.

이때의 내 경험으로 말하자면 나의 의식은 여전히 벌레로 변해버린 내 몸통의 눈 속에 들어 있다는 사실이다. 말하자면 나는 벌레의 눈을 통하여 마치 열쇠구멍으로 밖을 내다보듯 자신을 완전히 숨긴 채 세상을 내다보고 있는 셈이었다. 세상 사람들은 나를 볼 수가 없다. 이보다 더 안전하고 편한 일이 어디 있겠는가! (「벌레」)

벌레라는 말은 어둠의 시대와 그 색깔에 있어 근친성을 지닌다. 감옥 같은 시대가 강요하는 어둠을 자신의 피부로 받아들이는 삶에 대한 비유어이다. 하지만 보다 중요한 것은 '벌레의 몸통 속에 들어 있는 의식'이 김영현의 글쓰기 관념에 닿아 있다는 점이다. 자신을 완전히 숨긴 채 세상을 내다볼 수 있다는 것, 그것이 글쓰기라는 것이 그의 생각인 것 같다. "나는 불을 켜두지 않은 반지하의 어두컴컴한 방에 혼자 앉아서 이 글을 쓰면서 서서히 벌레로 변해가는 자신을 느끼고 있다"(「벌레」). 글쓰기가 벌레의 의식과 닿아 있다는 것은 어떠한 의미일까. 4년 반 동안 감옥 체험과 군대 생활을 통해 벌레의 체험을 하고 돌아온 그가 벌레의 의식과 닿아 있는 소설쓰기로 나아갔다는 것의 의미는 무엇일까. 글쓰기가 편안함과 위안을 가져다줄 수 있다는 것. 그만큼 지쳐 있었다는 반증이기도 하다. 5년 동안의 사회 생활(출판사 근무)을 마치고 본격적으로 소설쓰기를 시작한 작가의 전기적 사실이 고려되어도 문제는 마찬가지이다. 지쳐 있는 상태에서도 세상과의 게임이 가능한 영역이 바로 소설쓰기가 아니었을까. 오히려 벌레의 의식을 가지고 소설을 쓴다는 것처럼, 자신은 벌레가 아니며 애초부터 그렇게 될 가능성이 없었음을 확인할 수 있는 가장 확실한 방도는 찾아보기 어렵지 않았을까. 벌레는 그의 소설 속에서 극복해야 될 대상이면서, 동시에 소설쓰기를 가능하게 하는 형식이다. 소설은 그가 선택한 열쇠구멍이었고, 소설 뒤에 서 있는 그의 면모는 열쇠구멍을 통해서는 확인할 도리가 없을지도 모른다. 문을 떼어내기 전까지는.

3. 구원, 해방 그리고 권태

여기 자신이 벌레가 된 체험을 한 자가 있다. 그리고 그 부당함이 보편적이라고 믿는 자가 있다. 그가 소설쓰기를 통해서 나갈 수 있는 길은 무엇일까. 4년 반의 감옥 생활과 군대 생활을 마치고 1982년에 썼다는 「멀고 먼 해후」에 그 가능성들이 제시되어 있다.

첫번째 가능성은 초월 내지는 구원을 꿈꾸면서까지 벌레로 남아 있고자 하는 것이다. 여기서 벌레로 남는다는 것은 비참한 생활을 의미하지 않는다. 오히려 인간 존재의 유한성 혹은 운명적인 왜소함과 관련되는 것이다. 죽음을 눈앞에 둔 존재인 인간이 매달릴 수 있는 것은 구원의 가능성뿐이라는 사실. 암으로 사형선고를 받은 순범이 여기에 해당한다.

두번째 가능성은 벌레의 껍질을 찢고 바깥쪽으로 나가는 것, 횃불이 되는 것, 억압을 억압으로 느끼지 못하고 부당함에 무감각해져버린 자신들의 감정 기관을 반역하고 인간임을 선언하는 것이다. '우린 벌레가 아니야'라고 소리치는 사람은 영웅을 꿈꾸는 자이다. 모든 삶이 벌레의 껍질 속에, 두려움이라는 감정 속에 갇혀 있는 상태이기 때문이다. 붉음의 파토스를 주장하는 준호가 여기에 해당한다. 준호가 벌레와 인간을 구분하는 경계는 '두려움'이다.

누군가가 인간은 벌레가 아니라는 걸 증명해주면 돼. 두려움의 껍질 속에 싸여진 목소리를 꺼내면 순식간에 단결하게 될 거야. 〔……〕 인간은 벌레로는 결코 행복할 수 없다는 걸 깨닫게 되는 거야. (「멀고 먼 해후」)

세번째는 벌레의 안쪽으로 들어가는 성향이다. 피로, 권태, 망각에의 욕구, 회의주의가 그 구체적인 표현으로 나타난다. 앞에서 제시한 두 가지 가능성 모두에 대해 심정적으로 공감하면서도 완전하게 동의할 수는 없는, 약간은 삐딱한 입장이다. 벌레의 내면에 닿아 있기 때문이다. 분신을 모의하고 나서 어두운 극장에 처박혀 영화로 시간을 죽이며 모든 것을 잊고 싶어하는 '나'는 권태, 피로, 무의지를 표상할 뿐만 아니라 구원의 가능성과 해방의 가능성 모두에 일정한 거리를 두고 있다: "이 세상에 어디 구원이 있단 말인가?" "그래서〔분신 자살을 한다고 해서〕뭐가 해결되지?"

나는 공장일이 끝나면 경선이와 함께 싸구려 극장에서 시간을 보냈었다. 한꺼번에 두 프로를 상영하는 지린내 나는 영화관. 베니어 의자가 자칫하면 폭삭 내려앉을 것 같은 곳에 앉아서 나는 아무것도 생각하지 않으려고 마음먹었다. 세상은 조금 즐겁게 살 필요가 있는 것이었다. (「멀고 먼 해후」)

1982년의 김영현의 상황은 극심한 권태와 피로로 대변되는 '나'의 그것이 아니었을까. 벌레라는 말에서 느낄 수 있듯이, 현실적인 것은 더 이상 이성적이지 않다. 인간은 현실에 있어서 벌레이기 때문이다. 그의 피로는 여기서 연유한다. 하지만 이후의 전개 과정을 고려할 때 김영현이 의식적으로 선택한 길은 두번째의 가능성이었다. 현실은 이성적이지 않다고 하더라도, 이성적인 것이 현실적인 것으로 전화될 가능성이 아직 남아 있기 때문이다. 또한 이성적인 것의 현실적인 것으로의 전화야말로 피로를 이길 수 있는 방법이며 자신이 살아 있음을 느끼는 길이기도 하다.

김영현의 소설은 이 지점에서 붉음의 파토스pathos로 정향된다. 붉음의 파토스는 감옥과도 같은 시대의 폭압에 맞서는 정열인 동시에 권태와 무기력함을 딛고 일어서는 움직임 그 자체이다. 분출되는 파토스에 의지함으로써 생명력(피로의 대립항)의 존재를 스스로 확인할 수 있다: 지쳐버린 지식인의 스스로 힘내기. 하지만 붉음의 파토스가 주선(主線)이라 할지라도, 억압된 나머지 가능성들은 붉음의 선과 언제나 잠재적으로 공존하고 있다. 그들은 붉음의 열정을 위협하며, 때때로 피로함의 모습으로 귀환하여 김영현을 '늪'에 빠뜨린다.

4. 붉음: 자기 소진의 파토스

김영현에게 붉음은 시대의 어둠과 대결하는 정열이며 해방을 향한 열정이다. 붉음의 파토스와 밀접하게 관련되어 있는 말로는 죽음, 이념에 대한 애정, 두려움, 증오심 등과 같은 것을 들 수 있다. 붉음의 의미는 크게 세 가지로 나누어 생각해볼 수 있는데, 첫번째는 이념에 대한 애정이다. "나는 죽는 것이 두렵지 않아. 인간은 자기가 사랑하는 것을 위해 죽을 수도 있는 거야. 그게 인간이야"(「멀고 먼 해후」). 따라서 붉음은 인간의 기본적인 감정 조건으로 제시된다. 두번째의 붉음은 역사적이고 정치적인 죽음들과 관련되어 있다. 거창양민학살이나 광주민중항쟁처럼, 이념의 갈등 속에서 무고한 생명을 빼앗겼거나 이념을 위해 죽어간 사람들의 모습이 그것이다. 세번째 의미는 벌레의 각질을 뚫고 분출되는 역동적인 감정, 달리 말해서 증오심이다. "우리는 너의 그 허물어져가는 몸뚱어리가 필요해. 그 몸뚱어리에서 불을 뿜어 횃불처럼 들고 나가면, 모두의 가슴에 암처럼 버티고 있는 두려움을 벗어던지면…… 우리는 승리할 수 있어"(「멀고 먼 해후」). 붉음은 벌레의 껍질에 해당하는 두려움을 뚫고 분출하는 증오의 감정이다. 붉음은 어두움이 강요하는 감정, 즉 노예의 감정인 두려움에 대해 '증오심'의 감정을 일깨운다: "증오의 화살"(「목격자」).

거창양민학살 사건과 광주민중항쟁을 오버랩시켜 형상화한 「불을음소리」는 역사적인 학살 또는 폭압이 저질러진 현장을 불바다와 연관짓고 있다. 거창의 불바다에서 간신히 살아남은 아버지가 그후에 하는 일이 '칼갈이'라는 사실이 의미심장한 대목이다. "새빨갛게 튀어오르는 불꽃은 신기하고도 묘한 느낌이 들어 나도 때때로 그 옆에

쭈그리고 앉아 그 황홀한 불꽃을 멍청하게 바라보곤 했습니다"(「불울음소리」). 불꽃을 튀기면서 날카롭게 갈아지는 칼이야말로 증오심의 핵심이다. "칼 가이소, 칼!"이라는 아버지의 외침은 단순한 장사꾼의 광고 선전이 아니다. 불-울음소리는 김영현이 인간적인 감정이라고 한 바 있는 슬픔의 감정이 증오로 전이되는 모습을 보여준다. (이러한 붉음의 선은 두번째 작품집에서도 그대로 이어진다.「해남 가는 길」에서 연쇄 방화 사건에 작가가 직감적으로 끌리는 대목,「고도를 찾아서」에 보이는 해방감,「집시 아저씨」의 붉은 깃발 등이 그것이다. 하지만 그 의미는 『깊은 강은 멀리 흐른다』의 그것과는 다르다. 다른 문맥 속에 놓이기 때문이다.)

하지만 붉음의 파토스 저변에는 자기 소진의 논리가 자리하고 있음을 놓쳐서는 안 된다. 햇불은 자신을 태워서 빛을 발하며, 증오라는 감정이란 대상의 소멸을 위해 주체의 죽음을 담보로 하는 감정이기 때문이다. 증오 또는 붉음의 파토스가 강렬한 것도 이 때문이지만, 지속적이지 못한 것 또한 이 같은 사실에서 연유한다. 증오에 기반한 대결이란 일회성에 그칠 수 있으며, 또 그만큼 비경제적이기도 하다. 붉음의 파토스가 분출된 이후에도 세상은 변모되지 않을 수 있으며, 그러한 세계에 의해 죽음 자체가 망각될 수 있기 때문이다. 붉음의 파토스가 지니고 있는 자기 보존에 대한 무관심은 광기, 비정상성, 순간성 Plözlichkeit, 점멸성의 형태로 나타난다.

「멀고 먼 해후」의 준호를 보자. 그는 암으로 허물어져갈 순범의 몸을 매개로 집단적인 움직임을 불러일으키고자 한다. 대중의 증오심을 유발하기 위해 분신이 필요하다면 어차피 죽을 사람이 그 일을 하는 것보다 더 경제적인 방도는 찾기 어렵다. 어느 누구 하나 손해 보는 이가 없다. 단지 순범이 조금 일찍 죽는다는 것을 제외하고는. 하지만 순범의 완강한 저항에 부딪히자, 순범이 하지 않으면 자신이 분신하겠다던 준호는 자신의 감정을 이기지 못하고 순범과 '나' 단지 두 사람 앞에서 자살하고 만다. 준호의 입장에서 볼 때 그의 죽음이야말로 가장 비경제적인 형태인 셈이다. 왜 이러한 일이 일어나는가. 붉음의 파토스가 지니고 있는 결함을 보완하고 방향성을 부여할 수 있는 그 어떤 것을 찾지 않으면 안 된다. 적어도 붉음의 파토스가 자리할 수 있는 대지를 찾지 않으면 안 된다. 김영현 소설에 나타나는 푸름의 이미지가 그것이다.

5. 푸름: 뿌리내림의 에토스

김영현의 소설에서 푸름은 모두 장소 개념 topos이다. 우선 푸름은 첫번째 역사의 모습으로 나타난다. 역사의 이미지를 띠고 등장하는 '깊고 푸른' 강은 이념이 변증법적으로 스스로를 실현하는 공간이라기보다는 '지속'과 '포괄' '화해'의 공간이라는 의미를 지니고 있다. 대지와 같은 시간이 바로 역사의 이미지이다.

「깊은 강은 멀리 흐른다」와 「저 깊푸른 강」에는 폐병으로 죽은 이복형과 관련된 작가의 체험이 용해되어 있다. 공산주의자였던 친구의 여자를 뺏은 아버지, 그 사이에 태어난 이복형, 이복형을 데리러 왔던 낯선 사람(이복형의 외삼촌), 아버지의 적손이면서 사회주의자인 '나'의 구도가 중심에 놓여 있다. 우익의 선봉으로 공산주의자 토벌에 앞장섰던 아버지는 생물학적으로 빨갱이의 씨를 키웠고, 사상적으로 사회주의자인 아들을 자기 슬하에 둔 셈. 뭐라고 설명할 수도 없고 너무나도 복잡다단한 상황을 감싸고 넘어가는 것, 그것이 역사이며 푸름의 이미지이다.

평범하고 따분한 그 풍경〔사내와 아낙네가 노동하는 모습〕에서 나는 갑자기 우리들의 찢어진 삶을 보듬고 앞으로 앞으로 나아가는 어떤 거대한 힘 같은 것이 느껴졌다. 그것은 마치 모든 소용돌이를 자기 가슴속에 껴안은 채 전진하는 깊고 푸른 강과 같은 것이었다. (「저 깊푸른 강」)

강으로 표상되는 푸름의 이미지는 김영현 개인에게는 자신의 청춘과 닿아 있다. 붉음의 파토스가 자리하던 시절, 청춘 시절의 그 푸름, 이를 두고 1970년대적 감수성이라 할 수 있을 터인데, 김민기의 「늙은 군인의 노래」에 나오는 그 푸름의 이미지가 김영현 소설 여기저기에 배치되어 있음은 쉽게 확인할 수 있는 일이다.

나 죽어 이 강산에 군인(투사)이 되어
꽃 피고 눈 내리기 어언 30년.
무엇을 하였느냐, 무엇을 바라느냐.
나 죽어 이 강산에 묻히면 그만이지.
아 다시 못 올 흘러간 내 청춘.
푸른 옷에 실려간 꽃다운 이내 청춘.

푸른 옷의 세번째 의미는 뿌리-민중의 이미지이다. 외형상 죽어 있는 것 같지만 기층 민중의 온전하게 보존되고 있는 생명력. "도시에서 온 놈들은 겨울 들판을 보면 모두 죽어 있다고 그럴 거야. 하긴 아무것도 눈에 뵈는 게 없으니 그렇기도 하겠지. 하지만 농사꾼들은 그걸 죽어 있다고 생각지 않아. 그저 쉬고 있을 뿐이라 여기는 거지"(「포도나무집 풍경」). 적당한 조건이 형성되면 "함성처럼 솟아나올"(「포도나무집 풍경」) 생명력. 억압되어 흔적을 찾아볼 수 없지만 죽어 있지 않고 그 원초적인 생명력을 유지시켜가는 그 힘. "일시적으로 죽어 있는 듯이 보이지만 결코 죽는 법이 없"는 민중의 원초적인 생명력.

강으로 대변되는 역사, 청춘, 민초와 같은 푸름의 이미지들은 김영현 소설에서 장소 개념인 동시에 에토스ethos로 작용한다. 푸름의 이미지는 주체의 주관적 동기나 내적인 척도로 작용할 뿐만 아니라, 역사의 진보에 대한 신념의 형태로, 지속적으로 그리고 반복적으로 나타난다. 내적인 신념, 관념적 추진력으로서의 푸름의 이미지는 역사와 인간에 대한 일반적인 관심으로 광범하게 확장되어, 인간(또는 인류)의 미래에 대한 주도적인 관심을 형성하며, 휴머니즘적인 색채를 띠게 된다: 역사적인 진보에 대한 관심 속에서, 역사적인 과제를 해결하고자 하는 인간의 정신적 가치 기준.

6. 붉음과 푸름이 만나는 두 가지 양상

김영현 소설에서 붉음과 푸름의 두 계열이 만나는 지점은 그리 흔하지 않다. 두 계열의 경험을 촉발하는 계기가 중요한데, 억압되었던 피로함의 분출이 그것이다. 이념-운동에 대한 권태와 '방향 감각의 상실'에서 출발하고 있는 「포도나무집 풍경」은 붉음과 푸름이 만나는 지점에 피로가 개입한다는 사실을 보여주고 있다. 그는 피로의 엄습을 '허탈의 늪'으로 표현한다.

정확한 상황 인식보다는 오히려 자꾸만 허탈의 늪으로 빠져들어가는 걸 느꼈다. 그는 책상에 엎드려 온갖 잡념에 시달리다가 밖으로 나와 아무데나 쏘다녔다. 아무도 만나고 싶지 않았다. 비판적 지지, 후보 단일화, 독자 후보론, 그 모든 단어들이 그대로 비웃음소리가 되어 가슴속에 맴돌았다.

'허탈의 늪'에서 빠져나올 수 있는 방법(논리)은 무엇인가. 포도나무집을 찾아간 이유도 거기에 있을 것이다. 붉음의 파토스를 위협하는 피로감을 극복하는 동시에 붉음의 파토스가 가지고 있는 자기 소멸의 논리와 점멸성의 미학을 넘어설 수 있는 방식이, 허탈의 늪에서 빠져나올 수 있는 길이 될 것이다. 도시를 떠나온 김영현은 농사꾼과 같은 운동가, 달리 말하면 매개적 지식인에서 그 가능성을 발견한다. 지속성과 결합된 붉음의 파토스, 푸름에서 자신의 자리를 찾은 붉음의 파토스, 민중에게 잠재되어 있는 해방의 가능성을 확인하는 일, 이념적 차원과 민중적인 생명력 사이의 매개 가능성을 다시 한 번 발견하는 일. 이 지점에서 김영현 특유의 균형 감각이 구성된다.

진짜 훌륭한 운동가라면 농사꾼과 같을 거야. 적당한 온도와 햇빛만 주어지면 하늘을 향해 무성히 솟아나오는 식물들이 이 땅에서 살아가는 민중들이구. 일시적으로 죽어 있는 듯이 보이지만 그들은 결코 죽는 법이 없다네. (「포도나무집 풍경」)

"문학이란 파시즘적 지배 질서에 와해되어가는 민중적 삶을 재건하고 싸움판으로 몰아붙이는 유효한 무기"(한국일보문학상 수상소감 중에서)라는 그의 공언되지 못한 선언은, 김영현 자신의 입장에서 보았을 때, 정치적 발언이라기보다는 그의 기본적인 전략을 표명한 것에 다름 아니다.

하지만 매개적 지식인으로서의 균형 감각은 1991년 가을에 발표한「해남 가는 길」에 이르면 또다시 '늪'에 빠지게 된다. 우선 자신의 글쓰기에 대한 회의가 포착된다. 소설쓰기의 어려움이 작품의 화두다. 1990년에 발생한 연쇄 방화 사건을 다루고자 하는 작가는, 글을 진행하는 동안 '늪'에 빠져들어가고 있다고 느낀다. 작가가 허우적거리고 있는 '늪'의 정체는, 연쇄 방화의 범인이 도대체 "왜 그런 식으로 방화를 하고 다니지 않으면 안 되었는가"라는 물음이다. 작품의 핵심이 범행 동기에 있다면, 두 가지 가능성을 생각해볼 수 있다. 시국 불만자의 소행이 하나이고 부도덕한 지배 권력의 민심 교란용 술책이 다른 하나이다. 작가의 의도가 후자에 있음은 당연한 일인데, 그렇다면 작품을 작가가 완성시킬 수 없었던 이유는 무엇일까. 그 대답은 의외로 단순하면서도 의미심장하다. "어떠한 전망도 찾아낼 수가 없었던 것" "그것은 세상에 대한 하나의 야유이고 조롱일 뿐 진지한 작가가 모색해야 할 주제가 되질 못했다."

연쇄 방화 사건의 범행 동기를 포착할 수 없다는 것, 작가의 의도에 충실한다고 하더라도 야유나 조롱의 수준에 머물고 만다는 인식은, "자신의 글쓰는 행위에 대한 근본적인 회의"를 불러일으킨다. 이 지점에서 작가는 자신을 "출구가 없는 원통 속"에 갇혀 있다고 느끼며 "다 파먹혀버린 빈 껍데기의 곤충"이라고 생각한다. 그 앞에는 '불'을 다루고 있는 소설이 죽은 듯이 널브러져 있기 때문이다. 그의 소설은 옛 애인의 말처럼 "물 밑으로 걸어가고 있"었던 것이다.

못다 쓴 소설, 죽어 있는 소설을 뒤에 남겨두고 작가는 거리에서의 죽음(김귀정양 사건)과 여성시인 고정희의 죽음과 만난다. 여린 청춘은 이념을 외치다 폭압으로 죽어갔고, 시인은 "나의 봄은 이렇게 가도 되는 것일까"라는 시구를 남기고 죽어갔다. 하지만 살아남은 자는 어디에다 희망을 걸어야 할지 알 수가 없다. 역사는 그리고 거리는 그들의 죽음을 기억해주지 않는다.

거리를 온통 메우며 절규하던 수십만의 인파도, 그토록 처절했던 뭇 죽음들도 그림자처럼 사라져버리고 없었다. 그럴 수가 없는 역사가 그렇게 거짓말처럼 흘러가고 있었던 것이다. (「해남 가는 길」)

이 지점에 오면 김영현의 위기 상황이 보다 분명해진다. 이념을 위해서는 죽을 수도 있다는 붉음의 파토스는, 자신의 방향성을 규정할 에토스로서, 그리고 장소 개념으로서 깊고 푸른 역사를 요청했다. 하지만 실제의 역사는 더 이상 이념의 실현과는 무관한 것으로 나타난다. 김영현이 지쳐간 이유는 너무도 자명하다. 붉음의 파토스를 드러내는 일이 더 이상 유의미함을 지니지 못하게 되었다는 것. 이에 상응하여 외부적으로 이질적인 사실의 세계가 펼쳐지고 있다는 것. 가짜 역사, 있을 수 없을 뿐만 아니라 말이 되지 않는 역사가 전개되고 있다는 것. 이 지점에서 김영현이 할 수 있는 일은 무엇일까. 붉음의 파토스를 포기할 것인가. 그렇지는 않다. 붉은 불꽃의 한계—뿌리 없음, 비지속성, 점멸성, 죽음에까지 이르는 자기 소멸의 논리—를 뿌리 있는 풀꽃과 결합시키는 일이 가능하다. 「포도나무 집 풍경」이 민중의 잠재적 역량(불꽃)을 확인하고 피로와 무기력감에서 벗어나는 데 초점을 두고 있다면, 「해남 가는 길」은 불꽃의 논리적 귀결인 죽음을 넘어서 다시 출발하는 방식을 모색하는 일에 주안점이 놓여 있다.

"은숙씨 저 풀들 좀 보세요. 불꽃에는 뿌리가 없지만 저 풀꽃들에겐 뿌리가 있잖아요. 불꽃은 그저 정처없는 분노일 뿐이거든요."
〔……〕"이젠 우리가 그 불꽃에다 뿌리를 달아주지 않으면 안 돼요.

그 뿌리들이 대지의 가슴에 깊이 내리도록 도와주지 않으면 안 돼요. 우리들의 눈물로 그 죽음을 씻고 새로 시작하는 거예요. 불꽃만으론 결코 이길 수가 없어요."

작가는 소설의 죽음, 거리의 죽음, 시인의 죽음을 거쳐왔다. 새로 시작하겠다는 다짐 속에 바라본 것은 해송이었다. "바람에 비틀어지고 꼬이면서 몇백 년을 버팅겨온 거대한 소나무 한 그루"는 이전과는 다른 의미의 푸름으로 제시되어 있는데, 그것은 버티는 힘이고 생명력이며 윤리이다. 퇴색해버린 붉음을 푸름의 새로운 이미지를 통해 건져내긴 했지만, 문제가 완전히 해소된 것은 아니다. 제멋대로 흘러가는 역사, 이념이 실현되지 않는 역사, 이질적인 사실로 채워지고 있는 역사의 문제는 여전히 남는다. 역사의 문제가 해결되지 않는다면, 푸름의 퇴색은 시간 문제일지도 모른다: 버티고 서 있는 자의 현기증vertigo.

7. 보랏빛: 그리움의 흔적

깊고 푸른 강물은 다른 방향으로 흘러가고 있었다. 소련은 몰락해버렸고, 있을 수도 없고 있어서도 안 되는 일들은 아무렇지도 않은 듯이 일어나고 있다. "그럴 리가……" "그러나 세상에는 그럴 리 없는 일들이 얼마나 많이 벌어지고 있습니까?" 하지만 김영현은 유예된 역사의 가능성에 대해 실낱같은 희망을 버리지 않는다. 마병장이라는 독특한 인물을 설정하고 있는 「고도를 기다리며」를 보자. 자유와 그에 대한 억압이라는 대립적 구도 속에서 역사적 가능성의 문제를 다루고 있다. "이십세기 초에는 그래도 모든 인류는 행복했었다오. 자본주의자이건 사회주의자이건 역사가 진보하고 있었다는 사실을 믿었으니까." 역사의 진보를, 해방의 가능성을 믿고 있는 마병장은, 기다릴 고도란 더 이상 존재하지 않는다는 메시지를 전달하고자 하는 작위적인 연극에 강하게 저항한다. 이에 동조한 환자병들이 집단 난투극을 벌이고 병원 밖으로 나가려고 시도하게 된다. 그렇다면 아무 전망도 없어 보이는, 광기 어린 행동의 의미는 무엇인가. 사그라져가는 붉음의 파토스를 잠시나마 다시 살려보려는 김영현의 희망이 투여되었기 때문이 아닐까.

마른 섶에 불이 엉긴 것처럼 한번 흥분한 환자들은 그동안 가슴 밑 뿌리에서 근질거리던 설명할 수 없는 욕망들이 한꺼번에 터져나오는 것을 느꼈다. 두렵기는 했지만 일찍이 경험해보지 못했던 어떤 황홀한 해방감이 각자의 전신을 휘감고 지나갔던 것이다. (「고도를 기다리며」)

"어쨌든 나갑시다"라는 심정의 논리가 헌병대에 의해 무참하게 진압된다는 것은 너무나 당연한 수순이다. 그러나 첫번째 작품집에 수록되었고 비슷한 상황 설정을 하고 있는 작품「별」을 떠올린다면 상황은 달라진다. 「별」에서 자유를 찾아 삼청교육대를 탈출한 박용태가 검거되지 않은 상황으로 처리되었던 것을 염두에 둔다면, 「고도를 기다리며」의 이러한 결론은 김영현에게는 참으로 착잡한 대목이 아닐 수 없다. 이러한 장면은 붉음의 파토스에 대한 집착이 김영현에게는 근원적이라는 사실을 보여주고 있다. 하지만 동시에 「해남 가는 길」에서 도달한 인식("불꽃은 그저 정처없는 분노일 뿐")을 스스로 거스르는 대목이기도 하다. 버티기라고 말할 수밖에 없을 듯하다.

김영현의 버티기는 어느 마술사의 이야기인 「집시 아저씨」에서도 계속된다. 이 작품의 핵심은 국회의사당에서 마술하기다. 정말 만화 같은 이야기가 아닌가. 심하게 말하자면 만화에서도 다루지 않을, 이 같은 이야기를 통해 김영현이 보여주고자 한 것은 무엇일까. 그 것은 간접적으로 말하기, 달리 말하면 반쯤 숨어서 말하기이다. 옥중에서 들은 얘기를 옮기는 방식을 취하고 있는 작품의 형식이 그러하고, 두번째는 반쯤 숨겨진 붉음의 파토스를 드러내는 방식이 또한 그러하다. 국회의사당을 찾아간 마술사는 자신의 주머니에서 '빨간 깃발'을 '붉은 꽃송이'처럼 또는 '붉은 새'처럼 계속해서 던지는 마술을 해보인다. 다시 한 번 붉음의 파토스에 간접적인 방식으로나마 호소해본다는 것이 요체인 셈이다. 하지만 자신의 말처럼, 광기의 분출이란 "한순간 사람의 마음을 사로잡기는 하지만 아무런 힘도 갖지 못"하는 마술과 같은 것이며 허위와 같은 것일 뿐. (소설쓰기도 그와 같은 것이 아닐까. 빨간 깃발을 던지던 아저씨의 가방이 쓰레기로 꽉차 있었다는 진술은 그의 내면을 담아낸 것은 아닐까.)

광기의 허망함을 다시금 확인한 그가 달려갈 수 있는 곳은 어딜까. 우리가 살펴본 바에 의하면, 역사 내지는 푸름의 이미지와 관련된 것이 아니겠는가. 사실 역시 그러하다. 「비둘기」는 「깊은 강은 멀리 흐른다」와 「저 깊푸른 강」의 후일담에 해당하는 소설이다. 폐병을 앓다 죽은 이복형의 외삼촌이면서 공산주의자로 나오는 사람의 이야기. 「저 깊푸른 강」에서는 옥중에서 우연히 만난 비전향 장기수로 등장하고, 「비둘기」에서는 출옥하여 양로원에서 최후를 마치는 것으로 되어 있다. 설정은 동일하다. 사회주의자와 운동에 투신했던 청년의 만남. 청년은 칼 포퍼를 반박하며 역사는 진보한다고 주장한다.

소용돌이치면서도 역사는 분명히 진보하고 있었다. 그렇게 믿었다.

〔……〕 자신을 보다 치열한 역사의 중심부에 밀어넣고 싶었던 것이다. (「비둘기」)

그러면 비전향 장기수는 어떠한가. 역사로부터 버림받았다는 것, 역사에 대한 짝사랑을 이야기하고 있을 뿐이다. (이념으로서의) 역사가 약속했던 자유와 해방의 이념은 실제의 역사에 실현되지 않았고 그러한 이념의 실현을 위해 노력한 노인이 역사로부터 되돌려받은 것은 아무것도 없다. 노인의 운명은 노인에 국한된 이야기가 아니라 보다 일반적인 의미를 갖는다. 시간의 흐름 속에서 살고는 있지만 그 시간의 흐름 속에는 이념이 빠져 있다는 것. 이념이 사라져 버린 역사를 살아가고 있다는 것. 청년은 카의 이야기를 들어 한껏 우겨보지만 그의 손에는 노인이 남겨준, 날 수는 있지만 날아갈 곳이 없는 비둘기만 안겨 있을 따름이다. 청년의 몫은 이념을 잊지 않고 보존하는 일뿐이다. 그것은 그리움을 갖는 일이기도 하다. 미네르바의 부엉이는 황혼녘에 날기 시작하지만 김영현의 비둘기는 날아갈 곳이 없다. 날아갈 곳이 없어 날갯짓을 할 필요가 없는 비둘기를 보호하는 일, 그리워하는 일만 남았을 뿐이다.

따라서 「등꽃」에서 그리움을 화두로 삼은 것은 당연하다. 어느덧 중산층이 되어버린 김영현의 세대들은 그리움이 더 이상 남아 있지 않다는 사실에 고통스러워한다. 정확하게 말해 그리움의 대상이 없다는 것. 보다 더 큰 문제는 "그 흔적조차도 점점 사라져가고 있다는 점"이다. 그리움이란 그들의 존재 근거와도 같은 것이어서 삶을 의미있는 것으로 만들어주었고 그 위에서 동지적 결합도 가능했던 것이다. 흔적도 없이 사라지는 그리움, 그리움이 있었다는 사실을 그리워하며 살아가는 삶. 이 지점에서 균형을 잡을 수 있는 방식은 무엇일까.

그때 나의 가슴속에 문득, 눈물이 아롱진 시야 가득히, 보랏빛 환한 등꽃이, 떠오르는 것이었다. 포도송이처럼 주렁주렁 매달린 채 부드러운 바람에 흔들거리는…… 보랏빛 등꽃이! (「등꽃」)

왜 하필이면 등꽃의 이미지, 보랏빛의 이미지가 출몰하는 것일까. 보랏빛이란 붉음과 푸름의 혼합색이며, 불꽃을 품고 있는 풀꽃의 색이기 때문이다. 따라서 김영현에게 있어 그리움의 색으로는 가장 적격이다. 퇴색된 역사와 퇴색된 열정이 퇴색된 상태로 품위를 유지하며 보존될 수 있는 색. 퇴색된 역사와 열정의 흔적만큼은 보존하고 있는 색. 그래서 더더욱 환영과도 같은 색.

8. 여운, 그리고 울리지 않는 여운

세상에는 이제 아무 일도 일어나지 않는다. 적어도 김영현에게는 그렇다. 날아갈 곳이 없어서 날 필요가 없는 비둘기처럼, 말할 만한 가치가 있는 일들은 그에게 더 이상 일어나지 않는다. 매개적 지식인으로서의 소설쓰기, 역사를 향해 있다고 여겼던 글쓰기의 전략이란 피로에 찌들어, 고통스런 표정을 하고 있는 자화상에 지나지 않을지 모른다.

이제 김영현은 두 가지 목소리를 낸다. 하나는 윤리적 차원, 신념적 차원과 관련해서 무거운 존재가 내는 목소리. "혁명이 사라졌다는 것은 참을 수 있다. 하지만 온 존재를 걸 수 있는 절대적인 가치가 사라졌다는 것은 참을 수 없다"(「그리고 아무 말도 하지 않았다」). 다른 하나는 거대 이야기, 이념, 죄의식으로부터 벗어나고 싶은 가벼운 존재의 목소리.

아마도 무언가 발가벗은 듯한 근원적인 것에 대한 그리움 때문이었을 것이다. 누더기처럼 자신의 삶에 걸쳐져 있는 모든 것을 한꺼번에 벗어버리고 싶은 마음. 마치 나방이 허물을 벗어던지듯 불투명하고 숨막히는 불안과 죄의식의 너울을 홀홀 벗어버리고, 가벼운 몸으로 가볍게 날아가버리고 싶은 욕망. (「그리고 아무 말도 하지 않았다」)

절대적인 가치를 희구하는 무거운 존재의 목소리와 근원적인 것에 대한 그리움을 토로하는 가벼운 존재의 목소리가 추구하는 것은 무엇인가. 보랏빛 등꽃과 인도의 풍경 사이에 숨어 있는 의미는 무엇인가. 김영현에게 그것은 원초적인 생명력이다. 차력사의 면모에서 김영현이 발견한 것도 그러한 것이었다. 자본주의의 논리에 위축되어 있지만 결코 길들여질 수 없는 '야성적인 본성.' 깊은 강이 멀리 흘러 아무것도 말하지 않는 시대에 김영현 소설이 담아내고자 하는 여운.

그 소리는 내 가슴의 내벽 속에서 마치 영혼을 뒤흔드는 것처럼 길고 긴 여운을 남기고 사라졌다. (「차력사」)

김영현이 보여준 여운의 배후에는 "오늘날 우리는 세계로부터 발생하는 다양한 사건들을 인류 보편사의 이념에 종속시킴으로써 계속해서 체계화할 수 있는가"[1]라는 물음이 가로놓여 있다. 널리 알려진 것처럼, 19세기와 20세기의 사유와 행위가 해방의 이념에 의해서

---

1) J. F. 리오타르, 이현복 옮김, 「보편사에 관하여」, 『지식인의 종언』, 문예출판사, 1994, pp. 88~89.

규제되어온 것이 사실이다. 해방의 이념은 역사철학들, 다양한 사건들에 질서를 부여하고자 하는 거대 이야기들에 따라 아주 상이하게 해석되었다. 거대 이야기들의 공통된 점은 역사 서술의 끝이, 비록 성취되지는 않을지라도, 보편적 자유와 해방에 맞추어져 있다는 점이다. 김영현이 의지했던 거대 이야기 역시 여기서 멀리 떨어져 있지는 않다.

"오늘날 우리는 자유와 해방이라는 이념에 따라 사건들을 계속해서 체계화할 수 있는가"라는 물음은, 깊은 강이 멀리 흘러 아무 말도 하지 않게 된 상황 자체에 대한 물음이다. 여기에 대한 김영현의 대답은 부정적이거나 상당히 애매하다. 그는 정확한 대답이나 해답을 찾아가는 과정을 제시하기보다는 '도저히 참을 수 없다' '하지만 어쩔 도리가 없다' '그래도 버텨야 한다'라는 대답들을 내놓고 있다. 잘못된 것이라 할 수는 없지만, 자신이 추구했던 역사와 이념의 문제를 너무나 빨리 태도의 문제나 윤리의 문제로 치환하지 않았는가 하는 의문을 지워버리기 힘들다. 과연 그가 살아가고 있는 현실의 역사만 변한 것일까.

이념으로서의 역사의 전개 과정이 보편적 이념과 배치된다면, 우선 그는 자신의 역사 개념을 반성해야 하지 않았을까. 그리고 자유와 해방의 이념으로 부정한 권력과 더 이상 맞서기 힘든 상황이라면, 한편에는 자신이 견지하던 대결의 논리를 사회의 모순을 탐색하는 쪽으로 진화시킬 수 있는 가능성이, 다른 한편에는 이념으로서의 역사가 자신이 약속한 이념을 현실화하지 못하는 이유를 고찰할 수 있는 가능성이 여전히 남아 있다. 그는 소설가이기 때문이다. 이러한 것들을 무시한 채로 그리움을 말하고 절대적 가치에 대한 신념을 표백하는 일이란, 가장 김영현답지 않은 일이거나 가장 김영현다운 일이라고 생각된다. 어쩌면 김영현은 해방의 담론의 퇴조 혹은 거대

이야기의 쇠퇴라는 또 다른 거대 이야기를 너무 쉽게 신뢰해버린 것은 아닐까. 근원적인 것에 이르고자 하는 그의 열정과 그 열정이 남겨놓은 여운이, 그에게는 소중하겠지만, 공허함을 비켜갈 수 없는 이유가 그러한 데 있지는 않을까. 터져버린 폭탄을 해체하는 것처럼 무의미한 일은 없을지도 모른다는 생각…… 그래서 김영현 소설을 읽는 일은 고통스럽다.

'발견'으로서의 몽골: 환멸과 초절(超絶)의 낭만주의
── 이인화 소설집 『하늘꽃』

1. 매개항으로서의 작가

처음에는, 매우 불공평한 게임이라고 생각했었다. 듣도 보도 못한 책들, 몽골의 낯선 지명과 인명들, 몽골과 고려의 역사적 관계 등등에서 작가만 알고 있는 지식들이 너무 많았기 때문이다. 작품의 골간을 이루는 텍스트만 간략하게 거명해보자. 이진(李瑱)의 『동암집(東巖集)』, 다무라 마사아끼(田村正明)의 논문 「원대고려인안서기고(元代高麗人安書記考)」, 『팔만대장경』 「대반야경」 권21 제8장의 간기(刊記), 1944년 조선총독부 학무국에서 발간한 『조선사찰자료 추보편』, 분량이 방대하다고만 알고 있는 『고려사』와 조선왕조의 『태조실록』, 그리고 『송경지(松京志)』와 「채련기(採蓮記)」 등등. 이름을 처음 듣거나 이름은 들어봤어도 읽어보지 못한 책들이 마치 유령처럼 출몰하는 형국이니, 그 앞에서 독자는 아득할밖에.

하지만 자세히 살펴보면 결코 불공평한 게임이 아니다. 작가가 각주를 붙이고 원문까지 제시하는 친절을 보였기 때문일까. 아니다. 이유는 아주 간단하다. 몽골이나 고(古)문헌과 관련된 지식은 작가(작품)와 독자 사이의 게임을 위해 동원된 것이 아니기 때문이다. 처음부터 작품(작가)과 독자 사이에 마련된 게임 같은 것은 없었다고 해도 과언은 아니다. 따라서 상세한 주석과 원문 제시는, 낯선 자료들로 독자들을 억압하며 자료 해석이라는 두뇌 게임을 벌일 의사가 없음을 드러내는 표지이기도 하다. 자료와 자료를 연결시키고 맥락을 구성하는 일은 온전히 작가의 몫이다. 게임을 하고 있는 것은 작가이며, 다만 독자를 향해 자신이 쥐고 있는 패를 보여주고 있을 따름이다. 그렇다면 게임에 끼워주지 않는다고 시비를 하자는 것인가. 그것도 아니다. 다만 낯선 자료들 앞에서 조금도 위축되지 않고, 때로는 편안하게 때로는 진지하게 작품을 대하기만 하면 된다는 사실을 확인하고 싶었을 따름이다.

　작품을 검토하고 났을 때 가장 먼저 떠오른 이미지는 친절하고 성실하며 열정적인 선생님이었다. 별로 어렵지도 않은 수학 문제를 풀다가 갑자기 학생을 불러세워 다음에 진행될 수식을 추궁하는 선생이란 얼마나 얄미운 존재인가. 이인화는 그런 스타일과는 몽골 초원만큼이나 아득한 거리를 취하고 있다. 가르쳐야 할 주제와 관련된 모든 자료를 섭렵하고 정선한 뒤에, 학생이나 독자가 깨달아야 할 것들을 미리 예상하고, 숨어 있는 의미와 맥락을 이야기 들려주듯이 제시해주는 선생(소설가)에 가깝다. 이를 두고 영락없는 계몽주의자라고 한다면 반박하기가 쉽지 않을 것이다. 계몽주의자의 면모가 없지 않고, 그러한 인상에서 자유로울 수 없는 것도 분명한 사실이기 때문이다.

　하지만 이인화가 전달하려고 하는 것이 과연 지식일까. 방대한 지식으로 독자를 가르치는 것이 그의 궁극적인 목적인지에 대해서는, 상당히 의문스럽다. 어쩌면 그는 자료를 찾아서 황야의 들개처럼 헤매던 때의 고독과, 의미 맥락을 구성하기 위해 밤을 지새던 때의 절망이 전달되기를 원하는 쪽에 오히려 더 가깝지 않을까. 방대한 지식의 전달자가 아니라, 욕망과 좌절 속에서 허우적대는 한 사람의 인간으로 이해받기를 원하는 것은 아닐까. 작가 이인화의 게임은 바로 이 지점에서 시작되는 것인지도 모른다.

2. 발견으로서의 몽골

이인화의 소설집 『하늘꽃』은 몽골에 의해서 씌어진 작품이라고 해도 과언이 아니다. 5편의 작품 모두 몽골과의 인연을 바탕으로 하고 있는 작품들이다. 몽골은 어떤 나라인가. 아시아의 중앙 내륙에 위치한 고원 국가로, 정식 명칭은 몽골인민공화국 Mongolian People's Republic이다. 국토의 면적은 156만 6,500km²에 달하는데, 2000년에 집계된 인구가 239만 9,000명이고 인구 밀도는 1.5명/km²이다. 수도는 울란바토르이고, 1인당 국민총생산은 400달러 정도라고 한다. 국토 중앙부에서 동부에 걸쳐 목축에 알맞은 대초원이 전개되고, 서쪽으로 갈수록 높고 험준하지만 이 지역도 천혜(天惠)의 고원성 초원 지대를 이루어 목축이 가능하다.

몽골에 대한 사전적인 지식이 조금은 도움이 될 것이다. 게다가 몽고간장, 몽고반점, 몽골리안 텐트 등의 친숙한 용어들과 함께, 언어와 핏줄에 스며들어 있는 무의식적인 땡김이 우리의 상상력 속에서 작용하고 있지 않겠는가. 하지만 소설 속의 몽골은 사전적인 지식이나 여행의 경험과는 또 다른 문제이다.

이인화의 소설에서 몽골이란 무엇인가. 결론부터 미리 말하자면, 몽골은 존재하는 것이 아니라 이인화에 의해서 '발견'된 것이다. 그와 동시에 몽골은 이인화라는 존재를 '발견'한다. 존재하지 않던 사물을 처음으로 보는 경우도 발견에 포함되겠지만, 발견이란 이미 존재하고 있던 것의 '의미'를 새로운 방식으로 내면화하는 것이다. 따라서 발견의 과정에는 대상의 발견과 주체(관찰자)의 발견이 동시에 일어난다. 몽골은 이인화에 의해서 그 존재 의미가 발견되었고, 그와 동시에 몽골은 이인화라는 주체의 존재를 발견(입증)한다.

자전적인 고백의 성격을 띠고 있는 「초원을 걷는 남자」를 보자. 주인공은 몽골과 관련된 소설을 준비하는 소설가. 취재차 몽골에 갔다가 울란바토르에서 이상한 경험을 한다. 창녀처럼 보이는 어떤 여자가 갑자기 '차-르카' 하고 부르더니 주인공의 목을 껴안았던 것. 뺨을 한 대 맞긴 했지만, 닮은 사람으로 착각했던 것으로 여기고 그냥 넘어간다. 문제는 그 다음에 벌어진다. 서울로 돌아온 주인공은 자기 자신이 낯설어지는 경험을 하게 되고, 낡은 풍경들에 접하면 자연스럽게 몽골을 떠올리게 되고, 꿈에서는 몽골의 초원을 걷고 있는 자신의 모습을 보게 된다. 복도에서 어린아이를 보는가 하면, 세면대 거울에서는 흐물흐물한 자신의 상(像)과 마주한다. 몽골이 주인공의 정체성을 심하게 흔들어놓았던 것이다. 증상이 이 정도면 당연히 정신과 의사의 도움이 필요할 터. 의사와 상담하는 과정에서, 주인공은 헤르만 헤세와 이성복을 읽던 문학 소년을 떠올린다. 그때 무슨 일이 있었던가. 소년은 작품 공모에서 수상을 했고 상금을 받았다. 문학을 하는 친구들과 상금으로 술을 마셨고 창녀촌에 갔었다. 좋은 일에는 마가 끼는 법. 창녀촌에 간 일이 문제가 되어 학교에서는 징계가 떨어졌고 소년은 집을 나왔다. 그리고 다방에서 서빙을 하며 세 살 연상의 여자와 어설픈 동거를 했던 것. 어떤 여자였을까. 찢어지게 가난한 집안에서 태어나 여상을 중퇴하고 사무실에서 근무하는 여자. 아버지에 의한 근친상간을 경험했고, 돈 있는 사람들의 정부(情婦) 노릇을 하며 생활하는 여자. 창녀는 아니지만 창녀와 다름없는 여자였던 것. 그는 나름대로 최선을 다했지만 사랑은 이루어지지 못했다. 그후에 그녀는 알코올중독자가 되어 죽었다고 한다. 그리고 주인공은 책을 여러 권 낸 소설가가 되었다.

실제로 충분히 벌어질 수 있는 일들이지만, 소설로 씌어지기에는 지나치게 신파적이지 않은가. 작가 역시도 그와 같은 불안에 대한 자의식을 곳곳에서 드러내고 있다. 그렇다면 무엇이 작가로 하여금 이러한 이야기를 하지 않으면 안 되는 지점으로 몰아갔던 것일까. 작품에 의하면, 몽골은 20년 전쯤의 한국과 비슷하다. 몽골은 서울의 시간(현재)과 나란히 놓여 있는 과거의 시간이다. 그런 의미에서 몽골은 현재와 과거를 이어주는 상상적인 거울인 셈이다. 몽골에서 우연히 마주친 '창녀처럼 보이는 여자'는 주인공이 20년 전에 사랑했던 '창녀와 다름없었던 여자'와 서로 마주보고 있었던 것. 따라서 20년 뒤떨어진 몽골이 작가의 과거를 불러내었다는 말은 맞다. 하지만 일면적이다. 눈여겨봐두어야 할 것은 작가의 과거 속에 이미 몽골이 존재했었다는 사실이다. 그렇지 않다면 어떻게 주인공의 18살 때의 모습을 한 생령(生靈)이 몽골의 초원을 걷고 있을 수 있을까.

나는 한숨을 내쉬며 헐떡거렸다. 나는 서툰 몽골말로 더듬거리며 맨 머리에 검은 장화를 신고 이리로 오고 있는 남자가 안 보이냐고 다시 물었다. 〔……〕
"당신은 예라옹곤(들판의 옹곤)을 보고 있구려."
노인은 지극히 담담하게 말했다. 노인은 내가 마치 초원에 있는 말이나 낙타를 보고 있는 것처럼 당연하다는 태도였다. 나는 그게 뭐냐고 물었다.
"들판을 걸어다니는 당신의 생령(生靈) 말이오. 당신은 이 겔 안에서 이렇게 게라옹곤(집의 옹곤)으로 있지 않소. 잘 보시오. 당신과 똑같이 생겼을 테니. 그건 원래 당신의 눈에만 보인다오."
나는 다시 괴로운 얼굴을 들어 초원을 걷는 남자를 바라보았다.

[……] 그 남자의 눈을 마주보지 않을 수 없었다. 그리고 나는 내가 죽기에도 너무 늦었다는 것을 알 수 있었다. 그 남자는 나를 닮았지만 나보다 17년은 더 어려 보였다. (「초원을 걷는 남자」)

몽골에서는 한 사람이 최소한 두 겹의 삶을 산다. 집의 혼령과 들판의 혼령이 서로를 바라보는 곳, 18살 문학 청년이었던 과거와 35살의 중년 소설가로 살아가는 현재가 공존하며 마주 보는 곳이 바로 몽골이다. 한 사람이지만 두 사람으로 존재하는 곳, 그리고 그 사람의 과거와 현재(그리고 미래까지)가 동시에 존재하는 곳. 이를 두고 뭐라 할 것인가. 이인화(二人化/異人化)라고 할밖에. 몽골은 결코 어쩌다가 발견된 것이 아니다. 몽골은 20년 전의 모습을 상기할 수 있는 기억의 지평이지만, 주인공의 과거 속에는 이미 언제나 몽골이 있었다. 몽골은 이국적인 매혹의 대상이 아니라, 발견 그 자체인 것이다.

그렇다면, 「초원을 걷는 남자」에서 지극히 사사로운 기억과 내면이 분출할 수 있었던 이유는 무엇일까. 이제 조금은 무심한 눈으로 과거를 볼 수 있게 되었기 때문일까. 그럴 수도 있다. 하지만 근원적인 이유는 다른 곳에 있다. 인생은 나의 것이며 나의 존재는 세상에 유일무이한 것이라고 생각했던 시절에는 결코 할 수 없었던 이야기이다. 하지만 몽골에서는 사정이 다르다. 여자는 죽었지만 "어느 먼 곳에서 세월에 씻긴 모래와 같은 모습으로 계속 존재할지도 모른다"(「초원을 걷는 남자」)는 생각을 몽골은 가능하게 한다. 몽골의 의미가 두드러지게 나타나는 대목이 아닐 수 없다.

몽골에서 작가가 본 것은 개인적 체험이 아니라 삶의 원형적 형식(운명의 형식)이다. 애초에 몽골을 방문했던 이유에서도 그러한 사실은 분명하게 드러난다. 한반도에 유포되어 있는 신화의 원형을 발견할 수도 있으리라는 기대를 가지고서, 고대 암각화의 유적지인 추르트 성소(聖所)를 찾았던 것. 소설가인 주인공이 별다른 억압이나 심리적 저항 없이 자신의 과거와 내면을 드러낼 수 있었던 것은 몽골의 발견 때문에 가능한 것이었다. 몽골, 개인의 사사로운 경험마저도 삶의 원형적 형식으로 다가오는 곳. 따라서 작가의 입장에서만 보자면 「초원을 걷는 남자」는 자전적 술회의 차원을 넘어서는 작품이다. 개인의 경험과 삶의 원형이 구별되지 않는 공간인 몽골을 발견했기 때문이다. 개인적 경험이 삶의 원형으로 다가오는 공간, 몽골은 한없이 낯설면서 동시에 한없이 친숙한 세계이기도 하다. 따라서 작가의 상상력이 루카치적인 의미에서의 서사시적인 세계로 이어지는 것은 지극히 자연스러운 장면일 것이다.

하늘보다 좀더 진한 초원의 어둠은 마치 나와 하늘 사이에 놓인 텅 빈 공간처럼 보인다. 나는 어떤 착각에 사로잡힌다. 내가 어딘가 낯익은 곳에 와 있고 먼 옛날로 되돌아와 있는 것만 같은 착각. 어두운 대지는 너무도 편안해서 마치도 내 신체의 일부처럼 따뜻하고 생생하다. (「말입술꽃」)

3. 서사시적 세계 속에 놓인 시인의 무덤: 환멸의 낭만주의

생령(生靈)이 몽골의 초원을 걸어다니고 있다고는 하지만, 작가라고 해서 곧바로 몽골을 찾을 수는 없었을 것이다. 몽골을 발견하기 이전에 등장인물들을 감싸고 있었던 정조(情調)는 무엇이었을까. 환멸과 절망이 그것이다.

(가) 나의 영혼은 앞으로 남은 일생을 다 살지 않아도 될 만큼 충분히 늙고 추해졌다. 내 어린 날의 푸른 영혼은 미칠 듯한 열정으로 항해를 하고 나서 전혀 낯선 섬에 도달해버렸다. 나의 섬엔 모든 이상(理想)의 폐허 속에 서로의 목을 물어뜯어 입이 더럽혀진 사람들만이 살고 있다. 나의 섬엔 순진했던 내 젊은 날의 모든 것에 유죄(有罪)를 선고하는 환멸만이 흘러간다. (「말입술꽃」)

(나) 한때는 그에게 목숨을 바칠 만한 가치가 있는 세계가 존재했다. 그러나 그 세계는 이미 죽었고 새로운 세계는 그와 상관이 없었다. (「하늘꽃」)

자신의 삶과 시대를 바라보는 시선 속에 환멸의 정서가 짙게 배어 있다. 끝간데까지 가버린 절망, 벗어날 수 없는 절망과 무의미 속에서 삶을 영위하는 것을 두고 환멸이라 불러도 크게 틀리지는 않을 것이다. 서사시적인 세계에서 환멸의 낭만주의에 이르는 과정을 루카치적인 길이라고 할 수 있다면, 이인화의 소설은 이 길 위에서 한 치도 벗어나지 않는다. 하지만 환멸에 대한 정조가 지나칠 정도로 명확한 반면에, 환멸에 이르게 된 이유는 상대적으로 막연하다. 작가의 현실 인식이 애매하다고 지적할 수 있는 대목인 동시에, 작가의 생리적 차원이라고도 볼 수 있는 대목인 셈이다. 독자의 입장에서는 자기 입맛에 맞는 세상이 언제 어느 때고 존재한 적이 있는가라는 반문을 제기할 수 있을 것이다. 반면에 다른 사람은 몰라도 나에게는 절실하게 그러하다라는 작가의 답변이 주어질 수도 있을 것이다.

환멸과 절망에 도달한 이유는 무엇일까. 주체의 신념과 세계의 논리가 심각한 불화 상태로 치달았다는 것. 하지만 세계와의 불화가 누구에게나 가능한 것은 아니다. 절망하거나 환멸에 이르기 위해서는 자신의 신념에 모든 것을 거는 인간이어야 하기 때문이다. 대충 거는 존재에게는 절망도 대충 찾아오게 마련이니까. 그렇다면 절망할 수 있는 인간은 어떤 사람들인가. 소설집에 묶인 작품들에 한정한다면, 다름 아닌 시인의 심성을 가진 사람이다.

『하늘꽃』에 묶인 5편의 작품에 등장하는 주인공들은 몽골의 관리(「하늘꽃」), 시인(「시인의 별」「말입술꽃」), 시인의 심성을 가진 장군(「려인(麗人)」), 문학 청년(「초원을 걷는 남자」) 등이다. 직업에 주목하자면 관리·장군·시인으로 나누어볼 수 있겠지만, 실질적으로는 삶을 신념과 일치시키려는 사람이라는 공통점을 가지고 있다. 자신의 신념에 철저하고자 하는 태도는 도덕적 엄숙주의나 기능적 합리주의와는 무관하다. 삶과 신념을 일치시키고자 하는 의지가 시인의 품성에서 연유한다는 사실의 확인은 이인화 소설을 이해하기 위한 기본항에 해당한다. 또한 시인의 품성을 가진 사람들이 환멸에 도달한다는 설정은, 작품집 『하늘꽃』에 수록된 작품들의 기본적인 문법이기도 하다.

"여보, 시세(時勢)가 나를 용납하지 않아."〔……〕
"이제 시는 죽었소. 이제 시는 기껏해야 향락의 장식이나 이록(利祿)을 구하는 방도에 지나지 않아요."(「시인의 별」)

고려 시대의 시인 안현이 아내에게 들려준 말이다. 안현은 시인의 품성을 타고났지만 시인으로 살아갈 운명은 타고나지 못했다. 현실적인 또는 시대적인 이유 때문에 시인의 꿈은 좌절되었고, 시인의 품성을 스스로 배반하며 살아간다. 주인공들은 삶과 시가 일치하는 삶을 꿈꾸었지만, 삶은 삶이고 시는 시였다. 삶을 지배하는 현실 원칙은 시를 수단화했고, 시인은 현실과 시대의 광포한 억압을 이겨내지 못했다. 고려 충렬왕 때의 시인인 안현이 그러했고, 1980년에 대학에 입학했던 서상효가 같은 길을 걸었다. 시인이기 이전에 그들은 인간이었고, 인간이란 한없이 약하고 미천한 존재일 따름이었다. 그들은 모두 몽골의 벌판에서 삶을 마감했다.

그렇다면, 그들이 원하는 세계와 삶의 형식은 어떠한 것이었을까. 『시경』에 대한 태도 속에서 그 무엇을 엿볼 수 있을 것이다. 몽골은 서사시적인 세계였고, 삶의 원형을 보여주는 공간이었다. 서사시적인 세계의 중심에 놓여 있는 것이 다름 아닌 『시경』이다. 인생과 우주의 황금률이라 할 수 있는 중용(中庸)의 세계. 사람과 사람 사이에 따뜻함이 있는 세계. 사회적인 관계와 인간적인 관계가 자연의 모습을 하고 있는 세계. 신념과 가치를 가슴에 품고 살아갈 수 있는 세계. "충만한 행복은 십여 년 전의 일이었지만 동시에 백년 전의 일이었고 천년 전의 일이었다. 아니, 수만 년 전부터 언제나 있어왔던 일이었다"(「시인의 별」). 시인(주인공들)들은 『시경』이 표방하는 세계를 꿈꾸었다. 그들에게 시는 경전이 내포하고 있는 황금 시대의 기억을 끊임없이 의식 속에 현전하게 하는 주문(呪文)과도 같았다.

『시경』을 읽으면서 세상이 꿈처럼 행복했던 옛날을 생각하고 시와 삶이 온전히 하나가 되는, 이룰 수 없는 내일을 꿈꿀 뿐이다. 〔……〕 하(夏) 은(殷) 주(周) 삼대의 행복이 만든 노래. 그 착한 세상을 그리는 천하 만민의 통곡과 우수가 깃들인 노래. 〔……〕 덕의 존숭과 부부애의 찬미. 아리따운 아가씨가 군자의 덕(德)을 즐거워하여 화합하는 부부애가 세상 모든 사람들의 평화를 만들 수 있다는 절박한 믿음. 단 하루라도 나의 시가 현세를 넘어 그 믿음에 가 닿기를 원하지 않았던 때가 있었던가. (「시인의 별」)

시인은 경전의 가르침을 망각하지 않고 의식의 현전성 속에서 서사시적인 세계의 이미지를 상기(想起)하는 사람이다. 그렇다면 조금은 명료해질 수 있을 것이다. 시대와 현실이 시인-주인공을 환멸에 이르게 했다. 하지만 정작 이들을 환멸로 인도한 것은 『시경』으로 대변되는 세계였던 것이다. 『시경』이 표상하는 서사시적 세계에 대한 낭만적 그리움이 주인공들의 환멸을 이끌어냈다고 보는 편이 오히려 정확하지 않을까. 적어도 이인화의 소설에서는 그러하다는 생각.

4. 황야: 인간과 비인간의 경계를 삭제하는 무화의 논리

지겨울 법도 하지만, 또다시 물을 수밖에 없을 듯하다. 작가의 분신과도 같은 주인공들이 몽골에서 보았던 것은 무엇일까. 몽골의 초원에는 『시경』의 세계가 밤하늘의 별처럼 빛나고 있다. 따라서 고려의 시인 안현과 1980년대의 시인 서상효가 몽골에서 죽음을 맞이한 것은 결코 우연이 아니다. 몽골에는 『시경』의 세계가 있고, 불우한 시인들의 무덤이 있다. 그리고 끝없이 펼쳐진 초원과 황야가 있다. 몽골의 초원과 황야는 인생의 무상함을 표상한다. 사람은 가장 고귀한 존재인 동시에, 가축이나 나무 등의 자연 사물과 다를 바 없는 하찮은 존재이다. 황야는 '인간은 짐승이거나 고깃덩어리이다'라는 명제를 압축적으로 제시한다. 이러한 명제를 승인한다면, 인간은 영원히 변하지 않고 변할 수도 없다.

몽골의 황량한 벌판에서 인간은 가장 반갑고 소중한 존재이다. 결혼한 자신의 딸을 데리고 온 서상효를 반기는 아우란치의 부모의 모습에서 그러한 사실들을 쉽게 확인할 수 있다. 하지만 그와 동시에 몽골의 벌판에서 인간이란 하찮은 존재에 지나지 않는다. 몽골의 황야에서 서상효의 죽음은 들개의 먹이가 되거나(草葬), 허공으로 흩어지는 말입술꽃에 비유될 따름이다. 인간은 가장 고귀하면서도 한없이 하찮다. 이를 두고 영도(零度)의 지점에 놓여진 인간이라고 할 수 없을까. 몽골의 초원과 황야는 인간을 감싸고 있는 단순한 자연환경이 아니라, 지평 또는 경계로서 존재한다. 몽골의 황야는 인간과 비(非)인간이 잠재적으로 공존하는 지평이다. 따라서 몽골의 황야에서 "이승과 저승의 경계에 선 듯했다"(「시인의 별」)는 감각을 갖게 되는 것은 자연스러운 일일 것이다.

"황야는 오직 자신의 가슴속에서만 살고 있었다. 황야를 사이에 두고 자신[안현]과 아수친은 서로를 우두커니 바라만 보고 있었다. 그것은 마치 영원처럼 보였다." (「시인의 별」)

황야란 그런 곳이다. 몽골의 밤하늘이 『시경』의 세계를 대변한다면, 몽골의 황야는 시인이 되지 못한 자의 내면을 대변한다. 『시경』의 하늘과 황야의 내면, 그 중간 어딘가에 시인의 무덤이 놓여 있을 것이다. 이인화의 소설은 이러한 공간적 비유를 원형으로 삼고 있다.

"그러나 모든 것 안에 존재하던 사랑과 모든 것 위에 존재하던 덕(德)은 그 어떤 것도 없는 황야의 무(無)에 부딪혀 이해할 수 없는 울림으로 스러져갔다. 황야에 태양이 저무는 순간을 보고 있으면 안현의 가슴속에선 하나의 시대가 저물었다. 아니 인생이 끝나버리는 느낌마저 들었다." (「시인의 별」)

황야는 시인이 되고자 했지만 시인이 되지 못했던 사람의 내면 풍경이며, 인간과 비인간 사이의 희미한 경계이다. 직선적인 시간 관념(과거→현재→미래)이 허용되지 않기 때문에, 과거와 현재와 미래는 시간의 계기적인 연속으로 파악되지 않고 한데 뒤엉켜 있는 양상이다. 황야에서의 일몰이 과거이자 현재이며 미래인 이유도 거기에 있다. 황야에서 "과거는 모래 위를 가로질러 온 바퀴 자국처럼 찬바람에 이지러지고 있었다." 몽골의 황야는 철저한 무화(無化)의 논리이며, 경계를 설정하는 동시에 경계를 삭제하는 힘이기도 하다. 황야의 논리를 견디는 일이 다름 아닌 시를 외우는 일이다.

이인화의 작품에서 인물들은 삶과 죽음의 경계, 달리 말하면 환멸과 절망의 지점으로 내몰린다. 그리고 황야와 『시경』 가운데 하나를 선택하도록 강요당한다. 황야를 선택할 때 「시인의 꿈」 계열이 형성될 것이고, 경전을 선택할 때 「려인」 계열이 형성될 것이다. 초원에서 시를 짓는 중간항이 설정될 수 있는데 그 경우가 「말입술꽃」이다.

5. 여인 · 초원 · 글쓰기

역사적인 차원에서 가치로운 시대가 종말을 고했다고 하더라도, 개인적인 차원에서 삶이 시가 될 수 있는 방법은 없는 것일까. 인간적인 행복과 함께 진선미가 통합되어 있는 세계는 불가능할 것인가. 『시경』의 세계가 원초적인 가능성인 동시에 근원적인 불가능성이었다고 한다면, 남아 있는 가능성이 여성과 초원을 통해서 주어진다.

가장 이인화다운 작품이라고 할 만한 「려인」을 보자. 남자 주인공은 고려의 항복을 받기 위해 강화도 앞에 진을 치고 있는 몽골의 장수 수베테이. 젊은 시절 그의 꿈은 시인이었다. 하지만 시대의 주도적인 가치는 무사가 되어 전장에 나가는 것이었다. 시인과 학자의 길을 만류한 부모의 입장이란 시대의 대세를 반영하는 것이었을 따름이다. 강화도 앞에 와 있는 몽골 장수의 내면이란, 시대와 현실의 논리에 따라 자신의 꿈(시인)을 저버리면서 살고 있는 자의 그것에 다름 아니다. 가슴속에는 시에 대한 존재론적인 욕망이 넘실대지만, 현실 속에서는 시를 배반하고 사는 삶을 살아야 하는 것이다. 이 지점에서 가능한 삶은 크게 두 가지이다. 하나는 자신의 삶에 대해서 점증하는 냉소를 방치하는 것. 마누라는 바람이 나서 도망가고, 아이는 누구 손에서 어떻게 크는지 모르는 지경에 이르는 것. 그렇다면 또 다른 삶의 가능성이란 무엇일까. 여인의 아름다움에 매혹되는 것이며, 여성이라는 대지(大地/大紙)를 발견하는 일이다.

  이인화 소설에서 여성이 지니는 의미를 파악하기 위해 수베테이가 처한 상황을 다시 점검할 필요가 있을 듯하다. 시에 대한 꿈을 접은 그는 무엇을 하려고 했던가. 명령대로 강화도 앞에서 고려 왕의 항복을 끌어내려고 했을 따름이다. 하지만 그의 신념이나 의지와는 무관하게 중앙 조정에서 일어난 권력 구도의 변화는 그에게 목숨을 내놓으라고 한다. 이런 부조리한 상황에서 그는 아무것도 선택할 수 없다. 다만 권력의 구조 속에 주어져 있는 자신의 자리를 버티며 견디며 살다가 사라질 뿐이다. 그는 철저하게 인간과 비인간의 경계를 무화시키는 황야의 논리, 달리 말하면 영도(零度)와 무화(無化)의 논리를 좇을 따름이다. 앞에서 보았듯이 무화의 논리를 견디는 방법은 시를 외우는 것이었다. 하지만 환멸에 도달할 따름이었다. 그렇다면 다른 방법은 없겠는가. 이 지점에서 이인화의 작품에서 여성이 지니는 상징적인 의미가 드러난다. 여인으로 대변되는 무의식은 몽골의 초원과 글쓰기의 대지(大地/大紙)로 이어진다.[1] 이인화의 소설에는 남자와 여자가 있고 그 사이에 몽골이 있다. 남자는 몽골의 하늘을 보고 있고 여자는 몽골의 초원을 닮았다. 남자와 여자의 시선은 몽골의 초원과 황야를 사이에 두고 엇갈리듯이 마주 볼 것이다.

「말입술꽃」의 주인공 서상효가 한국에서 시간 강의를 하면서 잠시 만났던 여학생을 기억하는가. "수련의 속눈썹 사이로 사라진 젊은 날들이 일제히 깃을 치며 날개를 펴들었다." 몽골의 황야가 시인이 되지 못한 자의 내면을 비추는 거울이라면, 여성은 실현되지 못한 욕망과의 상상적인 관계를 복원하여 되비추는 마법의 거울과 같다. 여성은 술을 마시지 않고는 견딜 수 없는 현실의 논리를 지연시키고, 현실 원칙이 적용되지 않는 백지와도 같은 가능성의 공간을 마련한다. 훼손된 가치의 세계 속에 놓인 찬란한 여백과도 같은 존재. 현실의 비참과 억압이 극에 달할수록 아름다울 수밖에 없는 여백.

"빛과 향기로 엮어진 듯 사랑스런 아내의 눈길을 마주하는 순간, 세속에서의 삶은 죽어버리고 시간이 흐름을 멈추었으며 잊혀진 혼들이 어둠과 고뇌와 궁핍을 털고 일어섰다." (「시인의 별」)

현실의 논리를 유보하는 여백. 여성이 대지이자 종이의 이미지로 등장하는 것은 그 이유 때문이다. 또한 그런 점에서 이인화 소설에 등장하는 여성은 문학과 등가이다. 1980년대의 불우한 시인 서상효가 몽골의 유부녀 아우란치를 사랑한 이유는 무엇일까. 이방인의 적

---

[1] 이인화 소설에 예외 없이 등장하는 아름다운 여성은, 시대적 배경과 더불어 무협적인 분위기를 형성하면서, 그의 작품이 로망스일지도 모른다는 인상을 부여하는 근거가 되기도 한다. 하지만 아름다운 여성의 등장은 장르적인 차원에서 요청되는 것이 아니라 작품에 투영되어 있는 무의식과 관련되는 것이다.

적한 심회, 아우란치의 빼어난 미모, 잠재되어 있던 일탈에 대한 욕구 등이 모두 이유에 해당할 것이다. 하지만 보다 근원적인 이유는 다른 곳에 있다. 문학(글)이 따로 존재하는 것이 아니라는 사실, 몽골의 초원이 글이자 종이며 문학이라는 사실을 일깨워준 사람이 아우란치였던 것. 몽골의 초원에서는 사람의 존재 또한 대초원이라는 종이 위에 씌어진 글에 지나지 않았다. 덧없음과 소멸로 표상되는 황야의 논리와, 초원-여인-글쓰기의 논리가 마주보고 있음을 쉽게 알 수 있는 대목이다.

"제 고향 아라항가이는 아늑하고 정겨운 초원입니다. 먼 지평선에는 항가이 산맥이 검은 띠처럼 이어져 들과 하늘을 잇고 있지요. 굽이굽이 초원을 감돌아 흐르는 강가엔 푸른 버드나무들이 줄지어 서 있습니다. 흰 구름 같은 양떼들과 한가로운 말들이 평화롭게 풀을 뜯고 있구요. 그 초원의 강기슭, 늙은 느릅나무 몇 그루가 서 있는 곳에 우리 집이 있습니다. 〔……〕 아침 햇살에 안개가 서서히 걷히고 풀잎에 이슬방울들이 빛날 때면 우리 집 앞, 그러나 누구의 것도 아닌 대초원은 말할 수 없이 아름다워요." (「말입술꽃」)

아우란치는 커다란 종이이면서 동시에 글쓰기인 초원을 발견했던 것. 이제 막 소설을 습작하기 시작한 사람의 묘사와도 같은 풍경이 현실로 존재하고 있는 곳, 그곳이 바로 몽골이 아니겠는가. 서상효는 몽골의 대학에서 한국 문학을 가르치는 선생이었다. 한국어를 공부하는 이유를 물었을 때 다른 학생들은 한국어의 사용가치에 관심이 있었다. 돈을 벌기 위해, 또 무엇을 하기 위해 등등. 하지만 아우란치는 한국어의 도구적인 가치에는 관심이 없었다. 다른 학생들이 심드렁하게 듣는 그의 강의를 그녀만이 '옮겨 적었다.' 그리고 글을 배워 고향에 돌아가고자 할 따름이었다. 물론 아우란치의 이러한 태도 역시 글을 써먹는 일이라는 반문이 있을 수 있다. 글쓰기란 쓰기〔書〕와 쓰기〔用〕의 의미론적 차원을 동시에 가지고 있으니 당연한 일이다. 하지만 그녀의 이러한 태도를 수단적이라고 할 수 없는 이유는, 그녀의 내면에 가득한 몽골의 평원 때문이다. 그녀에게는 몽골의 초원이 원-글쓰기였고, 그녀의 글쓰기는 초원이라는 원-글쓰기와 이미 언제나 겹쳐 있기 때문이다. 시인이 시를 읊으며 『시경』의 세계를 자신의 의식 속에 현전하게 하는 것과 같다고나 할까. 그녀는 대지 위에 씌어진 글쓰기 자체였고, 시였고 소설이었고 문학이었다. 현실과 욕망 사이에서 분열된 인간, 꿈을 뒤집어서 현실을 살아가는 서상효에게는 그 사실이 더 크게 보이지 않았겠는가. 아름다울 수밖에 없다.

> 우리는 그렇게 알몸이 되어 풀 향기에 취하며 사랑을 했다. 아우란치의 다리가 나의 쓸쓸한 등판을 휘감았고 손은 나의 어깨를 할퀴고 입술은 나의 가슴을 핥았다. 나는 빠른 속도로 시를 써내려갔다. 숨가쁜 운율을 토하며 종이가 흔들렸다. (「말입술꽃」)

이러한 사정은 「려인」의 정경에게서도 확인된다. 밤에는 가기(歌妓)로 지내지만, 낮에는 대장경 조판에 공양을 드리며 사는 여자이다. 그녀에게 팔만대장경이란 무엇이었을까. 몽골의 침입을 고려인 전체의 불심(佛心)으로 막아보겠다는 집합적 의지의 표상인가. 아니면 궁지에 몰린 권력자들의 이데올로기적인 획책인가. 정경은 둘 다 맞다고 말한다. 더 나아가 고려인을 때려잡는 임무를 수행하고 있지만 고려 여인인 자신을 사랑하는 몽골 장군의 순정도 진정이라고 말한다. 그렇다면 그녀에게 팔만대장경이란 무엇인가. 몽골의 초원과도 같은 텍스트의 우주에 다름 아닐 것이다. 팔만대장경은 몽골의 하늘에 걸려 있던 『시경』, 무화의 논리가 지배하는 황야, 글쓰기의 여성적 대지가 펼쳐져 있는 초원을 응축하고 있는 거대한 상징이다. 그리고 팔만대장경의 연장선 위에서 『묘법연화경』을 만나게 될 것이다.

6. 허공에 핀 연꽃, 또는 초절(超絶)의 낭만주의

몽골의 초원이란 무엇인가. 광활한 대지(大地)이다. 그리고 한없이 넓고 큰 종이(大紙)이다. 그곳에서 인간의 삶은 소설이 되지 못한다. 유목민의 삶이 단조롭고 반복되는 것이기에 그러한 것은 결코 아니다. 몽골에서의 삶이 소설이 되지 못하는 것은 삶의 양태와는 무관하다. 이유는 간단하다. 대지(大地/大紙)로서의 초원 때문이다. 아무리 긴 소설도, 아무리 파란만장한 삶의 역정도 몽골의 초원에서는 몇 줄의 시가 되고 말 운명이기 때문이다. 시와 소설을 길이나 분량으로 따지는 것이 아니냐는 혐의가 주어져도 어쩔 수 없다. 삶이 시가 되는 곳이 몽골이라는 사실이, 작가 이인화에게는 너무나도 선명하기 때문이다. 몽골은 소설이 불가능한 시공간이다. 그곳에서는 오로지 시적인 가능성 또는 서사시적인 가능성이 존재할 따름이다. 개인의 경험이 삶의 원형적 형식으로 전이되는 공간이기 때문이다. 그렇다면 소설은 무엇인가. 시처럼 짧고 함축적인 구절들에 대한 상상적인 주석일 때 가능할 것이다.

못다 한 정(情)은 팔만대장경 『대반야경』 권21 제8장 각판에 한 줄 희미한 간기(刊記)로 남았다.

"高麗國 江華京 信女 鄭卿 刻爲蒙人 速別額怡."
(고려국 강화도에 사는 여자 정경은 몽골인 수베테이를 위해 이 경판을 새깁니다.) (「려인」)

원고지 250매 분량의 「려인」은 팔만대장경의 각판에 남아 있는 단 한 줄의 문장에 대한 주석이다. 또한 「시인의 별」은 원본은 존재하지 않고 다만 이름과 축약된 내용만이 알려진 『채련기』에 대한 주석이다. "이 글은 결국 실제로는 존재하지 않는 『채련기』의 주석, 상상의 원본에 대한 상상적인 주석 작업이다." 「하늘꽃」은 어떤가. 이 작품을 지탱하고 있는 기둥 텍스트는 두 편이다. 하나는 1944년 조선총독부 학무국에서 발간한 『조선사찰자료 추보편』의 「단도선사유필애사」이고, 다른 하나는 조선왕조실록 중에서 『태조실록』 부분이다. 단도선사가 남긴 애사(哀詞)의 대상이었던 여성은 누구였을까, 그리고 그들 사이에는 어떤 인연과 운명이 서로 엇갈렸을까. 광막한 텍스트의 우주 속에서 아득한 거리를 유지하고 있던 두 텍스트를 연결짓는 지점에, 주석자로서 그리고 작가로서 이인화의 자리가 마련된다. 그 아득함이 "허공을 좇아가는 허공의 꽃"이라는 의미의 '하늘꽃'으로 나타난 것이리라. 따라서 하늘꽃이란 소설쓰기의 자기 반영적 이미지라 보아도 크게 틀리지 않을 것이다.

우리는 지금까지 몽골이라는 시공간이 가지고 있는 두 가지 측면을 살펴보았다. 이인화가 몽골을 발견했고, 동시에 몽골은 이인화라는 존재를 직접 보여주었다. 또한 몽골의 하늘에는 『시경』의 세계가 밤하늘의 별처럼 빛나고 있어서, 마치 서사시적인 세계와 유사함을 살펴보았다. 하지만 몽골에는 서사시적인 가능성만이 존재하는 것이 아니라, 덧없음과 무화(無化)로 대변되는 황야의 논리가 있었고, 원-글쓰기로서의 초원이 존재하였다. 몽골의 하늘(『시경』)과 황야

(무화의 논리)와 초원(글쓰기)이 만나는 지점에 이인화의 소설의 자기 이미지가 놓여 있다. 그 양상은 허공에 편 연꽃의 이미지, 또는 『묘법연화경』의 세계와 닮아 있다.

불이(不二)란 중생과 부처가 둘이 아니라 하나라는 뜻. 『묘법연화경』에서 말하는 이 경지에 이르면 이 세계와 저 세계의 경계가 없어진다. 순간이 영원이 되고, 운명이 자유가 되는 이 신비의 아름다움은 모든 구별과 경계, 즉 색(色)의 분별을 초월하는 하얀 꽃의 아름다움(白花)이다. (「하늘꽃」)

이인화에게 『묘법연화경』의 세계 또는 불이(不二)의 경지란 몽골과 여인과 연꽃이 함께하는 풍경이다. 따라서 이인화 소설의 근원적인 플롯은, 환멸(幻滅)의 낭만주의를 넘어서 초절(超絶)의 낭만주의로 이행하는 움직임 속에서 포착 가능한 것이라고 말할 수 있지 않을까. 운명이 자유가 되는 지점, 삶과 욕망의 경계가 사라지고, 삶이 욕망이고 욕망은 자유이며 자유는 운명인 지점. 또는 초절의 낭만주의. 따라서 작가는 몽골의 초원을 걸어야 한다. 그것이 소설의 근원이자 목적이며 그의 운명이자 자유일 테니까.

우리 시대의 공주를 위하여
―배수아론

1 '아이들'을 바라보는 시선의 낯섦

배수아가 한 떼의 낯선 '아이들'을 이끌고 문단에 모습을 드러낸 것은, 신세대 논의가 한참 진행 중이던 1993년 겨울의 일이다. 캘빈 클라인 청바지 위에 하얀 필라 셔츠를 받쳐입고 하이네켄을 마시는 아이들, 낮에는 백화점이나 주유소에서 일하고 밤이면 검은 늑대들처럼 떼를 지어 도시의 어둠 속을 배회하는 아이들. 감수성의 뿌리를 헤이즐넛 커피, 피자, 다이어트 코크, 디즈니 만화 영화와 같은 도시적 문물에 두고 있는 사람들. 서태지와 '아이들'로 대변되던 시대적 분위기의 문학적 반영일까. 아니면, 창백한 얼굴로 막다른 골목을 질주하던 「오감도」의 '아해들'이 돌아온 것일까. 알 수 없는 일이다. 후기 산업 사회에 펼쳐진 투명한 일상을 살아가는 그들의 표정 너머로 어두운 그림자가 스쳐 지나간다.

미성년자 관람 불가 영화를 보는 데 별 지장이 없을 정도로 늙어 버린(?) 이들을 '아이'라고 부르는 까닭은 무엇일까. 어른이 아니라는 의미, 보다 구체적으로는 어른을 인정하거나 자신을 어른과 관계 짓고 싶지 않다는 의지가 가로놓여 있을 것이다. 이들은 '아이'라는 표지로써, 어른을 자신의 존재론적 의미 지평에서 밀어내고자 하며,

사고 방식이나 욕망의 구조에 있어서 기존의 어른들과 거리를 두고자 한다. 자신들을 어른으로 만들어가고 있는 사회적 구속을 '아이'라는 말로써 비껴가고자 하는 것인지도 모른다. 아이는 어른됨의 결핍이 아니며, 어른과 연속선상에 놓인 개념도 아니라는 점. 가슴속에 피터팬을 품고 살아가는 사람들, "10대는 이 늙은 아이들의 형상적 참조틀"[1]이기 때문이다. "계몽이란 우리가 마땅히 책임져야 할 미성년의 상태로부터 벗어나는 것"[2]이라는 칸트의 명제와 맞서고 있는 자들의 표정. 미성숙에서 성숙에 이르는 궤도를 벗어나 자전(自轉)하고 있는 개인들.

그렇다면 배수아 소설의 '아이들'은 1990년대 초반의 시대 상황을 반영한 것에 불과한 것일까. 이어지는 몇 가지 물음들: '아이들'의 신세대적인 면모가 배수아 소설의 미학적 낯섦을 규정하는 본질적 요소일까. 오히려 이들이야말로 우리 주변에서 그리고 우리 주변의 소설에서 흔히 만날 수 있는 사람들이 아닌가. 배수아 소설의 가장 낯선 장면은 잠자리를 같이한 남자마저도 "오케스트라의 아이"라고 부를 수 있는 감수성에 있는 것은 아닐까. 배수아의 소설에는 '아이들'의 모습에서 발견되는 세태소설적인 면모가 분명히 존재하지만, 동시에 세태소설을 비껴가는 부분 또한 분명히 존재한다. '아이들'은 배수아 소설의 세태소설적 측면과 세태소설을 비껴간 측면이 공존하는 지점이다. '아이들'이 문제되는 것은 그 신세대적인 면모뿐만 아니라 그들을 '아이'라고 말하는 독특한 시선 때문이기도 하다.

배수아 소설의 '아이들'이란 서술자에 의해서 현상학적으로 구성된 노에마와 같은 것이어서, 동시에 소설의 서술자(또는 작가)에게

---

1) 정과리,「소설: 어른이 없는, 어른 된, 어른이 아닌」,『푸른 사과가 있는 국도』(배수아 소설집 해설), 고려원, 1995, p. 268.
2) 칸트,「계몽이란 무엇인가에 대한 답변」, 이한구(편),『칸트의 역사철학』, 1992, p. 13.

로 고스란히 환원될 수 있다는 사실을 놓쳐서는 안 될 것이다. 아이들은 서술자에 의해서만 '아이'로 규정되기 때문이다. 따라서 '아이'라는 말은 서술자(내지는 작가)의 무의식적 위치와 관련된다. 이 지점을 작가와 관련짓는다면 중요한 물음들을 도출해낼 수 있을 것이다: 1960년대 중반에 태어나 1980년대 중반에 대학을 다녔고 글을 쓸 무렵에는 서른이 다된 작가의 눈에, 10대를 형상적 참조틀로 삼는 낯선 아이들이 포착될 수 있었던 이유. '아이들'을 바라보는 시선을 거슬러 올라가면서 마주하게 되는 풍경들 속에서, 배수아 소설이 갖는, 독특한 미학적 개입의 원천을 발견할 수 있을지도 모른다.

2. 공주가 있는 파스텔 그림

어린 여자아이가 있다. 그 아이의 엄마는 "어느 나라의 사랑받는 여왕"이며 어린 남동생은 "귀여운 왕자님"으로 불린다. 그리고 집에는 하녀에 해당하는 식모가 있어서, 아이가 목욕을 끝내면 미키마우스가 그려진 잠옷을 입혀준다. 여자아이가 "어느 곳엘 가든지 특별히 대접받"기 때문에 "모든 사람들에게서 보호받고 사랑받는다는 느낌"을 갖는 것은 이상한 일이 아니다. 아버지는 국왕의 위엄을 갖추고 여자아이에게 말한다. "프린세스는 왕과 결혼하는 거다"(「프린세스 안나」).[3]

모든 사람들에게서 사랑을 받는 여자아이, 공주 또는 프린세스, 배수아 소설에 나타나는 근원적인 이미지이다. 배수아 소설의 근원

---

3) 인용 표시는 약호를 사용한다. 콜론 앞의 숫자는 책을 표시하며, 뒤의 숫자는 페이지를 표시한다. 『푸른 사과가 있는 국도』는 1로, 『랩소디 인 블루』는 2로 표기하며, 「프린세스 안나」의 경우 제목을 병기하는 것으로 대체하고자 한다.

적인 이미지로서 공주는 단순히 유복했던 유년기의 체험으로 국한 되지 않는다. 주체의 무의식을 구성하는 원리가 공주라는 말과 이미지 속에 담겨 있기 때문이다. 공주는 가족간의 호칭 체계(왕·왕비·왕자·공주)로 대변되는 상징적 질서에 입각한 것이며 아버지에 의해서 부여된 것이다. 집 또는 가족이 공주를 만들었던 셈이다. 일반적으로, 아버지가 왕이 되고 딸이 공주가 되는 호칭 체계란 어린아이가 있는 가정이라면 한번쯤 적용해보는 놀이에 불과하다. 놀이가 놀이에 그치지 않고 근원적인 자기 이미지로까지 이어졌다면, 상징적 질서가 상상적인 차원과 결부될 수 있도록 하는 매개항이 어디엔가 있을 것이다. 공주를 배출한 집이란 어떤 곳인가. 그곳에서 여자아이가 본 것은 무엇일까. 텔레비전 또는 텔레비전의 만화 영화가 그것이다.

　　화려한 크리스마스는 언제나 텔레비전의 만화 영화에서부터 시작한다. 꿈속 같은 트리가 흑백의 텔레비전에 가득 찬다. 흰 눈이 덮인 끝없는 서부의 평원, 언제나 따뜻하게 타오르고 있는 장작 난로, 긴 금발의 여자아이들, 눈 덮인 숲 속의 사냥, 테이블에 넘칠 듯이 가득한 호두와 **치즈**와 초콜릿 케이크. 달콤하고 향기로우면서 소금기 있는 **치즈**의 냄새. 세 살 위인 언니는 벌써 밥을 먹을 수 있었고 엄마는 **치즈**를 작게 찢어서 언니의 밥그릇에 올려준다. (「프린세스 안나」. 강조는 필자)

두 가지 사실을 확인할 수 있다. 하나는 텔레비전이 현실의 거울로서 작동한다는 것. 텔레비전 만화 영화 속의 크리스마스와 현실의 크리스마스는 하나의 흐름 속에 놓여 있다. 화면의 치즈가 현실의 치즈와 오버랩되어 있는 풍경이야말로 공주가 사는 풍경이다. '파스텔 그림'과 같은 풍경. 아버지의 목소리와 텔레비전의 화면은 그녀가 공주임을 말해주는 동화 속의 '거울'과도 같은 것이었다. 라캉이 이 대목을 보았다면, 그는 「자아 형성에 있어서 텔레비전 단계의 기능」이라는 보론을 발표했을지도 모른다. 다른 하나는 '아이들'과 관련된 감수성의 기원 문제. 눈 덮인 서부의 평원, 장작 난로, 금발의 여자아이들, 치즈와 초콜릿 케이크가 있는 장면과 현실을 동일시하는 감수성이 그것이다. 마리테 프랑수와 저버를 입고 밀러를 마시는 '아이들'의 감각과 치즈나 초콜릿 케이크를 바라보는 공주의 감수성은 동일선상에 놓여 있기 때문이다. 보다 정확하게 말하자면, 작품 제목에 나타난 것처럼, 한국어로 표현되는 공주가 아니라 영어로 발음되는 프린세스의 감수성이기 때문이다. 프린세스(였던 사람)에게 상품 기호(장 보드리야르)로 대변되는 포스트모던의 이미지란 친숙한 것이지 결코 낯선 것이 될 수는 없는 법이다. 왕궁을 떠나온 프린세스(였던 사람)의 눈에 비친, 비교적 익숙한 풍경이 '아이들'이었던 것. 배수아의 소설이란 잠재되어 있던 프린세스의 감수성이 1990년대 이후 두드러지게 나타난 "이미지의 시민화 civilization of image" (롤랑 바르트) 현상과 만나는 지점에 놓인 것.

3. 슬픔의 유폐, 혹은 권태

"프린세스는 왕과 결혼하는 거다"라는 아버지의 말은 거꾸로 된 예언이었다. 가족은 텔레비전 화면의 치즈처럼, "견고한 어떤 것"이 아니었다. 아버지는 여자아이를 공주로 만들어놓고 자신의 꿈을 좇아 외국으로 가버리거나(「프린세스 안나」) 어머니와 별다른 이유 없이 이혼해버린다(『랩소디 인 블루』). 가족은 붕괴되고, 여자아이를 공주이게 했던 상징적 질서는 더 이상 유지되지 않는다. "넌 공주가 아냐. 왜 사람들이 너만 이뻐하고 너에게 먼저 아는 척해주고 그래야 되는 건데"(2: 26).

공주였던 여자아이에게 공주가 아니라는 사실만큼 견디기 어려운 것이 또 있을까. 동화적인 분위기가 감도는 어두운 숲을 배경으로 하얀 드레스를 입고 서 있던 공주는 현실의 논리가 지배하는 대낮의 거리로 떠밀려 나오게 된다.

길 건너편 사진관에는 그제서야 나머지 가족들이 손수건에 땀을 닦으면서 천천히 걸어나오고 있다. [……] 먼지투성이인 소형 택시가 길 가운데를 횡하니 지나갔다. 그 바람에 내 원피스 자락과 머리칼이 흔들리고 정류장에서 시외버스를 기다리던 파라솔을 든 나이든 여인네가 천천히 나를 보았다. 그 순간은 나도 눈부셨다. 나는 하얀 난간에 기대어 앉아 그 여인네를 바라보았다. 나는 눈을 감았다. [……] 새로 맞춘 하얀 원피스를 입고 먼지투성이 길가에 함부로 앉았던 벌로 나는 원피스를 깨끗하게 빨아야만 하였다. (1: 109~10)

사진을 찍기 위해 나선 하얀 원피스. 하얀 드레스는 공주의 운명과 궤를 같이한다. 공주의 이미지는 하얀 원피스에서 다시 살아나려 한다. (길가의 아줌마는 그녀에게서 공주의 잔영(殘影)을 보았을 것이다.) 하지만 그녀를 기다리고 있는 것은 택시가 몰고 온 길가의 먼지 뿐이다. "내 흰 드레스는 모래와 먼지로 얼룩져 있다"(2: 312). 흰 드레스는 먼지 때문에 회색으로 변한다. 권태의 색, 회색, "나의 낮은 환멸이고 권태이다"(「프린세스 안나」). 이제 세상에는 "아무런 일도 일어나지 않는"다. 여자아이는 그런 세상에서 살게 될 것인가.

그렇다면, 사진을 찍고 나오면서 그녀가 본 것은 무엇일까. 자신을 둘러싸고 있는 먼지 — 회색 — 권태의 운명을 본 것은 아닐까. 아줌마란 세월의 나이만큼 회색 먼지를 둘러쓴 사람이기 때문이다. 먼지로 더러워진 하얀 원피스의 운명이 아줌마를 통해서 미리 보여진 것이다. "언제나 시간이 되면 돌아와야 하는 집과 마찬가지로" 공주일 수 없는 "현실은 그냥 거기에 있을 뿐이다." 아줌마의 눈빛은 그녀에게 말한다. "너는 언제까지나 그렇게 앉아 있게 될 것이다"(1: 92). 권태로운 운명에 대한 불안. "언제까지나 결코 변하지 않을 것만 같은 느낌"은 집 안에서도 마찬가지이다. "어머니는 영원히 거기에 앉아 땅콩을 까고 있을 것 같고 이모는 절대로 떠나지 않을 것이고 무엇보다도 내가 이 장소를 벗어날 수 없으리라는 느낌이 그토록 강렬하였던, 나의 집이다." "삶은 변경될 수 없는 것들로만 가득 차 있다"(1: 83).

4. 사랑, 그리고 다시 권태

공주가 아닌 여자아이가 할 수 있는 일이란 무엇인가. 공주가 아닌 현실을 인정하는 일. 달리 말하면 공주는 따로 있음을 확인하는 일이 아닐까. 공주는 공주를 알아볼 수 있기 때문이다. "어둡고 깊은 동물의 숲을 밤새워 헤매본 사람의 얼굴은 다르지. 그들은 그들끼리만 서로 알 수 있어"(2: 96). 공주가 아닌 여자아이가 처음으로 만났던 공주는 "길고 검은 머리를 양쪽으로 땋아 내리고 무릎까지 오는 하얀 스타킹을 신었"고 "가방에서 책을 꺼내어 구경시켜"준 친절한 아이였다.

(가) 어두운 하늘 아래 이상한 모자를 쓰고 가방을 든 소녀가 황량한

들판을 배경으로 서 있는 표지의 책이었다. 제인 에어라고 하였다. "이 아이는 뭐 하는 거니?" 나는 그 아이의 그림이 너무나 마음에 들어서 물어보았다. (1: 71)

(나) 언제였던가, 유리방 가득히 가습기의 수증기가 자욱하던 그날 머리를 땋아 내린 여자아이가 히드클리프를 말해주었던 날은. 표지가 아름답다던 그 책들은. **그림 속의 나는 너무나 아름다워 생각하는 것만으로도 가슴이 설렌다.** (1: 89)

(다) 가슴 두근거리며 읽었던 많은 책들에 씌어 있었던 그 숨막히는 일들이 지금 내게도 일어났으면, 히드클리프. (2: 64. 강조는 필자)

공주였던 아이에게 현실의 공주가 보여주는 이미지만큼 강렬한 것이 있을 수 있을까. "그림 속의 나"라는 대목에서 알 수 있듯이, 『제인 에어』의 표지 그림은 여자아이의 욕망을 대변한다. 권태의 운명을 강요하는 집을 떠나는 것. 히드클리프는 숨막힐 정도의 강렬한 사랑, "봄바람 같고 한여름의 폭우 같은 사랑"(1: 107)의 이미지이다. 달리 말하면 영원히 아무 일도 일어나지 않을 것 같은 권태를 일소할 수 있는 강렬함의 이미지이다. 『제인 에어』의 표지 그림과 『폭풍의 언덕』의 히드클리프는 욕망을 구성한다. "어두운 하늘 아래 이상한 모자를 쓰고 가방을 든 소녀"는 "황량한 들판"의 끝에서 히드클리프와 같은 강렬한 사랑을 만나게 될 것이라는 운명을 욕망한다. 모든 사람의 사랑을 받고자 했던 공주의 욕망은, 나만을 사랑해줄 사람으로 집약된다. 한 사람의 열정적인 사랑 속에서 상상적 관계를 회복하는 것. 거울이 아니라 촛불이 되는 것. "나는 애정 속에서 질식하고 싶어서 미칠 것 같았어"(1: 122). 거짓말처럼, 남자는 보라

색의 이미지로 찾아왔다. 보라는 붉음과 푸름의 혼합색. 열정이 끝난 뒤의 우수는, 푸른 이미지로 남는다. "아무리 열렬한 사랑도 그 감동이 잊혀지고 나면 그저 그렇고 그런 연애 사건에 지나지 않"(1: 39)을 뿐, 지독한 권태만이 또다시 삶을 가득 채우고 있을 따름이다. "나는 아무것도 모른다. 섹스의 기쁨도 모르고 사랑의 감동도 없다. 멀리로 나 있는 길을 바라보면서 스산한 먼지 바람 속에 서 있다"(1: 147).

5. 이미지의 흐름들: 푸른 그림자 속의 공주

배수아의 소설에는 두 가지의 커다란 이미지-흐름이 있다. 하나는 '공주-이미지의 흐름'이고, 다른 하나는 검정색 · 흰색 · 회색 · 푸른색이 어우러져 있는 '색채/빛-이미지의 흐름'이다. 이 두 이미지-흐름은 서로 뒤엉키면서 배수아 소설의 기본적인 골격을 형성한다.

공주-이미지의 흐름을 먼저 살펴보자. 공주-이미지의 강렬한 흐름은, 그 흐름을 가르는 두 개의 분할선(매듭 또는 꼬여짐)에 의하여 세 가지의 층위로 나누어진다. "이 세상에는 몇 개인가의 블랙홀이 있어서, 어린 시절로부터 나에게 익숙하였던 일들로 가득 차 있는 세상이 그곳으로 빠져들게 되면서부터는 절대로 알 수 없는 것들이 되어버린다"(2: 262). 공주-이미지의 흐름을 분할하는 두 가지의 매듭은 다음과 같다. 하나는 가족의 붕괴. 현실적으로 더 이상 공주일 수 없는 지점이 그것이다. 다른 하나는 삶의 강렬함이 있었던 순간. "죽음만이 우리를 헤어지게 하리라고 생각"(1: 39)할 만큼 열렬했던, 트리폴리의 사막만큼이나 뜨거운 사랑이 있었던 지점. 두 매듭의 앞뒤 또는 양옆에는 공주를 향한 무의식적인 욕망과 현실적인 억압이 구성된다.

두 개의 분할선에 의해 세 가지의 시간-층위가 생겨난다: 1) 유년기의 행복했던 기억, 공주였던 시기; 2) 가족이 붕괴된 이후, 권태로운 현실과 열정적인 사랑 사이에 놓인 시기; 3) 삶의 강렬했던 순간 이후 다시 찾아온 현재의 권태. 그 뜨거웠던 사랑과 믿어지지 않는 죽음마저도 현실이 아닌 것처럼 만드는, "소름끼치도록 잔잔"(1: 56)한 일상. 세 가지의 시간-층위는 그 이미지에서 거울, 촛불(불꽃), 유리창 들여다보기에 대응하며,[4] 문학적 양식에서는 동화(만화), 로망스, 소설 양식이 그 저변에 가로놓여 있다. 그 구체적인 변모를 살펴보자.

공주였던 시기는 '모든 사람의 관심과 사랑'을 받는 시기이며, 저변에는 『백설공주』 『신데렐라』 『인어공주』로 대변되는 동화(/만화)가 있고 그녀를 공주이게 하는 동화적인 '거울'이 있는 시기이다. 이 때의 기억은 '파스텔화'의 형식으로 남아 있다. 두번째 층위는 『제인 에어』 『폭풍의 언덕』으로 제시된 로망스적인 세계이다. 영원히 나만을 사랑할 한 남자가 욕망의 대상이며, 열정적인 사랑의 이미지는 불꽃 내지는 촛불의 이미지를 낳는다. 삶의 강렬했던 순간에 대한 기억은 '사진'의 형태로 남아 있다. 세번째 층위는 아무도 나를 사랑하지 않는 단계이다. 소설의 층위가 시작되는 지점으로서 전체적인 이미지는 유리창 들여다보기 looking into the glass로 대변된다. 기억은 영화를 지향한다. 배수아의 소설 속에서 세 가지 시간-층위는, 공주의 이미지를 참조하는 과정 속에서, 겹쳐지고 회귀하며 반복되고 단절되는 양상을 보인다.

그렇다면, '색/빛-이미지 흐름'은 어떠한 함의를 가지는 것일까.

---

4) R. Kearney, "The Crisis of the Post-modern Image," *Contemporary French Philosophy*, Cambridge University Press, 1987 참조.

색이나 빛은 말해지지 않는 것들이 말하는 자리, 달리 말하면, 무의식의 자리이다. 개념에 의해 고착되어 사라지기 이전에 존재하는 이미지들의 흐름이기도 하다. '색-이미지 흐름'은 '검정—회색—흰색'으로 요약되며, '빛-이미지 흐름'은 '어두움—푸름—투명함'으로 대변된다. 두 계열에서 핵심은 회색과 푸름(정확한 표현은 블루)의 대립항이다.

공주란 하얀 드레스를 입고 동화적인 분위기의 어두운 숲 속을 밤새도록 헤매는 겁없는 존재이다. 흑백의 대비를 축으로 하는 동화적 세계는 회색의 개입으로 그 변별적 자질을 상실해간다. 여기서 회색이란 현실의 논리를 말하는 것으로서, 공주의 흰 드레스를 더럽히는 '먼지'로 표상된다. 먼지는 공주의 동화적 기원을 오염시키는 것이며, 회색은 더 이상 공주일 수 없는 상황과 그 이후의 권태를 표상하는 색이다. 더러워진 드레스의 공주는 회색의 현실 속에서 구별되지 않는다. 먼지의 색으로서 회색은 검정과 흰색의 혼합색이며, 또한 모든 색의 혼합색이다. 따라서 색의 차원에서라면 회색에서 벗어날 수 있는 방법은 없다. "지금 생각하면 모든 것이 오래된 흑백의 영화처럼 뿌우연 회색빛이다"(1: 106).

반면 블루는 허무와 슬픔의 그림자를 동반하고 있는 빛(/색)이다(괴테는 『색채론』에서 "파랑은 항상 그림자를 동반"하며 "커다란 순수성 속에서 무언가를 끌어당기는 허무"를 가지고 있다고 말한다). 배수아의 소설에서 블루는 세 가지 의미를 가진다. 하나는 "연한 보랏빛 색연필로 그려진 어두운 실루엣"(2: 114)으로 다가온 사랑, 열정과 결합된 블루의 모습. 다른 하나는 더 이상 공주일 수 없다는, 이제는 정말로 공주가 될 수 없다는 우수. 회색이 더 이상 공주일 수 없음을 인정하라는 현실의 요구를 대변하는 색이라면, 푸른색은 공주일 수 없는 운명의 허무를 감싸고 있는 우수이다. "언젠가는 나도 저렇게 낡고 초라하여져서 먼지투성이 국도에서 사과를 팔게 되리라는 예감이 들었을 뿐이야. 그것도 형편없이 푸른 사과를"(1: 102). 블루의 또 다른 의미는 변화의 가능성이다. 블루는 짙어지면 어둠에 가까워지고 한없이 옅어지면 투명에 가까워지기 때문이다. "투명하기만 한 푸른빛"(2: 13). 블루의 중심에 놓인 '구심적인 허무'가 공주의 이미지를 놓아주지 않기 때문일 것이다. 한없이 투명에 가까워지려는 블루, 그 한가운데 놓인 공주의 이미지. 아마도, 투명해진 블루와 함께 공주도 사라져갈 것이다.

6. 카메라 옵스큐라, 또는 소설의 자리

책으로 묶인 배수아의 '소설'은 만화 · 동화 · 로망스 · 사진 · 영화와 같은 여러 문화적 텍스트들이 중층적으로 놓이는 공간이다. 이 말은, 배수아의 '소설' 속에 놓인 여러 문화적 텍스트들에 의해 글(/소설)쓰기의 이미지가 부분적으로 역구성된다는 의미와 같다. 소설 양식이 자기 반영성과 관련된 문제이기는 하지만, 배수아의 경우 문화적 텍스트들이 거울 역할을 하고 있는 셈이다. 그렇다면, 배수아 소설에 나타나는 글쓰기의 이미지는 무엇일까. 글쓰기 또는 소설쓰기는 어느 지점에서 시작되는 것일까.

"문득 나에 대해서 이야기하고 싶습니다"라는 구절로 시작되는 『랩소디 인 블루』의 앞부분을 보자. 두 부분이 눈에 띈다. 하나는 타인이 보게 될 자신의 첫인상이고 다른 하나는 사진에 대한 언급이다. 자기 이미지 내지 첫인상은 "내가 다른 사람에게 어떻게 비쳐질까, 나를 사랑하지 않겠지, 하는 생각"(2: 11)으로 표현된다. 사랑받을 수 없을 것이라는 느낌은 특정한 상황과 관련된 것이 아니다. 동화 속의 공주, 가족의 붕괴, 권태, 불꽃처럼 뜨거운 사랑, 그 끝에 그녀가 서 있음을 말하는 것이다. 따라서, 잠정적이기는 하지만, 배수아의 소설은 동화와 로망스가 끝난 지점에서 시작된다고 할 수 있다.

그렇다면 그 이미지들은 어디서 오는 것일까. 사진 내지는 사진의 사라짐이 핵심적인 부분이다. "지금도 남아 있는 그때의 사진들을 보면서도 나는 그런 때가 과연 존재했는가 의심하게 됩니다. 변하고 있는 것들의 일회성, 영원히 그 순간에만 행복한 생의 장면들"(2: 12~13). 사진의 이미지는 자족적인 이미지여서 그 자체로는 결핍을 갖지 않는다. 한 장의 사진에는 과거의 현존과 현재의 부재가, 그리고 기억의 환기와 망각의 분출이 공존하기 때문이다. 사진의 자족적 이미지는 현실을 결핍으로 구성한다. 그와 동시에 결핍의 지점으로 역류해 들어와, 공주의 유예된 죽음을 보여준다. "이때 사진은 기술이 아니라 마술이다."[5]

사진과 글쓰기의 관련성이 보다 구체적으로 드러나 있는 「천구백팔십팔년의 어두운 방」을 살펴보자. 사진이 망실(亡失)되는 두 가지 경우가 이 소설에 드러나 있다. 하나는, 우연히 떠난 여행에서 자신의 지난날의 사진을 본 적이 있는 시인을 만난다는 것. 소설가인 주인공은 1988년 사랑을 위해 트리폴리로 날아가 1년을 지낸 적이 있다. 그때 찍었던 사진들을 그녀가 머물렀던 어두운 방의 서랍에 두고 왔던 것. 시인은 외교관인 아버지를 따라나섰다가 그 어두운 방의 서랍에서 주인공의 사진을 보았고 그 사실을 지금의 여행 가운데 기억해내었다는 것. 다른 하나는 여행 중에 찍었던 폴라로이드의 분실. 거짓말처럼 그렇게 철희가 죽었고 그때 찍은 폴라로이드 사진은

---

5) 롤랑 바르트, 조광희·한정식 옮김, 『카메라 루시다』, 열화당, 1998, p. 90.

찾을 수 없다. 하지만 "나는 새로 창간한 여성 잡지에 소설을 연재할 수 있게 되었고 언제나 조용하고 무미건조한 나의 일상으로 돌아왔다"(1: 56).

사진 또는 사진의 분실은 사랑의 종언뿐만 아니라 글쓰기와도 관련이 있다. 그렇다면 글쓰기는 어디서 시작된 것인가. 트리폴리에서 거처했던 '어두운 방'이 그곳이다. 빛을 가리는 커튼과 책상 그리고 '수동 타자기'가 놓여 있던 방. 사랑의 불꽃이 사그라지는 공간이자 글쓰기의 공간. "나는 당신 얼굴을 봤죠. 폴라로이드였어요. 지금처럼 화장기 없는 얼굴이 책상 앞에 앉아 있는 모습이었지요. 편지라도 쓰고 있는 것 같더군요"(1: 51). 뒷면의 수은이 떨어져나간 거울과 꺼져버린 사랑의 불꽃은 유리창이 달린 '어두운 방'의 이미지로 수렴된다. 거울과 불꽃으로 대변되는 동화적 세계와 로맨스적인 열정의 종언은 '수동 타자기'가 의미하는 글(/소설)쓰기로 집중된다. 글쓰기는 카메라의 어두운 방 Camera Obscura에서 시작되고 있었던 것이다.

배수아의 소설쓰기란, 오래된 사진과 최근의 사진이 섞여 있는 서랍을 들여다보고 있는 카메라의 이미지와 흡사하다. "그 서랍은 사진들로 가득했어요. 사진들. 오래된 것, 비교적 최근의 것들이 그냥 섞여 있었어요"(1: 49). 섞여 있는 사진은 과거와 현재의 시간을 자유롭게 넘나드는 배수아 소설의 서술 방식과 맞닿아 있는 것이며, 겹쳐지고 반복되면서 계속해서 회귀하는 이미지의 흐름들을 연상시킨다. 하지만 사진의 단순한 재현은 아니다. 사진의 배후에 놓인 것들, 사진 속에서 침묵하고 있는 것들을 찍고자 하는 것이다. "그 사진 작가의 렌즈에는 보이지 않았던 어두운 벤치의 뒤편에서 왜소한 체구의 어린 군인 하나가 커다란 털모자를 눌러쓴 채 삶은 달걀을 먹고 있었을지도 모른다. 그 어린 군인이 생각하고 있던 것은 무엇

이었을까. 준영은 그것을 생각하고 싶다"(1: 158, 여섯번째 여자아이
의 슬픔). 소설은 사진이 없는, 사진을 넘어선 지점을 향해서 나아간
다. 이 지점에서 소설쓰기는 영화를 지향한다. "유리창이 젖어드는
것을 보고 있으면 참으로 이상한 기분이 든다. 소리가 나지 않는 영
화에 내가 출연하고 있는 느낌이다"(2: 203). 확장되면서 평면화된
렌즈, 또는 유리창, 그리고 영화.

7. 이미지로서의 세계와 세 가지 삶의 방식

사랑이 있었고 죽음이 있었다. 거울 뒷면의 수은이 떨어져나갔고
사랑의 불꽃은 꺼진 지 오래다. 이제 더 이상 공주일 수 없는 여자아
이는 자신이 "아무에게서도 사랑받지 못한다"고 느낀다. "어쩌다 이
런 곳에 서 있게 됐을까. 내 주위의 사람들은 모두 나를 떠나가기만
했었어"(2: 38). 그녀가 서 있는 곳은 어디인가. 더 이상 공주가 아
닌 여자아이에게 세상은 어떠한 모습으로 다가오는 것일까.

동화와 로망스의 세계에 의해 더 이상 보호받지 못하는 세속적인
세계란, 신문이나 잡지의 유비 관계 속에서만 의미를 지닌다. 세상
은 신문과 잡지 안에 펼쳐져 있다. "잡지에는 거의 모든 것이 나오"
며 "신문에 나지 않는 죽음 같은 것은 알 수 없도록 나에게는 되어
있다." 신문이나 잡지란 무엇인가. 사건이 기호화된 지점들을 모아
놓은 것과 크게 다르지 않을 것이다. 사건의 생성과 전개는 이미 끝
나고 사건의 기호-흔적만 덩그러니 남아 있는 것. 신문에 나지 않고
지나가버린 사소한 일들과 함께, 내일자 신문에 떠밀려 망각의 모래
무덤 속으로 기어 들어가야 하는 것. 따라서 신문으로 대변되는 세
계는 다음과 같은 의미를 지닌다. 1) 신문·잡지에서 세상을 바라보

는 그들 자신은 세계(신문) 바깥에 서 있다는 점. 따라서 일회적인 것들로 북적대는 세계, 그 세계를 잠식하고 있는 허무와 권태를 살아가는 세계-밖의-존재들로 규정된다. 2) 신문으로 대변되는 세상이란 사막의 모래와 같은 것이어서, 생성과 실제가 부재하는 곳이라는 점. 사막의 신기루와 같은 이미지-환상으로 뒤덮여 있는 세상. 세상은 타자의 표면적인 이미지를 끝없이 재생산하는 공간일 따름이다.

세계-밖의-존재라는 인식, 이미지-환상의 세계라는 인식은 유리창과 관련된 언급에서 다시 확인할 수 있다. "나에게는 세상이 유리창 밖으로 흘러가는 강물과 같았습니다"(2: 122). "유리창 밖으로 지나가는 세상"(2: 126)이란 신문 너머로 보이는 세상과 등가이며 카메라 렌즈와 관련되는 부분이기도 하다. 따라서 유리창은 공주였던 아이가 카메라의 어두운 방을 나와서 서 있는 지점을 표시한다.

유리창은 분리/투명함/자기 '반'영(自己-半-影)의 속성을 동시에 갖는다. 유리창은 이미지화된 세계의 이미지이며, 거울의 잔해(殘骸)이다. 유리창을 통해서 바라보는 세상이란 이미지로서의 세상을 말하는 것이며, 유리창을 사이에 두고 세계와 '나'는 이미지로서 만나고 겹쳐진다. '유리창 밖의 나'는 유리창을 통해서 세상을 바라보며, 마치 카메라로 영화를 찍듯이 글을 쓰고 있지만, 그 유리창에는 '나'의 이미지만 비친다. 유리창은 나와 세계를 분리할 뿐만 아니라 '나'와 '나의 이미지'도 분리한다. 실재의 세계와 이미지의 세계는 유리창에 의해서 구분된다. 공주는 어디에 있는 것일까.

1) 빗물에 젖어 있는 슬럼가의 뒷골목이다. 〔……〕 맨발의 여자아이가 달려가고 있다. 여자아이의 얼굴은 보이지 않는다. 빗물 웅덩이 곁에 구두가 떨어져 있다. 〔……〕 여자아이는 몸을 기울이고 그것을 신는다. 갑자기, 모든 것들이 너무나 밝은 빛 속에 사라져버리고 여자아

이의 **몸도 사라진다**. 새로운 디자인의 구두만이 화면에 남아 있다. 텔레비전에서 보았던 구두 광고의 시나리오이다. (1: 263. 강조는 필자)

 2) 구두 광고도 마찬가지이다. 구두를 만드는 것과 텔레비전의 새로운 디자인의 구두 커미셜은 모자의 안과 겉이다. 갑자기 아주 낯설고 익숙하지 않은, 그리고도 같은 표정을 하고 있는 세계가 언제나 내 곁에 있었음을 때때로 느끼게 된다. (2: 262~63)

 공주이기 위해서 꼭 필요한 것들이 있다. 백마를 탄 왕자, 흰 드레스, 일곱 난쟁이, 말하는 거울 등등. 구두 또한 이미지의 본질적인 요소이다. 구두를 신음으로써 공주가 된 신데렐라가 있기 때문이다. 구두를 신어서 공주로 변모하는 것이 동화적 세계라면, 구두를 신음으로써 몸은 사라지고 구두만 남는 것이 여자아이가 처한 세계이다. 공주 이미지는 구두 광고를 통해서 끊임없이 재생산되지만, 몸으로는 달리 말하면 실재로서는 존재할 수 없다고 말한다. 세상은 동화의 세계를 하이퍼텍스트로 삼지 않는다. 공주는 이미지와 공존 가능하지만, 몸과는 양립 불가능하다. 몸은 사라지기 위해, 이미지로 통합되기 위해 존재한다. 기호-이미지의 세계와 실제의 세계가 모자의 안과 밖처럼 구분되어 있는 세상에는 세 가지의 삶의 방식이 존재한다. 첫번째는 이미지와 실재의 분리를 인정하는 것, 두번째는 그 경계를 서성대며 살아가는 것, 세번째는 실재(몸)를 버리고 이미지의 세계로 나아가는 것. 『랩소디 인 블루』의 정이 · 유리 · 미호가 여기에 대응한다.

8. 투명성의 허무주의

소영이 동화의 주인공이라면 이쯤에서 끝낼 수 있지 않았을까. 아름다운 공주는 마침내 왕자와 결혼하여 행복하게 살았습니다. [······] 그렇지만 오랜 시간이 지난 뒤에 나는 우연한 거리에서 소영을 다시 만나게 될 것만 같다. (1: 129)

배수아에게 소설쓰기는 동화와 로망스의 세계가 끝난 지점, 사진이 사라진 자리에서 시작된다. 서술의 차원으로 전이되었던 시간은 봉인되지 않았기 때문이다. 동화가 끝난 지점에서, 공주를 바라보는 것. 동화가 끝난 지점에서 시작되는 공주의 운명을 그리는 것. 『랩소디 인 블루』는, 동화의 세계를 빠져나온 공주의 운명에 대한 보고서이다.

공주의 이미지를 품고 살아가는, 『랩소디 인 블루』의 주인공 미호를 보자. 부모의 이혼으로 더 이상 공주일 수 없게 된 미호는, 집 밖의 세계에서 두 사람의 공주를 발견한다. 학교의 공주는, 젊은 미술 선생과 연애를 하고 있던 정이였다. 미술 선생이 백마를 탄 왕자이고, 정이가 로맨스에 나오는 열정적인 사랑의 주인공이라면, 미호는 공주의 친구였을 따름이다. 학교를 그만두고 다니기 시작한 학원에도 공주는 따로 있었다. 신유리. 이름부터 신데렐라의 유리구두를 연상시키는 그녀는 영화배우 지망생이었고 왕자에 해당하는 윤이도 있었다. 미호는 윤이의 사촌일 따름이다.

정이와 신유리는 어떻게 되었을까. 미술 선생과의 사랑이 정이에게 남긴 것은 방황과 불임(不姙)이었다. 젊은 날의 방황 끝에, 나이 서른이 되어 평범한 은행원과 결혼하게 된다. 공주가 아니었던 것,

정확하게 말하면, 미술 선생과 사랑하던 그 순간만 공주였던 것. 공주의 이미지와 현실 사이의 뛰어넘을 수 없는 간극을 인정하고 사는 삶을 선택했던 것.

반면에 신유리는 공주의 현대판 이미지라 할 수 있는 영화배우가 되어「바람에 날리는 푸른 스커트」라는 작품을 찍는다. 하지만 그녀도 공주는 아니었다. 그녀는 공주의 이미지를 재생산하는 데는 성공했지만, 공주의 이미지를 만들어내기 위해서 호텔의 어두운 방 안에 웅크리고 있어야 했다. "넌〔신유리〕가장 아름다운 여자로 인정받고 많은 사랑을 받았지만 결국은 아무런 일도 일어나지 않았다는 것을 인정해야 해"(2: 188). 이미지와 실재의 경계선 주위에서 서성대는 삶이 신유리의 삶이었던 것.

그렇다면 이들을 바라보는 미호는 어떻게 살았을까. 미호 또한 스스로 공주되기를 끊임없이 시도한다. 김신이라는 남자아이를 만나 사랑하고 결혼을 약속하고 외국으로 떠나려 한 적이 있다. 그러나 그 아이는 미호가 지하철역 프런트 포토에서 여권 사진을 찍는 동안 사라져버린다. 열정은 사진이 찍히는 시간의 틈 사이로 빠져나갔던 것이다. 그후 오케스트라의 아이와 사랑을 하고 정이의 왕자였던 미술 선생의 모델이 되어주기도 한다. 그리고는 강원도 양양의 고속도로 부근에서 사라져버린다. "그래서 어떻게 되었어, 그 친구는." "사라졌어요. 지금은 없어요." "사라졌다구?" "그래요. 어느 해 봄인가부터 찾을 길이 없어요. 욕실의 전등조차 끄지도 않고 아무것도 가지고 간 것도 없어요"(2: 17).

『랩소디 인 블루』가 보여주고 있는 것은 무엇일까. 더 이상 공주가 실재하지 않는 세상. 신데렐라의 구두는 광고에서 재생산될 뿐이고, 왕자라 할 수 있는 남자들은 너무나 '이기적'인 동물이어서 영원히 곁에 있어주지 않는다. 공주라 믿었던 사람들도 공주의 이미지를 한순간 가진 것이었지 공주는 아니었다. 단지 그것일까. 그렇다면 미호의 '사라짐'이 갖는 의미는 무엇인가. 이 물음에 답하기 전에 『랩소디 인 블루』에 나타나는 가장 강렬한 공주 이미지부터 확인하도록 하자. 신유리가 찍은 영화 「바람에 날리는 푸른 스커트」의 마지막 장면이 그것이다.

여자아이가 자동차의 트렁크에서 톱을 꺼내고 있다. 〔……〕 자동차는 사고를 당해서 버려진 차이고 아직도 엔진에서는 불이 나고 있는 것이다. 맨발로 하이웨이를 달려가는 여자아이. 여자아이가 입고 있는 푸른 스커트가 정말로 바람에 날리고 있다. 자동차의 톱이 여자아이의 손목에 상처를 내기 시작하고 붉은 피가 오랜 가뭄으로 건조해진 하이웨이에 떨어지고 있다. 여자아이는 아무것도 오지 않는 하이웨이의 끝을 지켜보면서 두 다리를 벌리고 서 있다. 석양이 내려 덮이고 있다. (2: 281)

우리 시대의 공주, 그 마지막 운명. 어느 누구도 이 지점에까지 이르지는 못했다는 것. 미호의 사라짐이 이와 무관하지 않을 것이다. 양양의 어느 고속도로에 서 있는 미호. 양양은 어떠한 곳인가. 양양은 "우리나라의 지도에 나와 있지만 나에게는 없는 것이나 마찬가지"(2: 308)인 공간이다. 실재성과 상징성이 무화되어버린 비(非)실재의 공간에 미호가 서 있다. 그리고 오케스트라의 아이와 함께 있었던 날, 미리 보아버린 자신의 운명이 그곳에 함께 있다.

난 어른이 되기 싫어.
창문을 열어놓았더니, 미호 네 스커트가 바람에 날리고 있어. (2: 210)

미호가 꿈꾸었던 것은 영화의 마지막 장면이 아니었을까. 문제적인 것은 죽음이 아니라 사라짐의 방식을 택했다는 점이다. 죽음을 거부하고 사라짐을 선택하는 것. 실체만이 죽을 수 있는 것이고 이미지만이 사라질 권리가 있는 법. 배수아의 미호는 "나는 이미지다"라고 선언한다. 바람에 날리는 푸른 스커트는, 라스트 크레디트가 올라간 뒤, 투명함 속으로 사라졌을 것이다. 필름이 다 돌아간 뒤에 영사기의 불빛만 비치는 하얀 스크린 속으로. 실재와 이미지의 구분을 거부하고, 몸(실재)을 버리고 이미지의 세계로 함몰implosion해 버린 미호. 자기 안의 이미지로의 함몰.

푸름 속에 드리워져 있던 그림자란, 결국 사라짐의 운명과 결부된 우수가 아니었을까. 푸름이 투명함에 이르는 방식을 통해서 그녀는 사라졌던 것. "생산의 양식이 아니라, 사라짐의 양식에 강박적으로 사로잡혀 있는 것이 허무주의"라 할 수 있다면, 미호가 보여주고 있는 것은, 푸름의 우수와 결합된 "투명성의 허무주의"[6]가 아니겠는가. 비회귀성의 테러리즘. 배수아는 그녀의 공주를 통해 다음과 같이 말하고 있는 듯하다. 나, 결과 없는 사건들의 시대를 살아(/사라져)가는 이미지의 이미지.

---

6) 장 보드리야르, 하태환 옮김, 『시뮬라시옹』, 민음사, 1997, p. 246.

코믹하면서도 비극적인 괴물의 발생학
―― 백민석론[1)]

> 괴물은 역사적 산물이자 인공적 존재이다.
> ―― 프랑코 모레티,「괴물의 변증법」

1. 전자총(電子銃)이 숨겨져 있는 텔레비전

몇 가지 사실 확인에서 글을 시작하자. 작가 백민석이 일찍 부모를 여의고 서울의 어느 무허가 판자촌에서 할머니와 살아왔다는 것은 이미 알려진 사실. 그의 작품 세계가 신세대 내지는 '텔레비전 키드'라는 범주를 통해서 고찰되어왔음도 사실. 그리고 데뷔작인『헤

---

1) 텍스트로는,『헤이, 우리 소풍 간다』(문학과지성사, 1995),『내가 사랑한 캔디』(김영사, 1996),『16믿거나말거나박물지』(문학과지성사, 1997),『목화밭 엽기전』(문학동네, 2000)을 이용했다. 제목의 약호(『헤이』『캔디』『박물지』『엽기전』)를 본문과 인용 표시에 사용했다. 그리고 이 글의 일부는 필자의「백민석을 위한 블루노트」(『문학사상』, 2000년 1월)와 내용이 겹친다는 점을 미리 밝힌다. 이 글을 쓰면서 참조한 백민석 관련 비평은 다음과 같다: 강상희,「사랑과 환멸, 그 비극적 상상력의 세계」,『내가 사랑한 캔디』의 해설; 정과리,「백민석에 관한 두 장의 하이퍼카드」,『문학과사회』, 1997년 가을; 신수정,「텔레비전 키드의 유희」,『문학과사회』, 1997년 가을; 복거일,「견딜 만한 지옥의 지도」,『16믿거나말거나박물지』의 해설; 최성실,「나는 죽는다(죽인다), 고로 존재한다」,『이다』 2; 박혜경,「소설이 주체의 위기를 살아내는 방식」,『문학과사회』, 1998년 봄.

이, 우리 소풍 간다』에 1980년에 시작된 컬러 텔레비전 방송에 대한 기억이 고스란히 녹아 들어가 있음도 엄연한 사실. 조금은 상투적인 출발이 되겠지만, 어쩔 수 없이 백민석에 대한 논의는 1980~1981년 서울의 어느 무허가 판자촌 아이들이 컬러 텔레비전 앞에 옹기종기 모여 있는 풍경에서 시작해야 할 것 같다: "우리의 빌어먹을 무허가촌, 저 회칠한 벽들과 끝도 없이 뒤엉킨 골목들이 붉은 오렌지빛으로 물들어갈 때, 한없는 평온의 오렌지빛, 나른하고 나른한 오렌지빛, 끔찍할 정도로 어떤 환상을 불러일으키는, 안식감 속 한없는 깊이에 어떤 알 수 없는 불안을 감춘, 그런 오렌지빛"(『헤이』, p. 200). 끝없이 뒤엉킨 골목들의 미로 속으로 나른함과 권태, 환상과 잔혹함, 그리고 알 수 없는 불안이 도사리고 있는 풍경. 그 한가운데 컬러 텔레비전이 놓여 있다.

우리가 텔레비전 브라운관을 통해 열광하며 보았던 그 81년의 만화 주인공들은 실은…… 브라운관 안의 전자총이 쏘아대는 전자빔이 만들어낸 수많은 휘점, 즉 빛의 점들에 불과한 거야, 그런 빛의 점들의 집합체가 바로 **일곱난쟁이**였고, **오로라공주와손오공**이었고, **집없는소년**이었고…… 그러니까, 우리는 고작해야 그러한 **휘점, 즉 전기신호들과 우리 자신을 동일시**, 하고 있었던 셈이란 말이지…… 80년, 81년에 말야. (『헤이』, p. 209. 이하 강조는 필자, 이탤릭체는 저자의 것)

짧은 봄 다음에 찾아온 겨울과도 같이 또 다른 파시즘이 시작되었으며, 대학생들은 거리로 뛰쳐나가 민주주의의 이념을 부르짖고 있었고, 광주에서는 무고한 시민들이 꽃잎들처럼 죽어갔던 시절이었다. 총에 의해서 새로운 파시즘이 유지되었고, 온 국민이 총칼 앞에

떨고 있었고, 목숨을 걸고 총칼과 맞서고 있었다. 그렇다면 1980년 겨울에 시작된 컬러 텔레비전 방송이 갖는 함의란 무엇인가. 정치적인 측면에서 보자면 파시즘이 제공한 이데올로기적인 위안물이고, 문화적인 측면에서는 한국 사회가 이미지의 과잉 상태를 향해서 달려가게 될 것임을 알려주는 징후적인 사건일 것이다. 백민석의 세대들은 컬러 텔레비전 방송이 파쇼의 이데올로기적 시혜(施惠)인 줄도 모르고 그 앞에 옹기종기 모여 천연색 만화 영화를 보고 있었던 것. 이 지점에서 예견되는 질문: 파시즘이 제공한 기만적인 안전 지대 속에서 아이들은 문화적 감수성은 예리하지만 정치적으로는 무자각한 인간으로 성장한 것 아닌가. 이어지는 무식한 반론: 텔레비전 안 보는 사람도 있나요?

아이들은 다 그런 것이다. 따라서 설령 이데올로기에 의해 기만당했다 하더라도, 백민석 세대들의 잘못이나 원죄가 될 수는 없는 법이다. 텔레비전이 이들의 문화적 감수성을 변화시킨 것은 분명한 사실이겠지만, 그랬기 때문에 이들이 시각적 이미지에만 매혹될 줄만 알고 정치적으로는 아무 생각 없는 '새로운 인간'으로 성장한 것은 결코 아니다. 새로운 매체의 등장이 새로운 문화적 감수성과 나란히 나아가는 것이라면, 그 과정에서 새로운 정치적 감각이라고 할 수 있는 그 무엇이 형성되었다고 보아야 되지 않을까. 그렇다면, 새로운 정치적 감각의 원천이란 무엇인가. 당연히 총과 텔레비전이다. 따라서 이들에게 텔레비전은 신기한 장난감을 넘어서는 그 무엇이다.

위에 제시한 인용문은 이데올로기에 기만당하며 자라야 했던 세대들의 뒤늦은 참회가 결코 아니다. 파시즘의 이데올로기적 시혜인 텔레비전 속에는 전자총이 숨겨져 있었으며, 무허가촌의 아이들은 총 앞에 고스란히 노출되어 있었다는 사실을 증언하고 있는 것이다. 어리긴 하지만 그들도 총으로 무장한 파시즘의 계절을 살아왔던 것이니까. 따라서 '우리는 기만당했어'가 아니라 '우리는 총을 맞으며 자랐다'는 것이 핵심이다. 어려서부터 총을 맞으며 자란 사람이라면 결코 정치적으로 아무 생각 없는 인간이 되기는 어려울 것 같은데, 이들은 자라서 어떤 모습을 하고 있을까. 달라진 매체가 새로운 인간을 만들어냈다면, 이들 가운데 한 명 정도는 아마도 괴물 비슷한 모습을 하고 있을 것이라는 생각이다.

2. 전기적 깜박거림, 또는 글쓰기의 문화적 기원

텔레비전 속에 숨겨진 전자총은 기술이면서 마술이다. 전기적인 휘점(輝點)들이 만들어내는 텔레비전 영상은 기술의 총화에 다름 아니며, 빛의 점들은 맞아도 아프지 않은 총알이라는 점에서 가히 마술이라 할 만하다. 백민석이 주목하고 있는 텔레비전의 주요한 특징 가운데 하나는 빛의 이미지이다. 작품 곳곳에 시한폭탄처럼 배치되어 있는 빛의 이미지는 환상과 매혹의 근거이고 공격성의 원천이며 글쓰기의 원형적인 모습이기도 하다.

환상과 관련된 빛의 이미지. 『박물지』의 「플로리다산 오렌지 주스」를 보자. "따뜻하고 온화한 태양 광선, 선탠을 즐기는 세련된 남동부 아가씨들"(『박물지』, p. 133) 운운하는 라디오 CM송에 현혹되어 플로리다를 향해 길을 떠났다가 도중에 죽게 되는 촌뜨기 소몰이꾼들이 등장하는 영화를 다루고 있다. 이 영화에서 플로리다가 보이는 장면은 끝나기 직전의 일 초 남짓한 시간이다. 하지만 "그건 플로리다의 풍경조차도 아니었다. 〔……〕 그건 차창 밖의 잠깐 비쳐드는-플로리다의 햇빛 한 줄기였을 뿐이다"(『박물지』, p. 136). 빛은 환상의 물질적 근거이다. 동시에 빛의 비물질성은 환상에 빠져든 주체에게 늘 죽음과도 같은 배신을 안겨준다. 따라서 빛의 환상을 쫓아가는 자가 광기에 사로잡히는 것은 당연한 일일 터. 앞에서 살펴본 무허가촌의 오렌지빛 역시 환상과 광기가 어우러지면서 빚어낸 빛이었을 것이다.

광기 어린 공격성과 관련된 그 무엇으로서의 빛. 『헤이』에는 아파트 10층의 유리창을 맨손으로 깨버리는 남자가 등장한다. "피에 젖은 파편들이 공중을 날고 있다. 〔……〕 그 번뜩이는 반사광들 앞에 K는 눈이 부셔, 손차양을 한다. 〔……〕 예쁘지? 흠는 두 손으로 그것이 마치 꽃 한 송이라도 되는 양, 사내의 피가 묻은 각진 유리 파편 하나를 소중하게 감싸쥐고 있다"(『헤이』, p. 65). 빛의 이미지는 유리 파편이나 선명한 핏빛과 결부되면서, 도발적인 방식으로 산란하며 증식한다. 또한 잠재되어 있던 광기와 공격성이 팽창하는 지점에서 매혹의 주체들이 생겨난다.

작품에 의하면, 빛에 내포되어 있는 공격성은 칼로 집약된다. "보여? 광선의 칼날들이 공중에서 저치들에게로 천천히 내려지고 있구나"(『헤이』, p. 23). "K는 그 어떤 것, 은빛 나이프를 본다. 나이프의 한 면에서 튕겨나온 어떤 반사광들이, 그 날카롭고 예리한 휘점들이, 사납고 격렬하게 K를 향해 번뜩, 번뜩인다"(『헤이』, p. 309). 칼로 무엇을 하려는 것일까. 사람 찌르기? 가능한 일이다. 하지만 그런 것 말고도 다른 용도가 있을 것이다. 칼의 생김새부터 들여다보도록 하자.

나이프 날 한 면에 음각되어 있는 어떤 문양에, K는 손가락 끝을 대어본다. 싸늘하고, 다시 한 번 더, 냉랭하다. 문양 표면을 손가락으로 조심스레 문질러본다. 요철, 요철, 섬세하게 깎여 있다…… 그것은 마치, 어떤 글자들 같다. 어떤 글자들……(『헤이』, p. 17)

칼과 글쓰기가 겹쳐 있는 장면이다. 칼에 글자를 새긴 그 어떤 도구도 대단히 날카로운 것이었으리라. '빛-칼-글쓰기'에 내포되어 있는 날카로운 그 무엇이 분노의 수사학을 가능하게 하는 근거라는 사실을 작가 스스로 분명하게 보여주고 있다. 또한 날카로운 빛을 발하는 칼의 이미지는, 나무에 자기의 이름을 새겨 넣던 딱따구리의 부리와도 일맥상통한다. 그래서일까. 『헤이』에서 작가의 분신인 K의 별명이 딱따구리였다. K는 소설가가 되었는데, 그의

> 우리는 명령을 들었던 게지. 〔……〕 그런 거였나? 석판에 천둥불로 새겨진 그런 말씀이었나? 타오르는 사시나무 가지에 새겨진 불의 말씀이었나? 아니면 거대한 평원 위에 씌어진 어떤 상형들이었나? 아니면 오후 다섯시의 트랜지스터 라디오 스피커에서 돌연 부욱북, 거리는 잡음의 암시였나? 텔레비전 화면 조정 시간, 그 어떤 전기적 깜빡거림들이었나? (『헤이』, p. 199. 문단 구분 조정은 필자)

빛의 이미지는 새겨져 있거나 씌어져 있는 어떤 그 무엇으로 전이되어 나타난다. 빛은 알 수 없는 명령처럼, 난해한 상형 문자처럼, 또는 모르스 부호와 같은 암호처럼 다가온다. 글쓰기 환경을 구성하고 있는 할로겐 스탠드와 워드프로세서의 모니터 화면으로부터 전달되는 전기적 깜빡거림 역시 그 자체로 하나의 글쓰기 ériture이다. 백민석의 소설에서 전기적인 빛의 이미지는 원-흔적 내지는 원-글쓰기와 관련된 것이란 사실을 쉽게 알 수 있다. 어디에서 이러한 감수성이 연유한 것일까. 백민석에게 전기적인 빛의 깜빡거림이 원초적인 흔적 내지는 원초적인 글쓰기의 차원과 맞닿아 있을 수 있는 근거는 무엇일까. 백민석 세대에게 텔레비전이란 장난감이면서 동시에 텍스트였기 때문이다. 평원에 새겨진 상형들처럼 읽어내어야 할 그 무

엇을 텔레비전에서 보았던 것. 따라서 텔레비전 키드란 유년기를 텔레비전 앞에서 눈을 반짝이며 보낸 세대들이 아니라, 텔레비전을 하나의 텍스트로서 읽어내기 시작한 세대를 말하는 것이다. 보다 정확하게 말하면, 전복적인 방식으로 텔레비전을 읽어내었던 사람들. "대중 문화를 일용할 양식처럼 먹고 자란 세대"[2]였기 때문에 그러한 일이 가능했을 것이다.

3. television pro-gram, 이미 씌어져 있어서 미리 보아버린 운명

1980~1981년에 백민석과 그의 친구들이 컬러 텔레비전에서 읽고 배웠던 것은 무엇인가. 작품에 의하면 권태 · 매혹 · 괴물 · 폭력 등등이 그것. 그렇다면 과연 텔레비전 키드들은 텔레비전 앞에서 권태마저도 배웠던 것일까. 텔레비전 주변에 권태가 놓일 자리가 있었을까. 현실과 가상 사이의 뛰어넘을 수 없는 간극, 그 벌어진 틈 사이에 매혹과 더불어 권태가 놓여 있었던 것. 달리 말하면, 현실이란 텔레비전이 제공하는 가상을 우회해서 만날 수 있었던 권태였던 것이고, 텔레비전은 매혹에서 권태에 이르는 원근법을 가능하게 하는 소실점과 같은 것.

나 역시 그것을 아주 지긋지긋하게 지켜보고 있었다. 〔……〕 그것은 필름 속, 그것들처럼 보였다. 얼마간 비현실적이었고 마치 필름 속으로부터 그녀의 사타구니 새를 향해 느닷없이 뛰쳐나온 그 어떤 것

---

2) 『내가 사랑한 캔디』 뒤표지의 정과리의 말.

인 양 보였다. 그녀의 그것은 꼭 그만큼 낯설었다. (『캔디』, pp. 10~11)

백민석의 세대는 이미지를 통해서 실재를 파악하는 동시에, 이미지와 실재 사이의 차이(낯섦)를 그만큼 날카롭게 감지하는 세대이다. 그들은 현실과 가상을 혼동할 만큼 어리석지 못하다. 이미지와 실재 사이에서 그들은 매혹과 동시에 권태를 학습하기 때문이다. "어쨌든 그것은 필름 속의 세상이었다. 내 목젖에 입술을 대고 있는 그녀는, 필름 속 세상과 현실이 얼마나 다른 것인가 실감하고 있었다"(『캔디』, p. 13). 텔레비전은 현실의 권태를 발견하는 하나의 우회로였다. 현실의 가난과 권태에서 도망치듯이 텔레비전에 몰입하였을 것이고, 텔레비전을 거쳐서 현실에 도달한 그들은 자신의 가난과 권태에 대해 더더욱 자각적이 되어갔을 것이다.

텔레비전에 매혹된다는 것은 권태로운 현실을 보상하는 방식이면서 동시에 이상적인 자아의 모습을 발견하는 방식이다. 1980~1981년의 아이들은 텔레비전의 만화 프로그램을 열심히 보고 있었고, 그 만화 주인공들을 가져다가 자신들의 이름으로 명명(命名)한다. 만화 주인공과 자신을 동일화하는 어린아이들 특유의 방식이었던 것. 『헤이』에 등장하는 인물들은, 새리로 불렸던 명선을 제외하고는, 제대로 된 이름이 없다. 일곱난쟁이, 뽀빠이, 딱따구리, 손오공, 마이티마우스, 집없는소년 박스바니가 그들의 이름이다. 이들은 어른이 되어서도 여전히 본명이 아닌 만화 주인공 이름으로 서로를 부른다. 그 시절의 만화 주인공을 기념하는 세레모니를 거행할 정도로 만화 주인공과의 동일화는 이들에게 근원적인 체험이다.[3]

---

3) '백설공주와 일곱난쟁이'나 '박스바니와 그의 친구들'의 경우, 친구들 전체를 지칭하는 유(類)개념으로도 사용된다.

동일화보다 중요한 것은 만화 주인공에 대한 해석이다. 작품에 의하면, 일곱난쟁이는 갱(坑/gang)에서 일곱 가지의 큰 죄를 파내는 광부이고, 손오공은 "여기가 어디야, 이젠 또 우린 어디로 가야 하지? 하고 묻고 다닐 운명"(『헤이』, p. 233)을 가진 은하계 최고의 깡패이고, 뽀빠이는 포스트post-개척 시대가 배출한 "추악한 건달"(『헤이』, p. 210)이며, 마이티마우스는 더러운 하수도를 헤집고 다니는 힘센 "돌연변이"(『캔디』, p. 232) 생쥐이다. 박스바니는 불의에 의해 희생된 유쾌하면서도 도덕적인 정의이고, 집없는소년은 집도 가정도 가족도 없이 스스로 아버지와 어머니라는 집을 지어야 하는 운명의 존재이고, "폭력과 광기의 황금색 부리"를 가진 딱따구리는 "이 세상 끝까지 쫓아다닐" 어떤 "악몽"(『헤이』, p. 211)이며, 새리는 아이도 아니고 어른도 아닌 매혹적인 존재이다. "그 분홍빛 회오리 속에서…… 어린 새리와 성인 새리의 나체가 동시에 맴을 돌고 있다. 서로…… 몸을 섞고 있다…… 그 성인 새리의 나체는 어린 K들의 눈에도 섹시하게 비쳐지곤 했었다"(『헤이』, p. 223).

특이할 만한 점은 이들이 보았던 만화 주인공 중에는 제대로 된 인간이 하나도 없다는 사실이다. 갱(坑)을 파고 있지만 폭력배gang일지도 모르는 난쟁이들, 어른과 아이의 단계를 왕복하는 요술공주, 팔뚝만 굵은 뱃놈, 버르장머리 없는 원숭이, 하수구 냄새를 풍기는 돌연변이 쥐, 가벼운 폭력으로 온갖 난장판을 만들어버리는 펑크 헤어 스타일의 시끄러운 새에 이르기까지, 이들이 본 것들은 모두 폭력의 냄새를 피우고 있는 것이며 그 자체로 괴물들이다. 만화에서 주인공인 괴물들은 인간들을 대신해서 싸운다. 그들은 체계 내에 개입하는 악의 무리들(다른 괴물들)을 응징하고 사회 체제의 안정을 복원한다. 만화에서 싸우지 않는 존재가 있다면 다름 아닌 인간들이다. 인간들이 하는 일이라고는 나쁜 괴물들이 공격하면 우왕좌왕 쫓겨다니거나, 괴물들의 술수에 넘어가 좋은 괴물들을 괴롭히거나, 좋은 괴물들이 승리하며 모여서 환호하는 것 정도이다. 비겁한 인간과 정의로운 괴물의 극단적인 대비, 그리고 괴물과 괴물의 대격전. 따라서 이들은 '길을 건널 때는 좌우를 살펴야 한다는 뽀빠이 아저씨 말씀!'과 같은 상투적인 교훈에는 귀를 기울이지 않는다. 그리고 '오늘도 아무개가 지구를 지켰다'는 멘트와 함께 영웅을 기억하지도 않는다. 괴물과 돌연변이와 불쌍한 소년을 보았고, 그들의 이름을 자신들의 이름으로 삼았을 따름이다.

그렇다면 『헤이』를 읽으면서 지속적으로 가져왔던 의문점이 어느 정도는 해소될 수 있을 것 같다. 『헤이』에는 별명이 딱따구리인 주인공 K가 딱따구리가 돌아오고 있다고 두려워하는 장면과, 새리가 별명인 명선이 말끝마다 '미친 새리년'이라고 말하며 역시 두려워하는 장면이 반복적으로 등장한다. 새리가 자기 자신에게 '미친 새리년'이라고 하는 것은 결코 아닐 것이다. 앞에서 살핀 대로 만화 영화에서 그들이 본 것은 괴물이었다. 새리와 딱따구리는 만화에 등장하는 괴물이다. 그렇다면 새리와 딱따구리라는 별명으로 불리는 명선과 K 역시 괴물일 것이다. 그렇다면 이들이 두려워하는 이유는 무엇일까. 괴물은 다른 괴물을 본능적으로 알아보기 때문이다. 돌아온 괴물과 싸우다 죽는 일이 남았을 따름이다. 어떻게 공포스럽지 않을 수 있을까.

그렇다면 이들이 텔레비전에서 보았던 것은 무엇이던가. 그들의 태생, 현재의 모습, 그리고 미래의 모습들이 아니었던가. 이를 두고 미리 보여진 운명이라고 할 수는 없을까. 몇 가지 사례들만 살펴보도록 하자. 유쾌한 울음소리를 내면서 자기 이름을 나무에 새겨 넣던 딱따구리, K는 희극적인 공포물을 쓰고자 하는 작가가 되었다. 난쟁이들이 갱을 파는 광부였던 것처럼, 일곱난쟁이라 불리는 아이는 동굴이 있는 초등학교를 떠나지 못하고 그 학교의 음악 선생으로 남아 있다. 성인과 아이의 몸이 혼재되어 있던 요술공주 새리의 이미지 역시 명선의 운명이었다. 초등학교 6학년 때 명선은 성폭행을 당하고 그때의 충격으로 앞을 못 보게 되었던 것. 초등학교 6학년생을 아이라고 하고 성적 경험이 있는 사람을 어른이라고 한다면, 명선은 새리의 이미지처럼 어른이면서 아이였던 것. 명선은 서른이 다 되었지만 여전히 세일러복(교복)을 입고 있다. 만화 영화 주인공 이름을 차용해서 서로의 별명으로 불렀던 것은 아이들이 일반적으로 즐기는 단순한 놀이나 장난이 아니었던 것이다. 이름들이 내포하고 있는 상징적 의미에 따라 마치 운명처럼 살아가고 있었다는 것. 따라서 만화 영화는 단순한 텔레비전 프로그램 program이 아니었다. 운명의 그림자를 옮겨다 적어놓은 그 무엇(pro-gram)이었고 이미 씌어져서 먼저 보아버린 운명이었다.[4]

4. 총알 한 알의 무게만큼 거세된 글쓰기

『헤이』의 주인공 K는 연극 대본을 썼고, 『캔디』의 주인공은 문창과 학생으로 총잡이가 등장하는 소설을 구상하며, 『박물지』의 '나'는 자신을 공포 작가라고 소개한다. 『엽기전』의 주인공인 한창림은 시간강사이며 그의 아내 박태자는 수학 과외 선생이다. 하지만 이들은 비공식적으로 제작되는 포르노그래피의 연출자인 동시에 배우이기도 하다. 어원에 주목해서 포르노그래피 pornography까지 넓은

---

4) program과 관련된 생각은 데리다를 읽는 과정에서 파생된 것이다. J. Derrida, *Of Grammatology*, trans. by Gayatri C. Spivak, Baltimore: The Johns Hopkins University Press, 1976, pp. 6~10.

의미의 글쓰기라고 본다면, 백민석 소설의 주인공들은 거의 대부분 글쓰는 자들이다. 어쩌다가 작가가 된 것일까. 문학적인 글쓰기가 시작되는 장면을 살펴보도록 하자.

(가) 나는 그때, 무료함을 달래기 위해 커피 테이블 위에 화이트로 총잡이, 라고 낙서하고 있었다. 총잡이, 총잡이, 총잡이, 총잡이, 총잡이.
총잡이, 그건 어떤 내 비밀한 희망이었다. (『캔디』, p. 26)

(나) 그해, 내 손에 쥐어진 것은 총 한 자루가 아니라 타이프라이터와 펜, 그리고 원고지였다. 나는 내가 원하던 대로 쏘는 사람, 이 된 것이 아니라 쓰는 사람, 이나 읽는 사람, 이 되었던 것이다. 나는 어느 대학의 문예창작과에 입학한 것이다. 나는 총잡이가 등장하는 소설을 써보기로 했다. 〔……〕
"총잡이는 단지 총알 하나만큼의 무게만 있으면 되는걸요." (『캔디』, pp. 94~95)

왜 하필이면 총잡이인가. 텔레비전의 전자총이 쏘아대는 전자빔을 맞고 자란 세대이기 때문일까. 무의식적인 낙서들을 통해서나 표현되는 비밀한 희망에 이유가 있어야 할 까닭이 없다. 다만 추측해볼 수 있을 뿐이다. 작가에 의하면, 이념을 지닌 테러 분자나 「첩혈쌍웅」에 보이는 분열증적인 광인, 제임스 본드와 같은 직업 군인들로부터 평범한 의식 수준의 샐러리맨에 이르기까지 누구라도 언제든지 총잡이가 되는 것이 가능하다. 중요한 것은 "지금 총 한 자루를 들고 그것을 휘두를 줄 안다는 사실"(『캔디』, p. 95)이다.
대한민국은 총기의 구매부터 사용에 이르기까지 엄격한 제한을 받는 나라이다. 총을 소지하고 사용한다는 것 자체가 대단히 예외적이고 위험한 상황이라는 사실이 이미 언제나 전제되어 있는 나라이다. 그렇다면 실정법에 대한 심정적인 반항심에서 총잡이가 등장하는 소설을 꿈꾸는 것은 아닐까. 결코 그렇지 않다. 총을 소유하고 사용하는 일이 괴물이 되는 가장 확실한 방법이기 때문이다. 『캔디』의 중간에 그 유명한 지강헌의 일화가 삽입된 것 역시 그러한 맥락과 무관하지는 않다. 총을 가지고 탈주한 지강헌이 총을 가지고 출동한 경찰과 대치하는 모습이란, 만화 영화에서 보았던 괴물과 괴물의 대격전을 연상하게 한다. "지금 총 한 자루를 들고 그것을 휘두를 줄 안다는 사실"(『캔디』, p. 95)이 그토록 중요한 의미를 가지는 것은, 총의 소유와 사용 그 자체가 지배 체제에 대한 근본적인 문제 제기이기 때문이다. 지배 체제만이 독점적으로 사용하는 총을 개인이 사용하게 된다면, 체제는 이러한 상황을 자신의 독점적 권한에 대한 심대한 위반으로 규정하거나 체계와 맞먹자는 것으로 해석할 것이다. 그리고 총잡이가 나타나게 되면 체계는 모든 공권력을 동원해서 총을 뺏으려 들 것이고, 그 과정에서 평상시에는 은폐되어 있던 체제와 폭력적인 모습이 드러나게 될 것이다.

이 지점에서 총잡이는 체계의 가면을 벗기고, 체계를 괴물로 규정하는 힘을 갖게 된다. 총잡이의 존재가 체계 전체를 총잡이로 규정하는 것이다. "머지 않은 시간이 흐른 후에, 교수 자신의 일상이 그 일상을 둘러싼 온 세상이, 거의 미친 듯한 총잡이들로 포위되어버"(『캔디』, p. 125)리게 되는 것이다. 총잡이의 존재는 사회 체계 자체가 하나의 거대한, 그리고 반쯤은 미쳐 있는 총잡이라는 사실을 폭로한다. 따라서 누구나 총잡이가 될 수 있다는 작가의 지적은 지극히 타당하다. 다만 체계가 그것을 금지하고 있을 뿐이다. 따라서 총을 쏠 것인가 말 것인가 하는 문제는 지극히 부차적인 것이다. 총잡이는 총알 한 알이 장전된 총을 말 그대로 잡고 있기만 하면 그 자체로 충분한 것이다. 곧 체계가 미쳐서 날뛸 테니까 말이다.

그렇다면, 총잡이가 될 수 없었던 이유는 무엇일까. '총알 하나만큼의 무게'라는 총잡이의 요건을 충족시키지 못했기 때문이다. 총알한 알 때문에 쏘는 사람이 못 되고 쓰는 사람 내지는 읽는 사람이 되었던 것. 그러고 보면, '쏘다'와 '쓰다'의 형상 figure이 결코 만만치 않다. 동사 '쏘-'와 '쓰-'의 차이야말로 총알 하나(도상적으로 '•')의 차이인 것이다. 그래서 백민석의 소설에서 총은 '메롱!'이라는 조잡한 페넌트가 총알 대신 튀어나오는 장난감이거나 기껏해야 손으로 총 모양을 해서 방아쇠를 당기는 정도로 형상화되고 만다. 따라서 총알 한 알의 부재 때문에 억압될 수밖에 없었던 욕망이 글쓰기 영역으로 옮겨진 것이다. 총알의 부재 그 자체가 원초적 억압의 지점이라는 것을 염두에 둔다면, 글쓰기는 총알 한 알만큼 거세된 지점에서 시작되었음을 어렵지 않게 알 수 있다.

『캔디』의 주인공은 결국 총잡이에 대한 소설을 완성할 수 없었는데, "자기 자신까지 쏘아버려야만 하는 총잡이"(『캔디』, p. 124)의 이미지가 작가를 힘겹게 했기 때문이다. 만약 총잡이와 대결하면서 총잡이를 제거하는 것이 총잡이의 임무라면, 다른 총잡이를 모두 제거한 상태에서 총잡이는 어떤 태도를 취해야 할까라는 물음을 제기하고 있는 것이다. 결국에는 총잡이인 자기 자신도 쏘아야 진정한 총잡이가 아니겠는가. 이것은 총잡이의 역설적이고 비극적인 운명에 대한 물음이면서, 동시에 백민석 소설을 관류하고 있는 윤리의 문제이다. 위에서 보았듯이 백민석에게 총잡이는 괴물이 되는 확실한 방법이며, 스스로 괴물이 됨으로써 체계의 괴물스러움을 드러내는 존재이다. 이 지점에서, 적어도 논리적인 차원에서는, 총잡이라는 괴물은 체계라는 괴물과 맞먹는다. 총잡이와 체계는 괴물이라는 점에서 등가이다. 그렇다면, 자기 자신이라는 괴물에 대해서도 총잡이의 논리가 관철되어야 하지 않겠는가. 괴물인 자기 자신을 쏠 수 있을 때라야 체계라는 괴물을 쏠 수 있는 총잡이의 윤리적·논리적 정당성을 확보할 수 있다는 것. 총잡이를 제거하는 것이 총잡이의 운명이라고 할 때, 모든 총잡이는 등가이며 총잡이 자신도 결코 예외일 수 없다. 도저한 등가성의 논리, 또는 총 한 자루로 세계 전체와 맞먹을 수 있다는 의미심장한 표정.

5. 기호의 외표성, 또는 문화적 감수성의 기원

『박물지』에 수록되어 있는 「요람 속의 고양이 둘」은 백민석의 소설에서 기호(記號)가 어떠한 방식으로 다루어지고 있는지를 잘 보여주는 작품이다. 엄마와의 근친상간을 아무렇지도 않게 떠벌려대는 남자아이와, 그 이야기를 듣고 "널 사랑해. 깨물어주고 싶어"(『박물지』, p. 109)라며 감격해하는 여자아이가 등장인물이다. 각각 자신들이 알고 있는, 고양이와 관련된 에피소드를 서로에게 들려준다.

여자애가 들려주는 첫번째 에피소드는, 피터라는 이름의 고양이와 관련된 것이다. 피터는 자기가 고양이인 줄도 모르고 젊은 시절을 보낸 고양이이다. 자기가 인간도 아니고 가족의 구성원도 아니고 고양이라는 사실을 긍정하기 위해 방랑을 하면서 도를 닦았다는 비극적인 이야기. 비극의 원천은 "피터, 넌 고양이야"(『박물지』, p. 98)라는 한 줄짜리 문장이었다. 고양이에게 고양이라고 말하는 것은 고양이의 자기 동일성을 확인하는 진술에 불과하다. 따라서 이 말을 한 발화자는 진술을 통해서 고양이의 정체성을 일깨워주려고 했던 셈이다. 그런데 문제는 이 진술에 대해서 수화자인 고양이가 그만 정체성의 혼란에 빠지고 말았다는 점에 있다. 정체성을 확증하는 말이건만 오히려 정체성의 혼란만 가져왔다는 희극적이면서 비극적인 이야기이다. '피터'라는 고유명사와 '고양이'로 대변되는 유(類)개념 사이에 가로놓여 있는 범주 체계의 혼란이 주목의 대상이다.

사소한 문제인 듯하지만 범주 체계의 혼란은 작가의 언어 사용 방식과 밀접하게 닿아 있다. 백민석은 언어 기호에 의미론적으로 또는 사회적으로 각인되어 있는 분류 체계와 위계 관계를 고의로 무시하는 경우가 많다. 앞에서 살펴본 것처럼, 총 한 자루만 있으면 체계와 맞먹을 수 있다는 발상법 또한 범주 체계와 위계 관계에 대한 고의적인 무시와 관련된 것이기도 하다. 『헤이』에도 이와 같은 양상이 나타난다. 각 개인들의 별명(고유명사)으로 사용되는 만화 영화의 제목은 경우에 따라서 친구들 전체를 아우르는 유개념으로도 사용된다. 대표적인 예가 일곱난쟁이이다. 일곱난쟁이는 그들이 다녔던 초등학교의 음악 선생이 되는 사람을 지칭하면서, 동시에 친구들을 전체적으로 지칭하는 용어로도 사용되고 있다. 하나의 용어가 하위 개념인 동시에 상위 개념으로 사용될 수 없는 것은 아니겠지만, 그런 경우에는 분류 체계와 위계 구조 내부의 서열 관계가 모호해지게 마련이다. 획일적으로 규정하기에는 무리가 따르겠지만, 백민석 소설에서 주요한 용어들은 기호 자체가 내포하고 있는 분류-위계 관계를 해체하고 범주들 사이의 수평적인 또는 대등한 관계를 이끌어 내고 있다.

남자애가 들려주는 두번째 에피소드는 베이비라는 이름의 고양이와 관련된 것이다. 베이비는 남자애의 엄마가 기르던 고양이의 이름인데, 베이비라는 말은 엄마의 욕망의 흐름 속에서 작동하는 기호이기도 하다. 작품에 따르면, 엄마의 욕망은 배고픔에서 연유한다. 배고픔이라는 결핍은 욕망을 지니고 있는 주체의 몸과 욕망의 대상이

한데 겹쳐지고 함께 뒤섞여야만 충족될 수 있는 법이다. 따라서 엄마의 배고픔은 자신의 육체 속에 욕망의 대상을 성적으로든 다른 방식으로든 소유하는 방식으로 나타난다. "엄마는 결국 배를 채웠어. 애를 뱄던 거지." "엄마는 소유욕이 강해. 젊었을 땐 아빠를 소유했고, 다음에 나를 소유했지. 그러다가 아빠도 나도 빌어먹을 밖으로만 나돌고 온전히 자기 차지일 수 없으니까, 베이비를 사랑했던 거야. 고양이 한 마리⋯⋯"(『박물지』, pp. 108~09). 엄마의 욕망의 흐름 속에 아버지―남자애―베이비가 차례대로 들어앉았던 것. 따라서 엄마의 입장에서만 보자면, 아버지―남자애―베이비는 욕망의 대상이라는 점에서 대체 가능한 등가물이었던 것이고, 근친상간 역시 이러한 흐름 속에서 가능했던 것이다. 베이비baby라는 고양이 이름이 내포하고 있는 의미― '아기'(남자애)와 '연인'(아버지)―를 염두에 둔다면, 베이비는 아버지와 남자애와 대체 가능한 범주이면서 동시에 이들을 포괄하는 상위 범주로서 은밀하게 설정되어 있음을 쉽게 알 수 있다. 그처럼 대단한 베이비가 발정기를 맞아 외출을 하고는 배가 불러왔다는 것.

"누가 그 영광의 아버지야?"
"글쎄? 고양이가 아닐까?"
"그렇군." 여자애가 고개를 끄덕인다. (『박물지』, p. 105)

위의 인용문에서 아버지라는 말은 생물학적인 관계를 나타내는 은유인 동시에, 은유의 차원을 넘어선 실재적인 그 무엇으로 인정되고 있다. 아버지와 고양이가 의미론적 차원이 아니라 기표의 차원에서 등가의 관계로 설정되어 있다는 점이 핵심일 터. 쉽게 말하자면 '아버지=고양이'의 등식이 성립되는 장면이다. 아버지는 고양이이고, 엄마의 자식baby으로는 남자애와 고양이가 있다는 것. 따라서 영락없이 나도 고양이인 셈이다. 이 지점에 이르면 인간 가족과 고양이 가족 사이의 구별이 없어진다. 현기증이 날 만큼 신비한 논리가 아닐 수 없다. 그래서일까. 남자아이는 고양이를 설명할 수 없는 '신비'라고 부른다.

아주 이따금, 고양이를 볼 때면, 나는 내가 결코 알 수 없는 어떤 것을 떠올린다. 그것은, 내가 결코 알 수 없기 때문에, 나 자신에게조차 설명해줄 수 없다. 그런 걸 사람들은 신비, 라고 부른다. 내게 있어 어쩌면 신비란—

내가 단 한 번도 온전히 가져보지 못했던 하나의 가족, 그것인지도 모른다. 그처럼 평범한, 가족이란 것이 자기 자신에게조차도 결코 설명해줄 수 없는, 그런 신비일 수도 있는 것이다. (『박물지』, p. 111)

기표의 차원에서만 보자면, 가족과 고양이는 대등하며 등가이다. 고양이와 가족은 신비라는 기의의 기표들이기 때문이다. 이러한 논리에 입각할 때 죄의식 없는 근친상간의 형상화도 가능하다. 어머니가 다른 여자들과 구분되는 근거는 '나를 낳았다'는 것이다. 그렇다면 어머니를 제외한 다른 여자들은, 당연히 나를 낳아본 적이 없는 여자이다. 어머니와 다른 여자를 변별하는 근거는 나를 낳았느냐 안 낳았느냐 하는 점에 있을 뿐이다. 개별자의 차원에서는 나를 낳았느냐 안 낳았느냐에 따라서 어머니와 다른 여자가 구별된다. 하지만 여자라는 유개념의 차원에서는 어머니와 다른 여자들 사이에 아무런 차이가 없다고 보면 사정은 달라진다. 백민석의 묘사를 보자: "그게〔잠옷 아래, 젖꼭지가 스테인리스 스틸 포크처럼 빳빳하게 솟아 있는 것〕 뭘 뜻하는 건지 몰라볼 내가 아니잖아! 엄마는 달아올라 있었어. 발가벗겨놓기 직전의 내 여자친구들처럼, 젠장"(『박물지』, p. 107) 욕정에 들뜬 엄마는 침대 속의 여자 친구와 구분되지 않는다. 여자라는 기호의 외표성에만 주목한다면, 여자라는 존재의 육체에만 관심을 갖는다면, 근친상간은 별다르게 놀랄 만한 일이 아니다.

대등함 내지는 등가성에 대한 백민석의 추구는 낙태 비용 문제에 대해서도 고스란히 적용된다. 아주 간단하다. "애를 뗄 때는 반드시 더치페이할 것"(『박물지』, p. 163). 백민석의 논리는 아주 심플하다. 아이 만들 때 공동 작업으로 재미있게 만들었다면, 낙태 비용도 싸늘하게 더치페이해야 한다는 것에 다름 아니다. 대등함 내지는 등가성으로 대변되는 백민석 특유의 인식이 윤리적인 문제를 압도하고 들어간 형국이라 할 것이다.

어떻게 해서 이런 일이 가능한가. 기호의 외표성과 등가성이 그것. 기의의 영역으로 소급해 들어가는 것이 아니라, 하나의 기표와 다른 기표를 그것들의 기의와는 무관한 실재로서 인정하고 대등하게 관계지어주는 것. 기표에 대한 이와 같은 관념은 레코드판에 대한 비유에서도 확연하게 드러난다.

K는 DJ 부스 한켠에 설치된 판꽂이를 둘러본다. 그 중 몇 장을 뽑아보지만, 알맹이가 들어 있는 것은 하나도 없다. 모양을 내기 위해 어디서 레코드 재킷만 수백 장 빌려온 것 같다. 〔……〕 이걸 어디서 다 구했어요? 음악 담당은 찢어지고, 혹은 뒷면이 없는 것도 있는 K의 레코드 재킷을 들춰보며 말했다. 세상에, 이걸 어떻게 뜨죠? 알맹이들도 재킷이나 마찬가지여서 이가 빠지고, 혹은 소릿골이 다 닳아 잡음만 한없이 들리는 것도 있었다. (『헤이』, p. 192)

알맹이에 해당하는 레코드판을 기의라 한다면, 껍질에 해당하는 재킷은 기표라 할 수 있을 것이다. 따라서 알맹이 없는 레코드란 기의가 부재하는 기표로 읽을 수 있다. 알맹이가 들어 있는 경우도 사정은 그리 다르지 않은데, 이가 빠지고 소릿골이 닳아 잡음과 소음만을 들을 수 있는 레코드판이란 사실 기의라기보다는 소음이나 흔적에 가깝기 때문이다. 백민석에게 기호 또는 이미지란 기표의 외표성과 다르지 않다. 기의가 부재한 상태의 기표이거나 아니면 흔적이나 잡음으로서의 기의일 따름이다. 처음부터 기의에 대한 욕망이 없다고 할 수는 없을 것이다. 다만 그에게는 기표만 달랑 주어졌거나 아니면 기표와 구별되지 않을 정도의 너덜너덜한 기의만 주어졌거나 했을 것이다.

첫 장편 『헤이』에는 '퐁텐블로'라는 말이 마치 주문처럼 반복된다. '퐁텐블로'라는 말은 주인공 K가 삶의 근거로 삼은 적이 있었던 공간들을 지칭하는 지극히 개인적인 비유인데, 작품에 거의 무차별적으로 사용된다. 프랑스의 어느 시골 마을이라는 기의와는 무관하게, 퐁텐블로라는 기표만이 흘러다니는 형국이다. 퐁텐블로를 직접 방문하는 일이나 퐁텐블로라는 기표를 산포(散布)하는 일은 백민석에게 있어 등가이기 때문이다. 퐁텐블로에 가본 적도 없으면서 이곳저곳을 퐁텐블로라고 지칭하는 방식이나, 알맹이도 없고 걸레처럼 너덜너덜해진 레코드 재킷을 들여다보면서 한번도 들어본 적 없는 음악에 대해서 생각하는 방식은, 어쩌면 백민석의 문화적 감수성 그 자체라고도 할 수 있을 것이다. 『엽기전』의 한창림이 한번도 본 적이 없는 목화밭을 떠올리는 것과 같은 것. 기호는 물질성과 외표성을 지니고 있는 실재이며 등가의 체계이다. 적어도 백민석에게는 그러하다.

6. 스펀지의 감수성과 등가성의 아나키즘

「음악인 협동조합 2」에는 '늪지대 괴물'이라는 밴드가 등장하는데, "통기타와 양철북만으로 데스 메탈death metal을 연주하는 신기의 솜씨"(『박물지』, p. 195)를 지녔다고 한다. 통기타와 양철북 소리의 조합으로는 데스 메탈이 불가능하다는 것은 록에 대한 기초 지식이 없는 삼척동자도 다 아는 사실이다. 웃다가 뒤로 자빠질 정도의 코미디가 아닐 수 없는데, 동시에 백민석의 소설 읽기의 즐거움이 여기에 있다는 생각. 문제는 데스 메탈과 양철북과 통기타가 한자리에 아무렇지도 않게 놓일 수 있는 감수성의 구조 또는 언어-함수에 있을 것이다. "개그 아냐? 그 셋을, 그렇게 묶어, 함부로 지껄여댈 수 있는 〔……〕 사고 구조가 신기해 보일 정도였다"(『엽기전』, p. 126)

　백민석 소설의 배후에 가로놓여 있는 감수성에 다가가기 위한 하나의 방편으로, 기호sign를 빨아들이는 해면(海綿)이나 스펀지sponge를 떠올려볼 수는 없을까. 해면 또는 스펀지란 무엇인가. 스펀지는 수많은 미세한 틈을 가지고 있기 때문에 물 청소를 하거나 충격을 완화시키는 일에 주로 사용된다. 또한 스펀지의 틈들은 무수한 결핍으로 이루어진 욕망의 존재를 연상하게도 한다. 이와 같은 측면에 주목한다면, 스펀지는 문화적 기호들을 흡입하고 분출하는 욕망의 흐름인 동시에, 괴물스러운 삶으로부터 파생되는 엄청난 충격을 완화시키는 방법에 대한 비유로 사용될 수 있을 것이다.

　여기저기 널려 있는 기호들을 문질러서 흡입하기도 하고 비틀어 짤 수도 있는 스펀지의 이미지는 백민석 소설과 잘 어울릴 수도 있겠다는 생각을 해본다. 적어도 두 가지 점에서 그러하다. 하나는, 스편지가 기호를 흡입하기 위해 문지르는 움직임의 운동성이다. 그 과정에서 아마도 기호는 스펀지에 흡수될 수 있는 양태로 변모될 것이고, 스펀지에 흡수될 수 없는 것은 삭제되거나 배제될 수밖에 없을 것이다. 다만 여기서 유의할 것은 스펀지는 결코 부정적인 배제를 수행하지 않는다는 점이다. 스펀지에 흡입되지 않은 것들은 흡입될 수 없는 것이기 때문이다. 흡입할 여백을 가진 스펀지는 흡입 가능한 대상을 결코 배제하지 않는다. 다른 하나는 스펀지가 기호를 흡입해서 자신의 틈들 사이에 저장하는 방식이다. 스펀지는 무수한 틈들로 이루어져 있을 뿐이지, 분류 체계를 자신의 내부에 가지고 있지 않다. 따라서 스펀지가 흡입한 기호들은 혼융의 과정을 거쳐 무질서의 상태로 저장된다. 스펀지의 저장 방식은 흡입한 순서를 기억하지 않을 뿐만 아니라 흡입한 대상들간의 차이 또한 고려하지 않는다. 이 지점에 이른다면 스펀지는 무질서를 생산하는 기계의 이미지로 우리에게 다가온다.[5]

백민석의 소설에서 스펀지의 감수성은 이미지와 기표에 대한 흡입-분출의 의지로 나타난다. 무수한 틈으로 이루어진 몸 속에다가 시스템이 제공하는 이미지와 기표들을 흡입하고, 흡입된 이미지와 기표들을 혼융된 상태로 저장하고 있다가, 포화 상태에 이르면 정체불명의 무질서를 몸 밖으로 내뱉는다는 것. 그 과정에서 기호에 무의식적으로 각인되어 있는 서열 관계나, 기표와 기의 사이의 위계 관계는 본모습을 알아보기 어려울 정도로 뭉그러질 수밖에 없었던

---

5) 기호-스펀지에 대한 생각 역시 데리다의 『시네퐁주 Signeponge』(허정아 옮김, 민음사, 1998)를 읽는 과정에서 얻은 것이다. 하지만 기호-스펀지에 대한 필자의 논의가 데리다에 대한 정밀한 이해를 대변한다고 보기에는 곤란한 점이 많다. 데리다를 직접 보기 바란다. 그리고 기호-스펀지의 이미지가 『엽기전』에 등장하는 목화밭의 이미지와 어떤 관련을 맺을 수 있다는 생각을 해보았지만, 실증적인 근거를 찾기가 쉽지 않았다.

것. 문화적 기표를 흡입-혼융-분출하는 스펀지의 이미지는 백민석 소설에 나타나는 글쓰기의 이미지이고, 괴물 같은 삶 속에서 원한의 주체로 전락하지 않을 수 있었던 긍정적인 힘이며, 사회의 위계화 원리에 대해 장난이면서 복수인 어떤 행위를 가능하게 하는 전략적 방법이기도 하다.

사회적으로 고정된 위계화 원리를 대등함 내지는 등가성의 차원으로 끌고 가려는 백민석의 뚝심은, 제의적인 ritual 것들의 의미를 박탈하면서 새로운 미학적 전략을 열어 보이는 효과를 가져온다. 그렇다면 왜 제의적인 것이 문제인가. 제의란 법을 신성한 것으로 (재)정립하는 절차이며, 위반과 금기의 규칙들을 엄숙한 분위기 속에서 공유하는 과정이며, 법과 도덕이 삶을 재영토화하는 방식이기 때문이다. 제의가 법을 신비화하는 과정이라면, 제의는 어떻게 해서 외표성 또는 물질성에 의해 탈(脫)제의화될 수 있는 것일까. 답은 의외로 간단하다. 등가 관계의 철저한 적용이 그것이다. 백민석의 소설에 등장하는 성적 묘사의 의미와 문화적 기호에 대한 태도를 살펴보도록 하자.

백민석의 소설에 등장하는 성적 묘사는 변태 성욕의 유형학을 연상하게 한다. 근친상간, 집단 성교, 동성애, 수간(獸姦) 등등에 이르기까지 하드코어 포르노에서나 봤음직한 온갖 변태적인 장면들은 빼놓지 않고 등장한다. 앞에서 살펴본 것처럼 "엄마는 달아올라 있었어. 발가벗겨놓기 직전의 내 여자친구들처럼"이라는 말로써 근친상간의 분위기를 전달하기도 하고, "애를 뗄 때는 반드시 더치페이할 것"이라는 충고까지도 아끼지 않는다. 백민석 소설에 등장하는 성적 묘사의 특징은, 도덕적 죄의식이나 위반에 대한 불안감을 전혀 포함하고 있지 않다는 점이다. 『내게 거짓말을 해봐』에서 장정일은 '신버지'(神과 아버지의 합성어)라는 용어를 여러 번에 걸쳐 사용하면서, 신버지를 잊기 위한 제의적인 방식으로 과도한 섹스를 선택한다.[6] 이와는 달리 백민석 소설에 나타나는 성의 묘사에는 죄의식이 없으며 '위반'이라는 의미망이 근원적으로 부재한다. 제의적·상징적인 성격이 박탈된 지점에 성이 놓여 있는 것이다. 자신의 눈을 파버리고 산 채로 돌아다니는 죄의식이 되고자 했던 오이디푸스와는 달리, 근친상간이라는 동일한 상황에서도 백민석 소설의 등장인물들은 그저 심드렁하거나 냉소적일 따름이다. 여자라는 기표와 그 육체성(물질성)에만 주목할 때 엄마와 여자친구는 등가이기 때문이다. 거의 극한까지 적용된 등가성의 원리는 정상과 변태, 도덕과 패륜 사이의 서열 구조를 냉소적인 시각으로 바라보며 오이디푸스적 가족 관계를 뒤흔든다.

　백민석은 문화적 기호나 이미지를 다룸에 있어서 기의나 아우라 Aura의 영역으로 소급해 들어가지 않는다. 그는 진공관 시대인 1960~1970년대의 록신rock scene이 매혹적이라는 사실을 인정하며, 자신은 그 시대의 분위기에 결코 도달할 수 없다는 사실을 긍정한다. 하지만 그는 자신이 살고 있는 시대의 문명사적 코드(220V 전원)에 대해서도 등가의 위대성을 인정한다(『박물지』, p. 163). 이와 같은 태도가 갖는 차별성은, 1960~1970년대의 록 음악을 진짜라고 주장하고, 3대 기타리스트들이 야드버즈라는 그룹을 거쳐갔다는 설명에 정성을 들이고, 당시의 록신에 끊임없이 자신을 근접시킴으로써 록의 저항성을 숭배했던, 「아담이 눈뜰 때」의 장정일과 비교해

---

6) "침대 밑으로 내려가 앉은 제이의 자세는 자연스레 청바지를 입은 약간 다리가 벌려진 와이의 무릎 밑에 꿇어앉은 모습이 되었다. 아무것도 하지 않는 친구 제이는 현재 취하고 있는 그 자세가 세상에서 제일 마음에 든다. 〔……〕 막 나신이 되려는 여자의 벌려진 무릎 밑에 꿇어 엎드려 자기 두 손을 여자의 치마 단추나 바지의 지퍼로 가져가려는 이 순간 그는 **그의 뇌리와 두 손에 달라붙은 신버지를 잊는다**"(장정일, 『내게 거짓말을 해봐』, 김영사, 1996, p. 26. 강조는 필자).

보면 쉽게 알 수 있는 사실이다.

또한 백민석은 자신이 차용하는 문화적 기호들에 대한 주석을 거의 달지 않는다. 이러한 서술 방식은 자칫하면 일종의 지적 폭력으로 느껴져 불쾌감을 유발할 수도 있을 것이다. 하지만 문화적 기호들에 설명이 없는 것은, 설명이 필요 없기 때문이지 다른 이유는 없는 것으로 보인다. 백민석 소설에 등장하는 수많은 영화·사진·음악·만화 등은 결코 문화적 대상의 실체를 참조하거나 환기하지 않는다. 따라서 "부두 Voodoo 도사(道士)의 주술로 되살아난 깜둥이 흑인 시체" "삶은 콩방귀 포대" "나는 내 아버지를 죽였는데 너는 왜 네 엄마를 살려두니"와 같은 만화적인 명칭들 역시 철저하게 기표의 차원에서만 움직이고 있는 것이다. 백민석은 문화적 이미지들을 기표의 차원에서 다룰 뿐이며, 기표가 만들어내는 차이들을 가지고 유희할 따름이다. 또한 텍스트들을 참조하면서 놀기는 하지만 결코 우상을 만들어 스스로 노예가 되지도 않으며, 억압 장치로부터 벗어날 수 있다는 헛된 꿈을 가짐으로써 자기 자신을 쫓기는 자로 만들어버리는 어리석음을 범하지도 않는다. 등가 원리의 철저한 적용은 부정성이 아니라 긍정성에 입각한 삶의 태도를 가능하게 하며, 법(자본제의 상대적 안정성을 위한 규칙들)과 사회적 위계 구조의 주변에 무질서를 배치하는 전략이 된다. 이를 두고 등가성의 원리에 입각한 외표성의 아나키즘이라 할 수는 없을까. 외표성의 아나키즘을 전략이라고 인정할 수 있다면, 이제는 체계와의 피 튀기는 대결이 기다리고 있을 것이다.

7. 체계라는 이름의 괴물

백민석의 소설에 형상화되어 있는 체계의 이미지는 참으로 막연하면서 놀라울 정도로 분명하다. 어떠한 종류의 인식 능력으로도 체계의 전모와 정체를 완전하게 파악할 수 없기 때문이다. 체계의 이미지는 『박물지』에 소개되어 있는 '캘리포니아 나무개'와 아주 흡사한데, "일부분 정도가 띄엄띄엄 알려져 있을" 따름이며 "윤곽을 알고 싶으면 그 조각조각들을 꿰맞춰 재구성"(『박물지』, p. 22)할 수밖에 없다. 백민석의 소설에 등장하는 체계의 특징적인 면모를 띄엄띄엄이라도 살펴보도록 하자.

체계의 기본적인 강령은 유지와 강화이다. 『캔디』에 등장하는 퓨전 음식점 U.F.O.(United Fruit'n Vegetable Outlets)의 요리 원칙은 두 가지이다. 하나는 원재료의 신선도, 맛과 향기, 가격을 "그대로 유지하거나 한층 강화"(『캔디』, p. 65)하는 것이고, 다른 하나는 "메뉴의 수와 질을 한층 강화하려고 노력하거나, 아니면 한계를 아예 두지 말 것"(『캔디』, p. 65)이다. 체계의 작동 원리는 유지와 강화 그리고 무제한의 확장으로 대변된다. 호박과 딸기, 바나나와 양파, 파슬리와 깡깡처럼 어울릴 것 같지 않은 재료들을 함께 버무려 요리라고 버젓이 내놓을 수 있는 것처럼, 체계에 대한 비판 역시 체계 내부에서 생겨나서 체계에 의해서 흡수된다. "타부처를 감시하고 견제하고 비판적인 의견을 개진하도록 기능機能지어진 그 부처가 글쎄, 제 비판의 대상들과 똑같은 체계로 이루어져 있는 거야, 똑같은 체계로 운영되고 있었던 거야"(『캔디』, p. 49). 따라서 체계를 근본적으로 변화시킬 수 있는 혁명은 존재하지 않으며, 부분적인 개혁이나 비판은 별다른 의미를 갖지 못한다: "체계가 문제지, 결코 깡깡이나 파슬리 따위가 문제일 수는 없는 거다"(『캔디』, p. 66).

체계는 모든 것을 가능하게 만들거나 가능하지 않게 만들 수 있다. 그리고 체계가 규정해놓은 가능한 것과 가능하지 않은 것의 경계선 위에 인간이 놓여 있다. 모든 것을 가능하게 만들거나 아니면 가능하지 않게 만들 수 있는 체계 내부에서, 가능한 어떤 것과 가능하지 않은 어떤 것을 구분하며 살아가는 것이 인간이다. 그렇다면 백민석이 제시하는 전략이란 무엇인가. 분명하면서도 간단하다. 체계에 의해 규정된 인간이기를 포기하는 것. 체계의 원리를 모방하고 재현하는 것. 어떻게 체계의 논리를 모방할 수 있는가. 그 역시 이유는 간단하다. 체계 내부에서 살아왔다는 것처럼 확실한 근거는 없다. "솔직히, 가능한 것도 가능하지 않은 것도 없었다. 살아보니 그랬다. 〔……〕 체계처럼, 모든 것을 가능하게 만들거나 아니면 가능하지 않게 만들 수 있었다"(『캔디』, p. 66). 체계-내-인간이기를 거부하고 체계의 논리를 모방함으로써 체계와 맞먹겠다는 생각인 것이다. 조만간 괴물이 생겨날 것이다.

체계는 끊임없이 생산한다. 체계의 생산은 생산의 과잉이며 동시에 과잉의 생산이다. 과잉-생산은 잉여 '가치'와 쓰레기(가치가 소멸된 '잉여')의 동시적인 생산이다. 『캔디』의 주인공이 아르바이트를 했던 백화점의 풍경을 보자. 그곳의 판매원들은 야채와 과일이 찌그러지고 멍이 들면 보란 듯이 팔을 휘둘러 그것들을 쓰레기통 속으로 던져버리곤 했다. "판매원들이 물건들을 무더기째 발 아래로 차 던져버릴 때면, 고객들은 종교적 환영을 목도한 광신도들처럼 탄성을 지르며 손뼉을 마주쳤던 것이다. 〔……〕 어느 날은 버린 물건이 더 많았다. 산더미 같았던 것이다. 〔……〕 그들이 내던져버린 그 엄청난 물량의 야채와 과일들이 죄다 내 차지였던 것이다"(『캔디』, p. 61). 주인공은 체계가 생산하는 쓰레기들을 치운다. 백화점에는 치워야 할 박스가 너무 많고, 캔디가 다니는 학교에는 학생들이 너무 많다. 그래서 그들은 결론에 도달한다.

"늘 너무 많아. 박스들이건 학생들이건." 〔……〕
"그래 우리에겐, 늘 너무 많은 게 너무 많지." (『캔디』, p. 74)

환경을 위해 쓰레기 배출량을 줄여야 한다는 것은 체계 내부의 인간이 지켜야 할 원칙일 따름이다. 체계는 인간이 지켜야 할 도덕률들을 제시하지만 스스로는 도덕률과 무관하게 움직인다. 인간과는 달리 체계는 무차별적으로 쓰레기를 생산하는 기제이다. "불행히도 생산되는 거의 대부분의 것들은, 그 각자의 의미가 찾아지기도 전에 폐기(廢棄)된다. 〔……〕 생산의 속도가 너무 빨라, 의미의 속도를 추월하는 것이다"(『박물지』, p. 22). 체계는 결코 만만하지 않다. 체계는 스스로 끝없이 잉여를 생산하면서 동시에 끊임없이 인간의 잉여를 관리한다. 그 과정에서 잉여를 관리하는 하위 체계를 만들어 스스로를 확장한다. 「믿거나말거나박물지식 달걀 다이어트」가 대표적인 예가 될 것이다. 다이어트는 인간의 육체를 통제함으로써 쓰레기(잉여)에 대한 인간들의 관념을 조정한다. "그들〔체계의 하위 관리자〕은 자신의, 표준에서 벗어난 잉여 체중분, 즉 남아도는 살덩어리들에 대해 정체성을 부여하려 들지 않았다"(『박물지』, p. 41). 체계는 인간의 잉여 체중을 생산한다. 그와 동시에 잉여 체중을 가진 인간을 비인간적인 존재, 더 나아가서는 괴물스러운 것으로 규정하고 관리한다. 그런 의미에서 다이어트는 체계의 비합리성을 교정하려는 체계의 합리적 고안이다. 이 지점에서 백민석 소설이 가지고 있는 전략을 그려볼 수 있는데, 인간과 체계 사이의 위계화 원리를 등가의 원리로 전환시키는 것에 다름 아니다. 잉여 체중을 가지고 있는 인간이 괴물 취급을 받아야 한다면, 잉여와 쓰레기를 끊임없이 생산하는 체계 역시 괴물이라는 것.

체계의 생산양식은 그 내용과 형식에서 인간의 상상을 초월한다. 체계는 상상해낼 수 있는 모든 것을 이미 다 생산해버렸고 이제는 "인류가 상상해낼 수 없는 것들을 생산해내기 시작했다"(『박물지』, p. 134). '새로운 생산의 시대'에 접어든 체계는 그 자체로 이미 상상할 수 없는 그 무엇이다. 그렇다면 이러한 상황에 놓인 글쓰기의 운명은 어떠할까. 상상할 수 있는 것은 가까운 비디오 가게에 지천으로 깔려 있고, 체계의 작동 원리를 모방하여 상상할 수 없는 것을 재현하면 체계는 거부 반응부터 일으킨다. '캘리포니아 나무개'나 '완다라는 이름의 물고기'처럼 상상할 수 없는 것을 재현하고 있는 백민석의 소설이 그와 같은 취급을 받았을 것은 너무나도 명약관화한 일. 체계는 그 자신이 상상할 수 없는 것이면서, 상상할 수 없는 것에 대한 재현을 백안시한다. 왜 그럴까. 백민석의 소설이 체계의 괴물스러운 모습을 비추는 작은 거울이었기 때문은 아닐까. 괴물은 괴물을 본능적으로 알아보기 때문이다.

체계에 대해서 아직 할말이 남았는가. 당연하다. 체계는 법과 규율을 가지고 있다. "세상에는 우습게 여기다 큰코다치게 되는 그런 규칙들이 있는 법이지"(『박물지』, p. 223). 백민석 소설에 나타나는 법의 특징적인 면모는 공간과 밀접하게 관련되어 있다는 점이다. 작품들에 의하면 체계는 다중 공간이며 스스로 확장되는 공간이다. 『엽기전』에 등장하는 펫숍과 『박물지』의 격납고는 작가가 상정하고 있는 체계의 모델이라 할 수 있다. 체계의 입구는 항상 분명하지만, 그 안에는 일적인 접근이 금지된 '감춰진 공간'이 있다. "여기서부터 공간은 모호해진다. 그곳엔 표지가 없다. 아무 간판도 안내판도 달리지 않았다. 이렇다 할 집물이 없어 용도를 미루어 짐작할 수도 없다"(『엽기전』). 이를 두고 영도(零度)의 공간이라 할 수 있을 것이다. 영도의 공간은 체계의 경계인 동시에, 접근 가능/접근 불가능이라는 위계화 원리를 작동하게 하는 최종 심급이다. 접근 가능/접근 불가능으로 대변되는 위계화 원리는 한 개인이 통괄할 수 있는 영역의 크기를 규정하며, 영역의 크기는 한 개인이 체계 내부에서 갖게 되는 권력의 크기와 정확하게 비례한다. 당연히 감춰진 공간에는 금지의 표시들이 있다. 문제는 금지의 성격이다.

그 출입금지의 표지는 보는 이를 얼어붙게 할 마치 위압적이라서, 감히 정체를 캐물을 호기심의 여유조차 허용하지 않는 것이었다. 정체를 머릿속에 짜맞추어보다가는, 금세 덩치〔입구를 지키고 있는 험상궂은 사내들〕나 안전문이 떠올라 스스로 사고를 정지해버리는 것이었다. 그곳에 대해 알고 싶다는 생각이 싹 가셔지는 것이었다. 펫숍의 세번째 공간은 질문을 허락하지 않는 수수께끼고, 손대는 것을 허락하지 않는 조각퍼즐이었다.
그러한 펫숍의 공간 구조는 자연스레, 네번째 공간도 있지 않을까 하는 의구심을 일으켰다. 네번째 공간, 다섯번째 공간, 여섯번째 공간……말이다. 갈수록 수수께끼의 안전문은 육중해지고, 접근 불가능해졌다. 그는 꼬리에 꼬리를 물면서 바닥 없는 심연으로 사라지는 펫숍의, 암흑을 닮은 공간들을 떠올리곤 한다. 공포스런 광경이 아닐 수 없다. (『엽기전』)

위의 진술은 체계의 중심에 공포가 도사리고 있으며, 체계 그 자체가 한없이 증식하는 괴물이라는 사실을 명료하게 보여준다. 체계에 대한 이러한 인식의 저변에는 숭고의 상상력이 가로놓여 있다. 범박하게 말하면, 숭고는 엄청나게 거대한 것과 관련된다. 인간의 감각적·이성적 인식으로 단 한 번에 파악할 수 없는 거대한 대상을 만나게 될 때, 자동적으로 부정적인 느낌이 생겨나는데 이와 같은 부정적인 느낌이 공포의 원천이 된다.[7] 에드먼드 버크 이래로 많은 이론가들이 숭고와 공포를 연결짓고 있는 것도 이러한 연유에서이다. 백민석의 경우, 체계의 자기 증식성과 거대한 것에 대한 공포가 서로 만나고 있다. 체계의 전체를 파악하려는 인식은 계속해서 지연되고, 전체적인 파악의 불가능성은 인식 주체를 점증적인 공포 속으로 몰고 간다. "네번째 공간, 다섯번째 공간, 여섯번째 공간⋯⋯"처럼 한없이 연기되면서 증식하는 체계의 면모는, "수백 장의 사람 얼굴 가죽을 뒤집어"써서 "풍선처럼 커다랗게 부푼 얼굴을 갖게" 된 괴물의 모습과 구별되지 않는다.

"괴물이 있으면 괴물을 죽이려는 자가 있게 마련이고, 바로 그자가 그 괴물의 얼굴에 도끼를 박았지만—" 피식, 네가 웃었다. "그건 그냥 농담에 불과했어. 괴물은 자기의 수백 장 얼굴 가죽 중에서 그냥, 찢긴 것 몇 장만 들어내면 되었거든."

그리고 그 괴물을 죽이려는 자는 괴물에 의해 죽임을 당했다. (『박물지』, p. 150)

체계의 전체적인 모습에 대한 인식은 여전히 불명료하다. 하지만 체계의 정체는 분명하다. 괴물이라는 것. 그리고 체계라는 이름의 괴물에 맞서는 자의 운명도 이미 확정되어 있다. 당연히, 죽음. 하지

---

7) 숭고와 관련된 고전적인 논의로는 임마누엘 칸트, 이석윤 옮김, 「숭고의 분석론」, 『판단력 비판』, 박영사, 1974, pp. 108~51; 숭고와 괴물스러움의 관계에 대해서는, Barbara C. Freeman, "Frankenstein with Kan," Fred Botting ed., *Frankenstein*, Macmillan, 1995, pp. 191~203 참조.

만 스스로 괴물이 되지 않고서는 체계라는 괴물에 맞서는 일 자체가 불가능하다.

8. 자발적인 거세, 또는 괴물의 윤리학

체계는 상상할 수 없는 공포이고 괴물이다. 하지만 또 다른 괴물들이 분명히 존재하고 있는데, 백민석의 소설에 등장하는 주인공들이 바로 그들이다. 『엽기전』은 체계라는 괴물과 맞서고 있는 괴물들의 표정을 그리고 있어서 무척이나 흥미롭다. 작가에 의하면, 괴물은 체계 밖의 존재이다. 그래서일까. 주인공인 한창림과 박태자의 집은 과천 경계 밖에 있다. 과천은 체계를 대변한다. 범죄율은 가장 낮고, 공무원 냄새로 모든 나쁜 냄새들을 덮어버린 살기 좋은 도시이다. 한-박 부부는 미소년들을 납치해서 포르노그래피를 찍고 살해한 뒤에 암매장하는 일을 하고 있다. "포르노그래피 앞에서조차 무릎을 꿇어야"(『캔디』, p. 13) 하는 현실을 견디느니, 차라리 현실을 포르노그래피화하겠다고 덤벼든 형국이다.

한-박 부부를 자극하는 것은 서울랜드의 바이킹과 동물원의 육식 원숭이였다. 바이킹 타는 승객들의 즐거운 비명은 체계에 의해 순치된 채로 관리되는 공포를 보여준다. 또한 육식 원숭이는 체계에 의해서 관리되는 야수적인 공격성을 상징한다. 달리 말하면 과천의 서울랜드는 체계 속에서 공포와 야수성이란 언제나 안심하고 즐길 수 있는 것이어야 한다는 원칙을 보여주고 있는 셈이다. 따라서 체계 밖의 존재들에게는 기이한 일일 수밖에 없다. "기껏 롤러 코스터 위에 앉아 비명을 질러대다니, 무서울 일이 그렇게도 없는 인생들인가. 말하자면 즐거운 비명들인데, 즐거운 비명 몇 번 지르려고 오천

원 입장료에 삼천오백 원 탑승료를 내고 저걸 탄단 말인가"(『엽기전』). 이러한 모습에 열받은 한-박 부부는, 억압된 것이 귀환할 때 나타나는 진정한 공포와 야수성을 꿈꾼다. 그리고 그 꿈을 포르노그래피 찍기와 암매장이라는 방식으로 표출했을 것이다. 그렇다면 이들 부부는 어떠한 방식으로 체계와 대결하고자 하는 것일까. 어떤 방법으로 공포와 야수성의 본 모습을 찾아줄 것인가.

첫번째 방법은 포르노 대사 외우기에서 포르노 찍기로 나아가는 것.『캔디』에는 서로 벌거벗고 누워서 포르노를 보면서 대사를 따라 외우곤 하던 주인공 커플이 등장한다. ""퍽 미? 퍽 미?" 내 통통한 아랫배 위에서, 그녀는 노래하듯 진저 린의 대사를 따라 부른다. "야! 야!" 그, 캔디 바처럼 흔해빠지고 손쉽게 사 긁어모을 수 있는 시간에 우리는 그렇듯, 포르노 필름의 대사들을 따라 외우고 있었다"(『캔디』, p. 9). 이들이 성장해서 한창림-박태자 부부가 되었다고 보아도 무방할 것이다. 포르노의 장면을 따라 실습(?)도 하고 서로의 배 위에서 대사도 따라 외우고 하던『캔디』의 주인공들이 직접 콘티를 짜고 폭력적인 방식으로 배우를 섭외하고 촬영 환경의 열악함에 대해 고뇌하는 단계에 이르렀다는 것. 그리고 수컷으로 지목된 윤수영이란 학생을 납치해서는 SM(사도마조히즘) 포르노나 하드코어 포르노의 기본적인 장면만 연출해보았다는 것. 그러자 정말 놀라운 일이 벌어진다. 홀딱 벗겨 개 목걸이를 채웠을 뿐인데 놀랍게도 인간에서 애완동물로 변하는 것이 아닌가. 성적 도착을 현실에다가 잠시 재현해본 것뿐인데 인간이 애완동물로 변하는 도착(倒錯)이 눈앞에 펼쳐진 것이다. 깔아놓은 신문지 위에 분비물들을 싸질러놓고, 그래서 주인이 치워주고 씻겨주고 해야 되고, 먹을 것도 턱 밑에 갖다줘야 되고 해서, 가끔 짜증이 나면 죽지 않을 정도로 패주기도 한다는 것. 그러면 말은 못하고 짐승 같은 신음소리를 내기도 하며,

방심했을 때는 주인을 할퀴거나 물기까지 한다는 것. 포르노그래피는 짐승 같은 인간들의 모습을 담은 필름인 동시에 인간을 짐승으로 변모시키는 가장 단순하고 확실한 방법이었던 것이다.

하지만 이들은 두 가지 실수로 낭패를 보게 된다. 하나는, 인간을 짐승으로 만드는 것까지는 좋았는데, 짐승스러워진 인간을 길들이려 했다는 것. "저놈 아직 길이 안 들었어. 어떡하면 착한 학생이 되는 거지?"(『엽기전』) 그들 스스로도 포르노화된 현실에서 분출하는 야수성 앞에서 당황했던 것이다. 다른 하나는 거듭된 유산으로 불임이 된 박태자가 자신의 주제를 망각하고 잠시 어미 흉내를 내보고 싶어했다는 것. 박태자는 어미 흉내를 내다가 가슴을 물어뜯겨 치명적인 상처를 입었고, 펫숍에 며칠 방치되었다가는 사냥개 먹이로 전락한다. 비록 실패는 했지만, 그래도 윤수영이란 학생을 통해서 인간을 짐승으로 만들고 야수성을 회복하는 방법(현실의 포르노화)을 알게 되었으니 그나마 다행이기는 하다. 하지만 그 사실을 보고 느낀 사람은 한-박 부부 두 사람뿐이었고, 게다가 두 사람은 죽거나 체포되거나 했으니, 참으로 착잡할 따름이다. 이를 두고 한 편의 코미디라 할 수 있을 터.

두번째 방법은 냄새로써 체계의 법과 한판 대결을 벌이는 것이다. 앞에서 살핀 것처럼, 백민석의 소설에서 법은 체계가 자신의 영역을 표시하는 방식이다. 출입금지 팻말이 대표적안 예라 할 것이다. 출입금지 표시는 체계의 법이 힘없는 사람들의 거주지를 박탈하고 자신의 영역을 확장했음을 알리는 표지이다. 체계가 자신의 영역을 배타적으로 관리하는 방식인 동시에, 출입 가능한 사람과 출입 불가능한 사람을 구분함으로써 서열 구조를 정립하는 방식이기도 하다. 출입금지 표지로 대변되는 법은 체계의 영역 표시 방법인 것이다. 체계의 법에 대해서 법으로 맞서서는 게임이 안 된다. 그렇다면 무엇을 가지고 싸워야 할 것인가.

한창림이라는 괴물의 무기는 냄새다. 야생의 동물들처럼 한창림은 냄새로써 자신의 영역을 표시한다. 자신의 영역이 침범당했을 때, 자신의 존재 가치가 훼손당했다고 느낄 때, 그리고 수컷 기질을 가진 인간을 만났을 때, 그는 냄새를 피워올려 "쉽게 무시할 수 없는 강력한 영역 표시"(『엽기전』)를 한다. 그렇다면 냄새는 체계의 법과 맞먹을 수 있는 수단이 될 수 있는가. 체계가 관리하기에 가장 어려운 것 가운데 하나가 다름 아닌 냄새이다. 또한 냄새는 체계와 상대가 되지 않을 정도로 왜소한 한 개인이 자신의 몸을 최대한 확장하는 방식이기도 하다. 냄새를 발할 때 몸의 모든 구멍이 열린다는 모종의 확장감을 한창림이 느끼는 이유도 바로 거기에 있다. 따라서 법에 대항해서 냄새로 맞서는 것은, 결과를 따지지 않는다면, 어떠한 방식으로든 게임은 된다. 한창림은 결국 세계의 부당함에 맞서서 고약한 냄새를 피우다 끝내 패배하고 만다. 이러한 모습에서, 약간은 돈 키호테적이기는 하지만, 패배한 영웅의 모습을 발견하기란 그리 어렵지 않은 일이다. 한 편의 코미디에 겹쳐져 있는 또 다른 한 편의 비극을 보았다는 생각.

그렇다면 왜 한창림은 미소년들을 납치해서 죽였던 것일까. 이유는 간단하다. 수컷 기질을 가지고 있기 때문이다. "수컷들이란, 더 강한 수컷이 나타나면 꼬리를 말고 낑낑대기 마련이"(『엽기전』)고 "그저 성기가 이쁘다는 이유만으로 제 영역을 내주는"(『엽기전』) 바보 같은 놈들이기 때문이다. 체계의 서열적 구조를 만드는 뿌리깊은 원천이 바로 수컷 기질에 있었던 것이다. 문제는 한창림 자신도 수컷 냄새를 한껏 피우고 돌아다닌다는 것이다. 자신은 수컷 냄새를 풍기면서 다른 죄 없는 수컷들을 때려잡는다면, 이것은 심각한 자기모순이 아닐 수 없다. 스스로 수컷 냄새 피우고 다니면서 다른 수컷들을 때려잡고자 한다면, 최소한의 윤리적인 근거는 있어야 하지 않을까. 한창림의 윤리적 근거는 그가 더 이상 생물학적인 수컷이 아니라는 점에 있다. 거듭되는 아내의 유산을 겪으면서 아예 정관수술을 해버린 것. 이를 두고 '자발적인 거세'라고 할 수 있다면, 한창림의 윤리적 근거는 바로 자발적으로 거세한 괴물이라는 사실로부터 주어졌던 것이다.

체계는 괴물이고, 체계와 맞먹으려는 자도 괴물이다. 괴물(체계)과 괴물(한창림)의 대결에서 거세된 괴물에게 윤리적인 정당성이 부여된다는 것은 무슨 의미인가. 체계의 자기 확장 방식과 과잉 생산 체제를 염두에 둔다면, 거세된 괴물의 비(非)생산성 내지는 무(無)생산성이란 이미 그 자체로 체계와 구별되는 윤리적 근거를 마련한 것이기 때문이다. 이를 두고 자기 소멸의 윤리학이라 할 수는 없겠는가. 한창림이라는 괴물은 체제의 주인만 교체될 뿐이고 동일한 체제가 지속적으로 유지되는 싸움을 꿈꾸지 않는다. 그는 자기 소멸을 윤리적 담보로 삼아서 체제 자체의 종언을 겨냥하는 싸움을 벌인다. 윤리적으로는 정당한데, 다만 결과가 비극적이었을 따름이다. 『캔디』의 주인공이 「터미네이터」를 몇 번이고 반복해서 보지 않으면 안 되었던 이유, 총잡이가 최후에는 스스로를 쏘아버릴 수밖에 없는 이유, 『헤이』의 마지막 부분에서 K와 희(喜)가 서로의 몸을 파먹을 수밖에 없었던 이유도 바로 이 지점에 있었던 것이다. 『헤이』의 마지막 장면을 본다. 아직도 여전히 엽기적인가. 윤리적인, 너무나도 윤리적인.

K는 그렇게 꽂아 넣었다가 곧 다시 빼는 동작들을 몇 번이고 되풀이하고 허리를 굽혀 이빨이 닿는 대로, 아무 곳이나 질경질경 씹어대기 시작한다. 〔……〕 K는 잠시, 이빨 새에 끼었던 희의 클리토리스를

놓고는 흑인들의 어깨에 메어진, 어떤, 검은 관을 본다. 〔……〕홈는 무릎을 꿇고는 게걸스럽게 이빨로 K의 성기를 물어뜯고 있다. 뭔가…… 뭔가, 축축하고 알 수 없는 것이 K의 사타구니 새로부터 넓적다리를 타고 흘러내린다. 〔……〕 K는 캭캭, 낮은 비명을 지르며, 아직도 K의 성기를 씹어먹고 있는 홈의 머리칼을 틀어쥔다. 캭캭, 홈가 몸을 비튼다. 캭캭…… (『헤이』, pp. 325~27)

비평가 tympan씨의 하위 문화 만유기(漫遊記)[1]

1. 하위 문화의 전자 요람: 인터넷과 디지털 미디어

하위 문화subculture의 전면적인 부각은 1990년대 이후에 등장한 새로운 문화 현상이다. 그 이전에는 하위 문화가 없었다는 말이 아니라, 하위 문화의 전면적인 부각을 통해서 새로운 문화 지형이 형성되었다는 의미이다. 하위 문화의 보급과 확산에서 가장 중요한 요소는 뭐니 뭐니 해도 개인용 컴퓨터의 보급과 인터넷의 대중화이다. 종전까지 계급·인종·성·지역·연령 등에 따른 하위 문화적인 지형이 존재했던 것은 엄연한 사실이겠지만, PC와 인터넷은 1990년대 이후로 하위 문화의 역동적인 분출을 가능하게 만든 전자 자궁이며

---

[1] 이 글은 하위 문화에 대한 원고 청탁으로 시작되었지만, 하위 문화 연구에 포괄되기 어려운, 하위 문화적인 분위기를 넘겨다보려는 어설픈 노력의 산물에 불과하다. 문학과 관련된 담론을 생산하고 유통하고 있는 어느 글쓰기 주체의 관점에서 구성된, 일종의 브리콜라주라고 보면 가장 적당할 듯하다. 클럽은 많이 알려져 있기 때문에, 동성애는 보다 섬세하게 다루어져야 하는 주제이기 때문에, 대상에서 제외했다. 현재까지 소개되어 있는 하위 문화 이론이 선입견으로 작용하지 않도록 유념하면서, 구체성을 드러내려고 했지만 실체보다는 신드롬에 치우치고 말았다. 학삐리 또는 룸펜 인텔리겐치아의 역할이란 엇박자로 뒷북치기에 있는 것이니, 어쩔 수 없는 일이기도 하다. 직접 인용이 아닌 경우에는 각주를 생략했다. 부족한 원고를 위해 조언을 아끼지 않았고 자료 조사까지 도와주었던 소다희와 윤경희 동학에게 감사한다.

테크놀로지적 요람이다.

디지털 미디어는 기존의 모든 미디어(신문·TV·라디오·영화·책 등)를 포괄하고 통합할 수 있는 하이퍼미디어적인 속성을 갖는다. 디지털 미디어가 기존의 잠재적 하위 문화들을 끊임없이 불러모으고 통합하고 끊임없이 분산시키는 과정 속에서, 하위 문화는 주요한 사회·문화적인 사건으로 자리를 잡아간다. 미디어를 중심에 놓고 바라보았을 때 1990년대 이후 하위 문화의 한국적인 특징으로 1) 디지털 문명과의 근원적인 결속에 기반하며, 2) 양식 genre의 분류학이 아니라 매체 media의 존재론에 근거하며, 3) 공(公)/사(私), 지배/피지배, 노동/놀이, 억압/저항, 효용성/무용성 등과 같은 전통적인 사회적 가치의 대립 양상이 현저하게 약화되거나 중화된 탈분화적인 공간을 창출하였다는 점을 거론할 수 있다.

하위 문화의 한국적 지형은 무협지의 배경인 중원이나 강호와 형상적으로 유사하다. 먼지를 일으키며 말을 달려도 그 끝을 가늠할 수 없는 광활한 대지, 기득권 계층은 존재하지만 권력의 제도화가 안정되지 않은 유동성의 상태, 정치적 정당성이 특정한 개인이나 집단에게 독점적으로 귀속되어 있지 않은 공간, 사악한 무리의 존재 역시 그 나름의 존재 이유를 충분히 가지고 있는 공간, 그리고 어느 곳에선가 무공을 연마하고 있을 무림고수의 존재들. 중원은 주인 없는 땅과 제국(帝國) 사이의 중간 단계이며, 신화적인 동시에 역사적인 성격의 시공간이다. 하위 문화는 무협지의 중원과 유사한 시공간(인터넷)을 떠돌아다닌다. 그 과정 속에서 하위 문화는 문화적 지형 속에 유목민 nomad적인 문화의 원리를 도입하고 구조화한다. 광고에서 그리고 롤 플레잉 게임의 배경에서 역사적이면서 동시에 신화적인 공간인 '중원'의 이미지를 발견하는 것이 과연 우연의 일치이거나 문화적인 트랜드에 불과한 것일까.[2]

2. 스타일, 또는 삭제 부호 아래에 놓인 저항성

　옛날이야기 한 토막. 팔봉 김기진이 루바슈카(테트리스에서 볼 수 있는 러시아풍의 외투)를 걸치고 부산항에 발을 디딘 것은 1923년의 일이었다. 일본 유학이라고 떠났지만 여러 가지로 신통치 않았던 모양이다. 자신의 술회에 의하면, 하숙방에서 일본에서 발간되던 잡지들이나 뒤적이고 있던 중에 새로운 사상과 만나게 되었다고 한다. 새로운 사상이란 다름 아닌 브나로드 운동을 말하는 것인데, 일본에서는 『씨 뿌리는 사람들』이라는 잡지를 통해서 소개되고 있었다. 브나로드 운동의 혁명성에 조선의 지식 청년 김기진이 덜컥 들려버린 것이다. 문제는 김기진이라는 주체가 감상적 낭만주의에서 브나로드 운동으로 사상적인 전환을 경험했다는 사실의 확인에 있지 않다. 그리고 그가 얼마나 자신의 신념에 철저했는가를 검증하는 데 있지도 않다. 팔봉이 자신의 사상적 전회를 루바슈카로 대변되는 패션-스타일로서 표현했다는 점이 문화적으로 의미있을 따름이다. 루바슈카란 혁명성의 은유이면서 그 자체로서 하나의 스타일이었다. 루바슈카는 혁명적 엘리트들이 스스로를 다른 엘리트들과 구별짓는 방식이었고, 낭만성과 혁명성의 통합된 기호였으며, 잡지나 외국 서적을 통해서 어렴풋하게 느꼈던 혁명성의 아우라를 경험하고 과시하는 자기 연출의 방법이었던 것이다. 스타일로 대변되는 감각의 일

---

2) 이동 통신 사업의 몽골 진출을 알리는 SK의 광고, 「비천무」의 분위기와 컴퓨터 그래픽을 결합시킨 메가패스 광고, 그리고 작은 나라 콤플렉스를 건드리면서 은근히 인터넷 민족주의를 부추기던 korea.com의 초기 티저 teaser 광고 등은 사이버 공간을 중원이라는 공간적 비유의 차원으로 전치시킨 것이다. 최근의 야후 yahoo 광고 카피는 이러한 추정을 한층 뒷받침한다. "넘버 투, 넘버 스리는 싫다……/나, 야후! 클럽 추장/그냥 클럽이 아니다./(……)/이제, 야후!에 나만의 부족을 만들자."

단을 「백수의 탄식」을 통해서 잠시 엿보도록 하자.

  가고자 하는 농민들에게는
  되지도 못할 '미각'이라고는
  조금도 조금도 없다는 말이다.
  Café Chair Revolutionist,
  너희들의 손이 너무 희구나!

 부르디외의 지적처럼 문화적 위계 질서는 사회적 위계 질서와 상응하며 문화적 취향은 무엇보다도 중요한 계급적 지표이다. 문화적 취향과 스타일의 차이는 경제적인 차이이며 계급적인 차이이다. 팔봉의 고민이 문화적 취향들 사이의 변별성에 있는 것은 아니다. 오히려 문화적 취향의 유무에 고민이 있는 것이다. 농민 계층은 '밥을 먹느냐 못 먹느냐'라는 생존의 문제에 매달려 있고, 반면에 지식 계층은 '어떤 것을 골라서 먹을 것인가'라는 문화적 취향의 문제를 이미 내면화하고 있다. 혁명을 가로막고 있는 것은 다름 아닌 문화적 차이이다. 따라서 혁명은 "미각을 죽이고서 내려가 서고자" 할 때에야 가능해진다.

 지식인의 패배 의식과 허무주의를 표현한 작품으로 읽을 수도 있겠지만, 이 시가 보여주는 시각은 참으로 신선하다. 혁명적 엘리트들의 계급적인 측면을 미각과 흰 손으로 표현하고 있으며, 그들의 삶의 스타일을 Café Chair Revolutionist로 규정하고 있다. 팔봉이 미각이라고 강조해놓은 것은 taste, 그러니까 문화적 감수성 또는 문화적 취향을 말한다. 계몽 운동이든 혁명 운동이든 그것은 지식 계급의 문화적 취향의 표현이며 하나의 스타일이라는 사실을 은연중에 보여주고 있는 것이다. 혁명에 대한 열정은 패션에서 그 표현을 얻었고, 혁명가의 이미지는 루바슈카를 통해서 제시되며, Café Chair Revolutionist를 통해서 혁명은 하나의 스타일로 정립된다. 따라서 백수의 탄식이란 스타일의 탄식, 달리 말하면 지식 계층의 스타일과 농민 계층의 스타일 사이의 소통 불가능성으로부터 연유하는 탄식인 것이다.

스타일이 처음으로 발생하는 과정에는 급진적인 맥락과 절박한 상황, 그리고 지극히 우연적인 선택이 가로놓여 있다. 랩과 힙합, 그래피티(낙서)가 레이건 정부의 고사 정책에 저항하는 게토 지역 흑인들의 문화적 반항이었고, 섹스 피스톨즈의 배배 꼬인 「마이 웨이」가 부르주아적인 권위와 부모 문화의 허위 의식에 대한 상징적인 도발이었던 것처럼 말이다. 하지만 스타일은 역설적이게도 자신의 급진적인 원천으로부터 분절됨으로써 하나의 스타일로 정립된다. 스타일은 저항성의 표현이면서 동시에 삭제 부호 아래에 놓인 저항성이다. 저항성 위에 삭제 부호(×)를 더하게 되면, 저항성은 부정된 것처럼 보인다. 하지만 삭제 부호 아래로 보이는 저항성이라는 글자의 존재는 기원과 파생의 역사적 과정을 한꺼번에 제시하고 있을 뿐만 아니라, 저항성을 은폐하는 방식이 되기도 한다. 하위 문화는 스타일의 정치학이며, 저항성의 모순적인 잠재태이다.

따라서 이동연의 지적처럼 하위 문화의 저항성은 스타일이 놓여 있는 상징적 문맥으로부터 연유하는 것이며 결코 물리적이거나 정치적인 저항성으로 환원되지 않는다. 무하마드 알리가 자신의 복싱 스타일을 "나비처럼 날아서 벌처럼 쏜다"고 설파했던 것처럼, 하위 문화의 저항성은 한 방의 훅이 아니라 잽이다. 사회를 한 방에 엎어놓을 필살기는 하위 문화의 지형도에서 찾을 수 없다. 하위 문화적 스타일은 저항성을 알레고리화하는 하나의 기호가 되어 떠다니기 때문이다. 그 자체로는 저항성을 갖지 않을지라도, 타자의 시선과

담화에 의해서 저항의 기표로 정립되며, 표면의 층위에서 다른 하위 문화 스타일과 결합한다.[3]

3. 학교 안과 밖의 하위 문화적 지형

하위 문화의 지형에서 빼놓을 수 없는 공간이 바로 학교이다. 일반적으로 학교는 사회적으로 승인된 스타일만을 가르칠 뿐이고, 저항의 스타일은 가르치지 않는다. 학교는 청소년이 점유할 수 있는 시간과 공간을 제한하며, 교과서와 시험을 통해서 지배 문화의 일반적인 태도와 감수성을 훈육하며, 다른 능력으로 전환 가능한 일반적인 적성을 배양한다. 반면에, 학교는 스타일을 둘러싼 분쟁의 공간이기도 하다. 학교의 제도적 억압은 부모 세대의 기대를 반영하는 것이기 때문에, 학생—학교의 갈등은 지배 이데올로기나 부모 문화와의 갈등을 옮겨놓은 것이다. 학생과 학교가 대립해온 전통적인 주제 가운데 가장 역사가 오래된 것은 귀밑 몇 센티, 단발머리, 퍼머 금지, 염색 금지 등과 같은 스타일의 문제였다. 학교는 스타일과 관련된 허용과 금지의 경계를 제시한다. 하지만 학교가 제시하는 금지의 규칙 안팎을 날나리와 양아치들이 넘나든다. 학생들의 저항 역시 스타일을 통해서 이루어졌던 것이다.

학교는 모순적인 공간이다. 이데올로기적인 억압 기구인 동시에 하위 문화의 인적(人的) 네트워크를 제공하기 때문이다. 특히 학교의 울타리 바깥으로 하위 문화적인 지형이 펼쳐진다. 학교를 나와서 갈 수 있는 곳, 몸을 숨기고 시간을 때울 수 있는 곳, 예를 들면 영화

---

3) 딕 헵디지, 이동연 옮김, 『하위 문화: 스타일의 의미』, 현실문화연구, 1998.

관·만화방·비디오방·PC방·콜라텍 등이 하위 문화적 지형을 형성하는 것이다. 학교의 수업이 학생의 자기 억제에 기반하고 있는 것이라면, 학교 바깥의 하위 문화적 지형들과의 만남은 자발적인 매혹과 독학을 통해서 이루어진다. 하위 문화는 학교의 담을 넘어 들락날락한다. 이러한 맥락에서 보자면 하위 문화는 통례화된 학교 문화로부터의 자유이며, '학교적 기원으로부터의 자유'라는 성격을 갖는다.[4]

안정효의 『헐리우드 키드의 생애』에 의하면 영화관은 매혹의 장소였고, 학교-밖-하위 문화적 지형이었고, 학교에서 가르쳐주지 않는 공부를 스스로 해나가는 독학의 공간이었다. 전통적인 마니아들은 학교가 설정해놓은 경계선을 넘나드는 곡예를 하면서 자신의 문화적 정체성을 형성해갔다. 여가 개념이 사회적으로 승인되기 이전 시기의 일이다. 유하의 『세운상가 키드의 사랑』은 1960년대 초반생들이 경험했던 하위 문화적 지형을 복원하고 있다. 세운상가, 뭘 세운다는 건지 정확하게는 알 수 없지만, 상징적이면서 선정적인 건물이다. 그는 미로와 쪽방, 키치와 포르노그래피 사이를 헤집고 다닌다. 그 과정에는 세운상가 키드는 스스로를 욕망의 주체로서 정립한다. 세운상가라는 하위 문화적 공간을 헤집고 다니는 탐색과 모험을 통해서 욕망의 주체로 성장한 것이다. 세운상가라는 공간적 메타포는 1990년대 이후로 인터넷 속으로 전이되었다. 인터넷 속에 하위 문화의 지형도가 펼쳐진 것이다. 학교를 뛰쳐나온 정현철을 서태지로 만들어주었던 것은 컴퓨터였다. 학교-밖-하위 문화적 지형에 컴퓨터가 있다는 사실을, 그리고 컴퓨터가 있는 하위 문화의 풍경이 언더그라운드이고 인디라는 사실을, 가장 인상적으로 보여준 인물이 서태지

---

[4] 피에르 부르디외, 이영욱 옮김, 「예술적 취향과 문화 자본」, 박명진 외 엮음, 『문화, 일상, 대중: 문화에 관한 8개의 탐구』, 한나래, 1996, p. 93.

였다.

그렇다고 해서 학교의 교실 내부에서 아무 일도 일어나지 않는 것은 아니다. 장정일은 『내게 거짓말을 해봐』에서 교실 안에서 일어나는 취향의 구별짓기를 날카롭게 포착하고 있다. 여자 주인공 와이가 남자 주인공 제이의 존재를 처음으로 알게 되는 과정은 다음과 같다.

> 와이가 제이를 알게 된 것은 그녀의 동급생인 우리를 통해서였다. 〔……〕 누구에게 수소문해서인지는 모르지만 서울의 인사동을 뒤져 제이의 전시회 팸플릿을 하나씩 모아 대단한 보물이나 되는 듯이 와이에게 자랑을 하곤 했다. 〔……〕 그런 우리를 보며 와이는 처음에 이렇게 생각했다고 한다.
> "걔한테 어울리는 선택이라고 생각했어. 우리가 김건모나 서태지가 아닌 좀 특별난 오빠를 찾아낸 거구나 싶었지."[5]

아이들(idol) 스타나 스포츠 스타 중심의 대중 문화가 지배-주류 문화인 교실에서, 조각으로 대변되는 예술이 구별짓기의 문화적 표상으로 채택되는 장면이다. 조각 전시회의 팸플릿은 예술의 소비와 향유라는 기존의 맥락에서 이탈하여, 김건모나 서태지나 이동국이 아닌 그 무엇으로서 새로운 위상을 부여받는다. 예술은 하나의 하위 문화적인 기호로서 (대중)문화적 주체에 의해 호명된다. 예술은 대중 문화의 하위 문화 내지는 소수자 문화일지도 모른다.

---

5) 장정일, 『내게 거짓말을 해봐』, 김영사, 1996, p. 29. 강조는 필자.

4. 연령, 또는 무계급성의 낭만적 신화

「교실 이데아」에 삽입되어 있었던 안흥찬의 악마적인 절규를 기억하는가. 그렇다면 강남역이나 대학로 부근을 기대에 찬 표정으로 서성이고 있는 일군의 젊은이들을 본 적이 있는가. 사람들은 묻는다. 도대체 「TV는 사랑을 싣고」의 인터넷 버전인 '아이러브스쿨'이 왜 그렇게들 난리냐고. 사실, (손으로 머리 문지르며) 나도 잘 모른다. 영화 「러브 레터」와 「접속」이 보여주었던 낭만성이, 디지털화한 것이라고 볼 수는 없을까. 시간의 갈피 속에 숨어 있다가 영원한 망각 속으로 사라질 운명이었던 첫사랑·추억·상처 등이, 학교라는 시공간을 공유했던 친구들을 통해서 지금-여기로 역류해 들어와서 현재화된다는 것. 사이버 로맨티시즘이라 할 만하다. 어쨌든, 「교실 이데아」를 따라 부르며 성장한 세대들이 '아이러브스쿨'에도 열광하고 있다.

인터넷 산업과 관련해서 본다면 '아이러브스쿨'은 컴퓨터와 인터넷에 관한 사회적 인식의 변화와 대응하고 있는 현상이다. 1990년대 중반부터 시작된 한국의 인터넷은 정보화 사회로의 진입과 벤처 기업 부양이라는 국가 정책과 맞물리면서 발전해왔고, 상당한 기간 동안 인터넷은 황금알을 낳는 거위 내지는 정보의 바다로 선전되었다. 인터넷이나 컴퓨터 광고의 변화를 생각해보면 쉽게 알 수 있는 일인데, 초기의 컴퓨터 관련 광고는 기능적인 측면에 주안점을 두고 있었다. 중년층을 대표하는 최불암이 등장해서 인터넷이 무지하게 쉽다며 으쓱해하던 광고나, 검색 명령을 내리면 시커먼 사냥개가 목욕하는 엄정화를 데리고 왔던 광고는 편리함과 속도 그리고 일반적인 접근 가능성을 알리기 위한 것이었다. 반면에 최근의 광고들은 엔터

테인먼트로 대변되는 오락성(재미)과 사람 냄새 나는 인터넷을 메인 컨셉으로 삼고 있다. 최근의 사람 찾기 열풍 역시 인간적 체취가 느껴지는 인터넷을 모토로 하는 디지털 휴머니즘에 상응하는 현상이라고 할 수 있다.

디지털 미디어를 인간화하는 과정에서, 사이버 공간의 모임인 커뮤니티의 중요성이 자연스럽게 부각되었다. 인터넷 업계에서는 여러 가지 방법으로 커뮤니티를 유치하기 위해 노력하고 있는데, 현재까지 커뮤니티를 구성하는 전략은 크게 세 가지의 단계를 거쳐온 것으로 보인다. 첫 단계는 '야후'와 '아마존'으로 대변된다. 방대한 데이터와 뛰어난 검색 엔진으로 고객을 감동시키던 단계이다. 이들의 영향력은 아직까지도 압도적이다. 두번째는 '다음'의 커뮤니티 전략이다. 평생 무료로 쓸 수 있는 이메일 주소(한메일)와 문화적 관심이나 취향에 따라 아무런 제한 없이 동호회를 만들 수 있는 공간('다음 카페')을 제공하는 전략. 세번째 단계는 '아이러브스쿨'로 대변된다. '다음 카페'처럼 문화적 취향이나 개별적인 관심에 따라 동호인들이 모여서 자연발생적으로 새로운 커뮤니티가 형성되길 기다리는 것이 아니라, 학교 제도를 통해 잠재적으로 형성되어 있던 커뮤니티를 사이버 공간을 통해서 적극적으로 현실화시키는 전략이다. 오프라인 모임의 대표 격인 동창회를 사이버 공간으로 통째로 옮겨오는 전략. 온라인과 더불어 오프라인에서도 만남이 이루어지기 때문에 단기간에 결집력과 충성도가 강한 커뮤니티가 형성되는 것은 당연한 일이다. '아이러브스쿨' 열풍은 온라인 기반 커뮤니티에서 온-오프라인 기반 커뮤니티로 전환되는 양상을 잘 보여주고 있다.[6]

---

6) 커뮤니티의 형성은 콘텐츠 제공업체(CP)의 수익 모델에 대한 위기 의식과 관련되면서 더욱 가속화되는 양상을 보이고 있다. 대부분의 인터넷 사이트가 무료로 운영되는 현실에서, 기업의 자산 가치와 광고 수입을 증대시킬 수 있는 거의 유일한 근거는

'아이러브스쿨'이 보여주고 있는 낭만화된 학교의 이미지는 사실상 외피에 불과하다. 그리고 그 속에서 벌어지고 있는 온갖 복잡다단한 이야기들 역시 시시껄렁한 것들이다. 중요한 것은 학교라는 제도를 이들이 활용하는 상징적인 방식에 있다. '아이러브스쿨'을 통해서 만나는 사람들은 '동갑'이라는 공통점을 갖는다. '아이러브스쿨' 이전부터 '띠'를 중심으로 하는 연령별 동아리들이 있었다. 이곳에서는 학벌·지연·혈연·직업·경제적 수준 등은 전혀 문제되지 않는다. 유일한 공통분모인 연대기의 출생 연도에 근거해서 새로운 관계들을 형성해간다. 동갑이라는 요건이 평등한 참여 조건을 형성하는 것이다. 단지 나이가 같다는 이유만으로, 서로 반말을 트고 친구가 되는 연령별 동호회 모임은, 친숙하면서도 놀라운 일이다.

그렇다면 하위 문화적 지형도 속에서 연령이라는 지표가 수행하는 기능은 무엇일까. 연령은 커뮤니티 구성의 평등한 참여 조건이며, 계급적 표지가 삭제되었음을 보여주는 문화적 상징이다. '아이러브스쿨'은 학연을 중시하는 부모 세대의 세속적인 가치관에 대하여, 학교를 다른 방식으로 사용하는 젊은 세대의 상징적 전략이 드러나는 장면이라는 점에서 의미를 갖는다. 학벌·지연·혈연·직업·경제적 수준 등에 따라 계급 분화되어 있는 기성 사회와, 그러한 사회 체제를 승인하고 강화하는 부모 세대에 대한 일종의 문화적 저항인 셈이다. 그리고 그 중심에 연령 내지는 동갑이라는 조건이 가로놓여 있다. 연령은 계급성을 은폐하는 기호이다. 그리고 계급적인 분화가 없던 시절로의 회귀를 꿈꾸는 심리적 퇴행을 반영한다.

'아이러브스쿨'은 중·고등학교보다는 초등학교가, 공립보다는 사립이, (서울에 한정할 때) 강북보다는 강남 지역이, 그리고 나이가 어

페이지 뷰 page view(방문 횟수)이다. '아이러브스쿨' 이후로 대부분의 포털 사이트가 사람 찾기 서비스를 제공하는 이유도 여기에 있다.

릴수록 활성화되는 양상을 보인다. 서울의 어느 사립 초등학교는 한 학년 240명 중에서 220명이 모이기까지 10개월 정도가 걸렸다고 한다. 그런데 두 가지의 문제가 생겼다. 하나는 익명 게시판. 인터넷 사이트의 관례에 따라 익명 게시판을 만들게 되자, 주로 이성 문제에 관한 루머와 비아냥이 올라오기 시작했고, 예전의 화기애애함을 회복하기 힘든 지경에 이르게 되었다.[7] 다른 하나는 오프 모임과 관련된 것. 인원이 100명 이상으로 늘어나면서 전체 모임이 어려워지게 되었고 정기 모임과 여러 개의 소모임으로 정확히 분리되기 시작했다. 소모임은 주로 지역에 근거하는데, 지역적 차이에 따른 갈등이 조금씩 생기기 시작한다. 이를테면, 천호동에서 만나느냐 압구정동에서 만나느냐 종로에서 만나느냐의 차이, 삼겹살 집에서 만나느냐 평범한 카페에서 만나느냐 베니건스에서 만나느냐 하는 차이가 생겨난 것이다. 거주 지역과 모임 장소는 구성원들의 사회적 계급과 문화적 취향을 표현하는 차별화된 아이콘이 되었다. 연령은 구성원 사이의 사회적·경제적·계급적 차이를 삭제하고 은폐하는 아슬아슬한 봉합선이었다. 하지만 실밥 터지는 소리가 여기저기에서 들려온다.

〔보론 1/과시적 노동〕

소비의 주체가 가정의 범주를 벗어나 놀라울 정도로 분화되고 있다. 이러한 과정에서 1020세대(10대에서 20대)가 강력한 소비 주체

---

7) 인터넷 사이트에서 익명 게시판이 자진 철거되는 일은 '아이러브스쿨'의 몇몇 동창 모임이 거의 유일하지 않을까. 익명성을 바탕으로 하는 공간을 실명제가 장악했다는 것은 그 자체만으로도 흥미로운 현상이다. 익명/실명은 인터넷 문화의 분화 과정에서 주요한 역할을 하게 될 지표이다.

로 등장하는데, 10대와 20대만 출입할 수 있다고 광고하는 패션몰과 30대는 아예 들춰보지도 말라는 잡지가 생겨날 정도이다. 연령은 세대를 구분하는 미시적인 지표일 뿐만 아니라, 젊은 세대에게 또 하나의 정체성을 부여하는 상징적 장치로서 작동하고 있다. 연령은 계급적으로 등질적인 세대를 지칭하는 기호로서 사용되고 있으며, 그와 같은 맥락에서 10대들은 소비의 주체로 무차별적으로 호명되고 있다.

현재 10대들에게 제공되는 대중 산업적 컨셉은, 소비가 놀이이자 문화이며 오락이라는 것이다. 댄싱 팀을 초청하여 배틀(경연)을 벌이게끔 장소를 제공하는 등 각종 이벤트를 마련하고 있는 패션몰은, 놀이와 소비를 한 장소에 결합하고자 하는 판매 전략을 구현한다. 또한 젊은 세대들이 선호하는 직업인 백댄서 · 프로 게이머 · 연예인 등의 공통점은 노동과 놀이가 구별되지 않는, 전통적인 노동 개념으로 환원되지 않는 활동의 주체들이라는 점이다. 놀이와 노동이 구별되지 않는 활동의 주체들. 논다는 것은 생산적인 노동을 하지 않는다는 의미가 아니라 자신과 타인을 위한 즐거움을 생산한다는 것이다. 전통적인 범주에서 보자면 여전히 임금 노동에 해당하겠지만, 당사자인 10대들은 자신의 활동을 노동과 임금의 관계 속에 가두려 하지 않는다. 백댄서가 상징하고 있듯이, 이들은 자기가 생산하는 즐거움과 사회적 보상(돈이나 다른 사람의 시선)을 어떻게든 만나게 하려고 하는 것이다. 이를 두고 '과시적 노동'이라고 할 수는 없을까.

5. 빨간색 저그가 노래하는 게임의 고향

전략 시뮬레이션 게임보다 롤 플레잉 게임이 각광을 받고 있다는 소리가 심심찮게 들려오기는 하지만, 여전히 스타크래프트는 많은 게이머들의 사랑을 받고 있다. 새로 출시된 게임에 한동안 빠져 있다가도 술값 내기로 한 게임 하게 된다는 사람들이 많다. 고향 같은 게임이라고나 할까, 가끔씩 한 번 정도는 해줘야 될 것 같은 게임이다. 컴퓨터 앞에서 작업을 하다 보면 문득 저글링들의 그 앙증맞으면서도 극악스러운 몸짓이 눈앞을 스쳐간다. 열광적이었던 분위기가 차분해지고 있는 것은 사실이지만, 시간이 흐른다고 하더라도 스타크래프트가 하나의 사회·문화적 상징으로 기억될 것이라는 점만은 분명하다.

미국 블리저드Blizzard사의 제품이기는 하지만 스타크래프트는 국내 게임 산업을 새로운 단계로 올라서게 한 게임이다. 2만 카피가 팔리면 대박이었던 국내 게임 시장에서 스타크래프트는 200만 카피 이상이 판매되었으며, 경제적으로는 4조 원 이상의 시장을 창출한 것으로 평가되고 있다.[8] 또한 게이머의 폭을 여성과 30대까지 확장시켰으며, 프로 게이머라는 새로운 직업을 만들어내기도 했다.

프로 게이머는 연예인과 스포츠맨 중간 정도의 성격으로, 기업이

---

8) 「10~30대 '스타크래프트 광풍'」, 동아일보, 1999. 7. 11. "한 장에 3만 3,000원 하는 이 게임 소프트가 IMF 시대 우리 경제에 미친 영향은? 〔……〕 전국의 PC방은 6,500여 곳으로 추산되고 있다. 30평짜리 점포에 PC 30대를 갖췄다고 가정하면 간판, 책상, PC, 소프트웨어 구입비로 지출한 돈은 7,850억여 원. 전용선 임대료, 소프트웨어 구입비, 전기료 등으로 매달 지출하는 돈이 1년에 6,400억 원. 게임방 종사자와 기타 유통 설비 제조업체의 인건비가 연간 8,000억 원. 이 밖에 PC방 자판기 수입이 460억 원. 총 2조 2,700여 억 원 규모의 시장이 생긴 셈."

후원하는 구단에 소속되어 매니지먼트를 받으며 리그에 출전한다. 여성 프로 게이머들 중에는 한 미모하는 사람들이 많아서 얼굴 보고 뽑나 하는 생각이 들 정도이다. 고등학교 야구 시합에서 4강에 들면 대학 진학의 기회가 주어지는 것처럼, 대회에서 기준 이상의 성적을 거두면 대학에 진학할 수 있는 특전이 주어진다. 또한 프로 게이머들이 펼치는 명승부들은 케이블 티비와 공중파 방송을 통해서 방영된다. 바둑이 기보를 남기는 것처럼, 초절정 고수의 명승부는 화면 캡처에 자세한 상황 설명과 전략 분석이 곁들여져서 인터넷 곳곳에 웹 문서의 형태로 남아 있다. 새로운 전략 개발의 밑거름이 되기 때문이다. 국민 오락이라고 하는 고스톱의 진행 과정이 중계되거나 기록된 일이 없었음을 감안할 때, 스타크래프트의 영향력은 정말 대단한 것이다. 스타크래프트는 게임을 직접 하는 것이 아니라 구경하는 것만으로도 충분히 재미있을 수 있음을 보여주었다. 이것은 바둑 말고는 도달한 적이 없는 경지이다.[9] 바둑이 오락의 단계를 벗어나 기예(技藝)의 단계에 진입한 가장 대표적인 사례라고 한다면, 스타크래프트는 바둑이 50년 걸려서 한 일을 2년 남짓한 기간 동안에 이루어낸 셈이다.

   스타크래프트를 둘러싼 열광적인 분위기가 형성되는 과정에서 정부가 팔짱만 끼고 있었다면 말이 안 될 것이다. 언제나 그랬듯이 검열의 잣대를 들이댄 것인데, 테란 종족의 메딕이 사지가 찢어지면서 죽는다고 해서 청소년들에게 유해하다는 판정을 내렸다. 하지만 스타크래프트에 대한 검열은 공연한 트집잡기에 불과한 것이었다. 정

---

9) 스타크래프트에 대한 초보적인 지식과 경험을 갖추고 게임 방송을 보면 예상외로 상당한 재미를 느낄 수 있다. 게임 방송은 대단히 논리적이고 분석적이다. 인천방송의 정일훈 아나운서와 이정한 해설자의 중계 방송은 상식적인 설명과 감탄사로 채워지는 축구 중계보다 훨씬 수준이 높다.

부는 그래픽상의 폭력성을 문제삼았을 뿐 게임 열풍을 사회병리적인 차원에서 접근하지 않았다.[10] 정보화 사회와 인터넷 보급에 게임이 기여하고 있다는 것이고, 무엇보다도 게임은 부가가치를 창출할 수 있는 벤처 산업이라는 것으로 정부의 입장은 압축된다. 게임 산업을 둘러싸고 정보통신부와 문화관광부 사이에 벌어졌던 밥그릇 싸움은 정부의 입장을 단적으로 보여주는 사례이다.[11] 하나의 게임에 불과한 스타크래프트가 문화적인 현상으로 사회적 승인을 얻을 수 있었던 배경은 자명하다. 정보화 사회와 인터넷 벤처 기업의 신화를 꿈꾸는 정부의 입장이 주류 계층의 견해를 대변하는 것이었기 때문이다.

그렇다면 스타크래프트가 게임에 운명처럼 들러붙는 쓸데없는 전자 오락이라는 오명을 떨쳐낼 수 있었던 힘은 무엇인가. 게임의 완성도가 물론 기본이겠지만, 배틀넷battle net으로 불리는 네트워크와의 연결이 핵심이었음은 의심의 여지가 없다. 배틀넷의 위력은 전자 오락의 대중화 방식인 겜보이·조이스틱·게임팩과 비교해보면 너무나도 확연하다. 전자 오락이 기계화된 프로그램에 얼마나 익숙해지는가를 따지는 것이었고, 골방 속에서 기계와 놀이하는 나르시시즘의 일종이었다면, 배틀넷은 그 자체가 살아서 꿈틀대는 소통의 그물망이다. 시간이 지난 후 미래의 역사학자는 1990년대 후반을 휩쓸었던 두 가지의 국민 오락으로 스타크래프트와 사이버 증권 투자를 거론할 것이다. 스타크래프트는 한국 사회에 팽배한 모종의 금욕

---

10) 「중국서도 '스타크래프트' 열풍」, 국민일보, 2000. 3. 27. 중국에서도 베이징·상하이·광조우 등 대도시를 중심으로 '요시팅'이라 불리는 불법 PC방이 성행하고 있다. "중국 정부가 PC 오락방 운영을 금지하는 이유는, 첫째 게임에 탐닉하게 되면 학업을 등한시할 수 있다는 점이고, 둘째 청소년 범죄의 온상 역할을 할 수 있다는 점 등이다."
11) 「게임 산업 싸고 정통-문화부 '이전투구'」, 국민일보, 1999. 9. 1.

주의 때문에 비주류일 수밖에 없었던 게임을 사회적 승인의 토대 위에 올려놓았다. 또한 스타크래프트 신드롬은 오락과 게임을 비생산적이고 무용한 것으로 바라보던 부모 세대의 전통적인 시각을 교정하는 중요한 사건이며, 즐거움의 생산은 가치의 창출과 등가라는 사회적 관념을 형성하는 계기라는 점에서 의미를 갖는다.

가끔씩, 노래하는 저그가 보고 싶을 때가 있다. radio free zerg. 언제 봐도, 귀여운 것들!

〔보론 2/매체의 육체화〕

컴퓨터와 휴대폰이 모바일 체제로 돌입했다. 매체가 선wire으로부터 자유로워진다는 뜻이면서 동시에 인간의 몸에 밀착한다는 것을 의미한다. 매체의 육체화라 할 만하다. 휴대폰은 처음에는 편리한 통신 수단이었다. 그래서 기능성(자유롭고 안정적인 통화)이 핵심적인 컨셉이었다. 시간이 지나면서 휴대폰은 두 가지의 컨셉을 동시적으로 지향한다. 하나는 인간과 인간을 연결시켜주는 디지털 휴머니즘이라는 컨셉이고, 다른 하나는 전국민에게 심심할 틈을 주지 않는 장난감이라는 컨셉이다. 그렇다면 휴대폰은 과시성 소비재에 불과한 것일까. 휴대폰은 과시적인 소비재이면서 동시에 과시성 소비를 뛰어넘은 미디어이다. 시계와 더불어 우리 몸과 기계가 가장 성공적으로 결합한 경우를 찾는다면 아마도 휴대폰이 아닐까. 휴대폰은 우리 몸의 일부이며, 우리를 통합적인 시공간과 연결시키는 매개물이다. 시계의 시간에는 개인적인 차이가 있다. 하지만 휴대폰의 시간은 통합적이다. 부재중 전화가 걸려온 시각을 정확하게 표시하고 있는 액정 화면을 보면 너무나도 확연하게 알 수 있는 일이다. 신체 기관으로서의 휴대폰에서 사이보그의 원시적 형태를 넘겨다볼 수 있다는 생각. 킥 보드를 타고 거리를 미끄러져가는 아이들이 눈에 들어온다.

6. 스타 시스템과 어깨를 겨루는 팬덤

장면 1: 고속도로를 질주하는 버스 안의 밀폐된 공간. 엄지손가락은 세우고 양팔은 앞으로 내밀고 좌우로 가볍게 스텝을 밟던 아줌마와 아저씨들. 그리고 '우리리리히' '좋아좋아' '미쳐미쳐' 등과 같은 추임새가 휘몰아친다('카메라 출동'에 포착되어 바람직하지 못한 행락 문화의 전형으로 지적된다).

장면 2:「바보 버스」를 열창하던 '삐삐롱스타킹'의 고구마는 가운뎃손가락을 세우고, 기타 치던 박현준은 카메라에 침을 뱉는다(무기한 방송 출연 정지. '원더버드'는 요즘 뭐 하나?)

1979년부터 1989년까지 관광버스 가이드로 일해온 이용석씨는 장시간의 버스 여행에 지친 관광객들을 즐겁게 해주기 위해 리듬 박스 하나를 달랑 놓고 트로트 메들리를 부르기 시작했다. 이박사라는 예명은 수없이 많은 트로트 곡을 소화해내는 그를 보고 관광객들이 붙여준 것이다. 관광버스와 성인 나이트, 회갑 잔치 등에서 메들리를 부르던 그는 소니 레코드사 관계자의 눈에 띄어, 일본에 테크노 열풍이 불던 1996년에 '한국의 테크노'란 이름으로 일본에 소개되었다. 그리고 「뽕짝 백과사전 Encyclopedia of pon-chak」이라는 앨범으로 일본 시장에 데뷔했다. 뽕짝의 사이키델릭한 사운드에 일본의 10대들이 열광하기 시작했고 그해 일본 가요 대상의 신인상을 수상했다. 그후 「2002 스페이스 오디세이」 등의 싱글을 발표하면서 그는 일본의 마니아 그룹으로부터 열광적인 지지를 받는다. 그리고 3년 뒤인 올해 봄, 인터넷에 그의 음악 파일들이 올라오면서부터 우리나라에 팬이 생겨났고 그 어떤 아이들 스타들보다 빠른 속도로 그의 인기가 확산되어갔다.[12]

다음(daum.net)의 경우 이박사 팬 페이지는 현재 32개, 회원은 거의 일만 명에 육박할 정도이다. 고속버스 휴게소에서 판매되던 이박사의 테이프가 수집의 대상이 될 정도로 열기가 뜨겁다. 이박사의 팬들은 매우 흥미로운 운동들을 전개하고 있는데, 가장 흥미로운 것이 이박사를 '2002년 월드컵 공식 가수'로 만들자는 캠페인이다. 관련 사이트를 링크시켜서, 이박사를 월드컵 공식 가수로 지정할 수 있도록 힘을 모으는 데 주력하고 있다. 이박사는 한국·일본 양쪽에서 인기를 얻었다는 것이 주장의 근거이다.

또한 이박사의 팬들은 그의 음악을 인터넷의 mp3를 통해서가 아니라 공중파 방송에서 듣기를 원하고 있다. 그에 따른 구체적인 실천 방안으로, 메들리가 아닌 이박사의 노래를 선정해서 방송국에 음악 신청을 하자는 의견이 개진되었고 실제로 행동에 옮겨지고 있다. 공중파 방송에서는 메들리를 틀어주지 않기 때문이다. 이박사의 팬들은 인터넷을 통해 힘을 규합하고 그 힘을 통해 그들의 우상에게 '월드컵 공식 가수'나 '공중파 방송'이라는 가치와 권력을 부여하려 애쓰고 있다. 스타는 스타메이커 시스템(매니지먼트)이 만드는 것이 아니라 팬이 만드는 것임을 보여주는 듯하다. 팬들이 나서서 스타를 만들고 매니지먼트를 하는 모습은 인터넷이 만들어낸 새로운 팬덤

---

12) 김지수,「신바람 이박사 열풍을 해부한다」, http://my.dreamwiz.com/gekigang/epaksa/ 참조. 이박사 신드롬의 원인에 대한 분석은 다양하다. 뽕짝의 저력, 테크노 열풍과 결합된 현상, 1970년대의 촌티 나는 패션에서부터 최근의 테크노까지 한꺼번에 뒤섞어놓은 놀라운 잡종성, 일본 대중 문화에 경도된 청소년들의 감수성과 인터넷이 빚어낸 사회 현상이라는 설명 등이 있다.

이다.

이박사를 불러낸 것은 익명의 팬들만은 아니다. 펑크밴드 '황신혜밴드'(「짬뽕」)와 테크노 DJ '달파란'과 '볼빨간'이 이박사를 호명했다. 의미심장한 대목이 아닐 수 없는데, 언더그라운드의 문화적 엘리트들에 의해 호명된 '또 다른 언더그라운드'가 이박사였음을 보여주고 있기 때문이다. 왜 그래야 했을까. 황신혜밴드는 한국 대중 음악의 역사적 특수성을 펑크punk의 경험이 펑크난 것이라고 적절하게 지적한다. 따라서 그들의 음악은 펑크의 부재를 '뻥꾸록'으로 메워보려는 전략이며, 그들의 저속하면서도 키치적인 몸짓은 서양적인 기원들을 지워내고 문화의 영역에서 삶의 영역으로 추락하기 위한 방법이다. 반면에 이박사의 코드에는 자의식이 없다. 그리고 토속적이며 자생적인 역사를 지니고 있다. 노래부를 수 있는 곳이면 어디서든지 게릴라적으로 공연을 펼쳤고, 클럽과는 다른 공간들을 옮겨다니며 점유해왔다. 이박사는 공간(고속도로 · B급 녹음실 · 소니뮤직 · 인터넷 · 공중파 방송)과 스타일(1970년대의 빤짝이 의상 · 테크노 · 뽕짝 · 판타지)을 '폴짝폴짝' 뛰어넘으며 구성된 혼종적인 텍스트이다. 그가 보여주는 저속함과 유치함은 평균적인 것이 아니라 '홀딱 깨는' 것이다. 이박사는 주류 문화뿐만 아니라 언더그라운드 문화와도 등거리에 있었던 셈이다.

이박사 신드롬은 하위 문화의 이중 구조이다. 누가 보더라도 이박사는 경박함과 저속함의 문화적 표상이며 부모 세대의 하위 문화이다. 따라서 이박사 신드롬은 부모 세대의 문화를 자식 세대가 공유하는 통(通)trans세대론적인 경험이면서, 동시에 부모 세대에 의해서 저속한 하위 문화로 규정된 아이템을 젊은 세대가 자신들의 하위 문화로 승인해가는 과정이라는 이중의 의미를 지니고 있다.

〔보론 3/1990년대를 위한 변명〕

개인적인 감상이 되겠지만, 전위는 없다는 생각을 하게 된다. 전위의 위상을 식물의 생장점처럼 생각하는 인식의 지도나, 전위는 한계를 돌파하여 문화적 장 외부로 분출하려는 움직임이라는 관념은 지워야 할 것 같다. 문화적 장 외부에는 전위를 위한 공간이 없다. 전위는 미학적 진보의 산물이 아니라 구조화된 맥락의 틈새를 통해서 분출하는 움직임이기 때문이다. 아방가르드는 신드롬을 통해서만 역사적으로 회귀한다. 그런 의미에서 하위 문화적 신드롬은 불꽃놀이와도 같은, 허망하면서도 매혹적인 축제이다. 1990년대는 깡통과도 같은 시대였다. 하지만 이제는 1990년대를 다르게 볼 수 있을 것 같다. 1990년대는 하위 문화의 시대였다. 소박하게 말하자면, 문화의 이질성과 다양함을 경험하고 승인하기 시작한 시대라는 명패를 지나간 그 시절에게 붙여주고 싶다.

전기(電氣)와 문학적 무의식
— 젊은 작가들의 상상 세계에 대한, 지극히 시험적인 고찰

1. 전기의 발자취

1883년 미국에 파견되었던 보빙사절단은 발전소와 전신국을 방문했다. 그리고 전등이 켜지는 과정을 지켜보았다. 수신사로 일본에 다녀온 적이 있었던 유길준은 당시의 놀라운 경험을 다음과 같이 밝혀놓았다.

> 우리는 일본에서 전기용품을 본 일이 있다. 그러나 전깃불이 어떻게 켜지는지는 몰랐다. 우리는 인간의 힘으로서가 아니라 악마의 힘으로 불이 켜진다고 생각했다. 이제 우리는 미국에 와서야 비로소 그 사용 방법을 알게 되었다. 그뿐만 아니라 안전하게 조작되는 것도 알 수 있었다. 〔……〕 조선에서도 전기를 사용하고 싶다.[1]

에디슨T. A. Edison이 백열전구를 발명한 것은 1880년이었다. 그로부터 7년 뒤인 1887년, 조선의 경복궁에 설치된 16촉 광열등 750개에 불이 켜졌다. 대한제국기의 전기 사업은 전등으로부터 시작되

---
[1] 김원모, 「韓國報聘使의 美國使行(1883) 硏究(下)」, 『동방학지』 50, 1986, p. 342에서 재인용.

었지만 곧 중심점이 전차 사업으로 옮겨갔다. 전차는 지멘스 W. Siemens의 발명품으로 1879년 독일 베를린 박람회에 처음 등장했다. 전차가 교통 수단으로 운행된 것은 1881년 베를린 교외에서의 일이며, 동양에서는 1890년 우에노(上野) 공원에서 운행된 것이 시초이다. 1898년부터는 한성부에 전기 철도 부설 공사가 시작되었다.

전등 사업이 민간으로 확대된 것은 전차 사업의 손실을 보전하기 위한 방편이었다. 전등은 1900년대에 이르면 일본인 상가 지역인 진고개와 외국 공사관 밀집 지역인 정동을 중심으로 확대되어간다. 그 과정에서 가로등이 처음으로 종로에 설치되었다. 황현의 『매천야록』에는 "경성 종로통에 처음으로 전등이 켜졌다(京城鐘街 始燃電燈)"라고 했고, 정교의 『대한계년사』는 "미국전차회사의 사람들이 종로에 전등을 시설했다(米國電車會社人 施設電燈於鐘街)"고 기록했다. 종로의 가로등은 한성전기회사가 공안해낸 일종이 광고 효과였던 셈이다. 전등은 개벽 이래 가장 신기한 빛이었으며 빛을 보고 겁을 먹어 달아나는 사람도 있었다. 이완용의 집으로 평양에서 불려갔던 한 어린 기생은 전등의 빛을 보고 기절해버렸다는 이야기도 있다. 전기는 근대의 상징이었다.

하지만 근대성의 상징인 전기가 일상 생활 속에 자리잡는 데는 무척이나 많은 시간이 걸렸다. 일제 강점기 동안 전기는 주로 도시에 보급되었을 뿐이다. 면사무소가 있는 곳에도 전기 가설이 되지 않은 경우가 더 많았다. 농촌은 여전히 전기와는 무관한 생활을 했다. 석유남포 lamp가 관솔불이나 호롱불을 대신하는 정도였다. 그러던 중 제2차 세계 대전이 나서 석유를 구할 수 없게 되자 농촌은 다시 호롱불 시대로 복귀하게 된다. 해방 이후에도 사정은 크게 달라지지 않는다. 발전 시설의 88% 가량을 소유했던 북한에서 일방적으로 단전을 하자 전국은 암흑 세계로 변모했다고 한다. 휴전 이후에도 전력의 상당 부분을 북한에 의존하며, 제한 송전의 어려움 속에서 살았다는 것은 널리 알려진 일이다.

1964년 4월 1일을 기하여 제한 송전이 해제되고 무제한 송전과 농어촌 전화 사업이 실시되었다. 화력 발전을 중심으로 정립된 발전 계획은 1970년대 초반의 석유 파동으로 어려움을 겪기는 했지만, 경제 성장과 가계 소득의 증가에 따른 소비자의 구매력 증대로 인하여 가전기기의 보급은 확대되어 나간다. 1960년대 후반 이후에 TV · 전축 · 녹음기 · 선풍기 · 냉장고 · 믹서 · 다리미 · 전기풍로 등을 중심으로 크게 보급이 확산되기 시작하였으며, 1970년대 후반부터는 전기밥솥 · 보온밥통 · 세탁기 등의 보급이 시작되었다.[2] 그 이후에는 워드프로세서 · 컴퓨터 · 삐삐 · 핸드폰 · 캠코더 등의 전기기기들이 우리의 삶에 모습을 드러냈다. ……그리고 2002년, 우리의 생활에서 전기는 더 이상 놀라운 것이 아니다. 하지만 투명하면서도 압도적인 그 무엇인 것만은 분명하다. 어쩌면 전기는 무의식이나 신화(神話)와 닮아 있을지도 모르는 일이다.

2. 번개, 또는 전기의 원형적 무의식

김영하의「피뢰침」(『엘리베이터에 낀 그 남자는 어떻게 되었나』, 문학과지성사, 1999)을 보자. 주인공은 어렸을 때 낙뢰를 경험한 적이 있다. 하지만 까맣게 잊고 있었다. 우연한 기회에 번개를 연구하는 모임인 아다드Adad를 친구에게서 소개받았는데, 세 페이지에 걸쳐 부분적으로 제시되어 있는 주인공의 술회가 참으로 인상적이다.

---

2)『서울 육백년사』, http://seoul600.visitseoul.net/seoul-history/sidaesa/txt/8-10-6-4.html.

(가) 처음 그 모임에 관해 들었을 때의 기분을 뭐라고 해야 할까. 쌍둥이였다는 사실을 다 크고 나서야 한 기분이랄까. 반가우면서도 어딘가 불편한, 삶의 기저가 아주 천천히 흔들리는 느낌이었다. (p. 125)

(나) 어쩌면 잊은 게 아니라 묻어뒀던지도 모른다. 무의식 저 깊은 곳에 말이다. (p. 126)

(다) "벼락맞고 살아난 사람들의 모임이라는 거야."
그 말을 듣는 순간, 전화기를 통해 아주 **미세한 전류가 내 정맥을 타고 흘렀다**. 〔……〕 몸은 기억하고 있었던 것이다. (p. 127. 이상 강조는 필자)

전기에 대해서 잊고 지내다가 전기를 의식 속에서 자각하자, 삶의 기저가 흔들리는 느낌을 갖게 되고 무의식 저 깊은 곳에서 전기를 발견하게 된다. 또한 몸에는 미세한 전류가 타고 흐른다고 말한다. 전기란 우리 몸 속에 침전되어 있는 무의식이자 근원적인 생체 에너지라는 사실을 웅변하고 있는 대목인 셈이다. 전기는 발전소에서 인공적으로 생산되어 사용되는 에너지의 일종이 아니라, 자연적인 현상이라는 사실을 마치 아득한 신화로부터 길어올리는 것처럼 자신의 몸에서 기억해내고 있는 장면이다. 전기는, 발전소와는 무관하게, 자연 속에 그리고 우리의 몸 속에 이미 언제나 주어져 있었다는 사실의 확인에 다름 아니다.
어디 그뿐인가. 자연의 전기인 번개와 인간의 몸이 만나게 되면 모종의 흔적이 남는다. 전문(電紋)이 그것이다. 작품의 주인공 역시 몸에 전문(電紋)을 가지고 있다. 따라서 전문이란 전기가 몸에 새겨놓은 일종의 글쓰기이며, 전기와 관련해서 몸이 기억(기록)하고 있는 무의식적 상징인 셈이다. 그렇다면 그들은 왜 번개를 맞으려고 그렇게 애쓰는 것일까. 왜 220V 가정용 전기가 아니라 번개여야 하는가. 번개는 자연의 빛이자 힘이기 때문이다. 번개를 맞는다는 것은, 몸 안의 어둠 속으로 자연의 빛이자 전기의 빛이 들어오는 독특한 경험이다. 번개(전기)는 몸 속의 세포 하나하나가 욕망을 가진 존재라는 사실을 일깨워준다. 따라서 의식으로서만 살아 있음을 느끼는 존재가 아니라 몸의 전체가 살아 있음을 느끼는 희열이 거기에 있다. 따라서 번개를 맞는 일이란 죽음에 다가가는 공포이면서 동시에 일상적으로는 경험할 수 없는 희열이기도 하다. 번개를 맞는 일을 두고 전격세례(電擊洗禮)라고 하며 신성시하는 이유도 거기에 있다. 번개를 맞는 일, 전기를 몸 속에 흐르게 하는 일은 대자연을 몸 속에 받아들이는 종교적 경험이다. 전기는 그들에게 과학이자 종교이다. 마치 벤자민 프랭클린의 고전적인 전기 실험처럼, 그들은 번개와 만난다.

 그의 몸에서 무럭무럭 김이 올라오고 있었다. 그렇게 한참을 보다가 그의 뜨거워진 입술에 입을 맞췄다. 그의 몸 속에 남아 있던 미량의 전류가 내 몸 속으로 흘러들어 혀에 작은 경련을 일으켰고 그것을 스위치 삼아 내 몸 속의 전원들이 일제히 켜지고 있었다. (p. 148)

 탐뢰 여행(探雷旅行), 그러니까 번개를 맞으러 적당한 장소로 헌팅을 나갔다가, 아다드의 리더 격인 J가 번개에 맞았다. 주인공이 그의 몸에 남아 있는 미량의 전기를 받아들이자 몸 속의 전원들이 일제히 켜진다. 그렇다면 전기란 무엇인가. 적어도 김영하의 소설에 의하면, 전기는 자연이다. 그리고 생물학적인 에너지를 운용하는 원천적인 에너지이다. 내 몸 속에 무의식처럼 남아 있는 전기와 몸 바깥에 자연의 전기를 만나게 하는 일, 이를 두고 전기적 상상력의 한 양상이라고 할 수는 없을까. 삐삐의 바이브레이션(진동 모드)과 관련되었던 「호출」에서의 성적 환상이, 「피뢰침」에 이르러 약간의 속살을 드러냈다고 한다면 지나친 억측이 될까.

3. 가로등이 켜지자, 어둠이 분절되다

"나라를 찾는 것보다 애인을 찾는 것이 더 어렵다"라는 멋들어진 대사를 담고 있는, 이지형의 『망하거나 죽지 않고 살 수 있겠니』(문학동네, 2000)를 보자.[3] 많은 사람들이 이미 지적한 바 있지만, 이 작품의 새로운 점은 일제 강점기를 바라보는 작가의 관점이다. 일반적으로 식민지 시대는 억압과 수탈, 무자비한 탄압과 처절한 저항이라는 거시적인 관점에서만 파악되어왔던 것이 사실이다. 하지만 작가는 식민지 시대의 모습이 우연적인 계기와 사소한 동기에 의해서 움직여가는 우리의 오늘날과 크게 다르지 않다고 보고 있다. 작가의 이러한 관점은 식민지 시대에 대한 우리의 의식을 겨냥하고 있다기보다는, 역사 일반에 대한 우리의 엄숙주의적인 관점을 비판하고 있다고 보는 편이 보다 생산적일 것이다. 역사란 거대하고 영웅적인 사건들만이 독점적으로 지배하는 시공간이 아니라, 자질구레하고 시시껄렁한 사건들이 와자지껄하게 떠들어대는 시공간이라는 관념이 그것.

작가의 전공 때문일까. 이 작품은 영화적인 발상법으로 구성되어 있다. 작품을 읽는 동안 실사(실제 촬영)와 애니메이션의 완벽한 만

---

3) 이 작품이 전통적인 역사 의식과 어떠한 점에서 첨예하게 대결하고 있는지에 대해서는 여러 평자들의 설명이 있었기에 재론하지 않겠다.

남이라는 평가를 받았던 『누가 로저 래빗을 모함했나』라는 영화가 머리에서 떠나질 않는다. 1930년대 경성에 대한 사실적이면서도 그로테스크한 공간 묘사 위에다가 만화적인 인물들을 풀어놓았다는 생각이 드는 것도 그 때문일 터.[4] 만화『배트맨』의 고담 시(市)나 영화『델리카트슨』의 마을을 연상하게 하는 그로테스크한 공간의 제시는, 계몽의 빛이 종전의 어둠을 몰아낸 동시에 새로운 '어둠들'을 창출했음을 보여줄 수 있다. 이러한 공간 속에, 작가가 투입한 만화적인 인물들이 자유롭게 뛰어다닌다. 낭만과 순정의 화신인 이해명, 카페의 여왕인 조난실, 불륜의 여왕인 유키코, 완벽한 외모와 뛰어난 두뇌를 갖춘 신스케, 탐정형 인물인 백상허 등은 모두 만화적인 인물들에 해당한다. 이 작품을 누아르적인 공간과 만화적인 인물의 결합이라고 할 수 있다면, 그 배후에는 어떤 동력이 가로놓여 있을까. 전기의 빛이 그것.

(가) 그녀의 바로 뒤에 일본 포드의 요란한 광고판이 서 있었는데, 황금달걀 같은 노란 전등들로 둘러싸인 그것은 그녀를 빛내주기 위해 누군가가 미리 갖다 놓은 것처럼 보였다. 빛에 둘러싸인 그녀는 환영이었다. 모든 빛들이 그녀를 통과하고 있었다. 네온사인, 가로등, 전차와 자동차의 라이트, 옆을 지나가는 신사의 담뱃불, 심지어 어딘가 있는 별빛까지 모든 빛은 그녀를 통하지 않고는 원하는 곳에 도달할 수 없었다. (p. 69)

(나) 아치형의 네온사인이 번쩍이는 아래, 하얀 유리 안에서 벌레

---

[4] "계속 쑤시는 가운데, 이마가 갈라지는 소리가 들린다. 손바닥에서 뜨거운 김이 피어올랐다. 이빨이 날아가고, 온몸이 터지려고 그랬다" (p. 135)라는 묘사를 보라. 어디선가 보았던 애니메이션의 장면들이 자연스럽게 떠오른다.

처럼 꿈틀거리던 황금빛 알전구들. 〔……〕 그 눈부신 환한 빛 앞에 눈 한번 깜박이지 않고, 내가 그녀에게 다음에 만날 때 꼭 저 독버섯처럼 생긴 푸른 모자를 사주겠다고 하자 그녀는 활짝 웃음을 터뜨렸다. 나도 따라 입을 벌렸다. 하얀 쇼윈도에 비치던 우리의 모습. 폭죽처럼 터지는 네온사인을 뒤로한 채 세상에서 가장 황홀한 웃음을 짓고 있던 우리. 우리는 그날 밤 그 빛나는 쇼윈도에 우리의 마지막 기념사진을 찍었다. (p. 69. 강조는 필자)

인용문 (가)는 이해명이 조난실을 처음으로 발견하는 장면이다. 조난실이라는 실체보다는 그녀를 둘러싸고 있는 황금달걀 같은 전등이 본질적이다. 조난실은 사실 전등빛이 만들어낸 이미지에 지나지 않기 때문이다. 하지만 물질적인 근거를 가진 실체가 아니라, 전등빛으로 만들어진 이미지이기 때문에 총독부 하급관리 이해명이 그토록 매혹될 수 있었던 것. 인용문 (나)는 이해명이 그토록 찾아다녀야 했던 낭만적 추억의 내용들이다. 촌스러운 세련됨이 물결치는, 아름다우면서도 코믹한 묘사가 아닌가. 추억이란 쇼윈도에 비쳤던, 영원으로 이어진 어느 한순간의 이름일 터. 눈여겨봐두어야 할 것은 네온사인과 황금빛 알전구들 그리고 하얀 쇼윈도가 낭만적 추억의 실재적인 내용이라는 점이다. 한편의 CF를 찍듯이, 또는 영화의 한 쇼트를 찍는 것처럼, 이해명의 추억이 전기가 만들어내는 빛과 하얀 쇼윈도를 통해서 만들어지고 있었다. 따라서 조난실을 찾아서 추억의 진실성을 확인하겠다는 일은 처음부터 어불성설이다. 조난실이란 전기의 빛이 만들어낸 이미지이며, 이미지로서만 실재하고 있기 때문이다.

이미지의 그 허망함과 짝패를 이룰 수 있는 또 다른 코드가 제시될 수밖에 없는데, 그것은 다름 아닌 거짓말이다. 작품에 의하면, 조난실은 거짓말하는 기계이다. 카페의 여왕, 카드의 고수, 사교계의 여왕, 상습적인 마약 복용자, 약혼자의 통장과 시계를 훔쳐서 도망가는 단순절도범 중의 하나이거나 전부이거나 할 것이다. 또한 이해명에게는 삼촌이 하는 양복집에서 일을 돕는 순진한 처녀였고, 박가송 레코드사 사장에게는 노래 잘하는 댄서였고, 카페 여급들에게는 신화적인 존재였으며, 강두만에게는 잡아죽일 년이었고, 테러리스트들에게는 신화적인 테러리스트 테러 박의 아내였다. 조난실은 없다. 아니면 경성 전체가 조난실이다. 왜 그런가. 조난실은 식민지의 근대적인 도시 경성을 비추고 있는 모든 빛과 모든 이성적 진실을 빨아들인 존재이기 때문이다. "그녀는 빛을 먹어치우고 있었다"(p. 86). 근대의 블랙홀, 또는 근대의 어두운 타자, 또는 조난당한 진실, 조난실. 그녀는 결락(缺落)된 진실이며 파편화된 이야기들이다.

  조난실은 이미지이자 말장난이고 허구이다. 전기의 빛들이 그녀를 만들어냈다면, 허구나 말장난은 어떠한 조건 아래에서 가능했을까. 다름 아닌 전기의 빛들이 만들어낸 어둠의 새로운 양상들 때문에 가능했다는 것. 빛의 예술인 영화가 영화관이라는 어둠의 공간을 필요로 하듯이, 전기의 빛은 새로운 방식으로 어둠의 공간들을 분절했던 것은 아닐까. 카페, 사교장, 지하비밀결사단체 등은 전기의 빛이 분절해놓은 어둠을 점유하고 있는 공간이 아니겠는가. 전기(계몽)의 빛이 세상을 밝히게 되자 어둠은 국지적인 차원에서 질(質)을 달리하며 분산적으로 배치되었다는 것. 조난실이 변신을 하고 숨어다니면서 한없이 거짓말을 늘어놓을 수 있었던 것도, 다름 아닌 어둠의 분절 때문이다. 어둠의 공간들이 형성하고 있는 경계를 타고 흐르면서 그녀의 거짓말은 한도 끝도 없이 이어졌던 것이리라. 이를 두고 전기의 빛이 허구와 이미지의 새로운 탄생을 위해 어둠이라는 자궁을 만들어주었다고 할 수는 없을까. 작품에 제시되어 있는 또 하나의 전기적 이미지인 전차를 보도록 하자.

"왜 우리는 거리와 전차에서 여자를 떠올려야만 하는 삶을 사는 걸까요?" 신스케가 하얗게 빛나는 얼굴로 나를 바라보았다. "그러게 말야. 하지만 이젠 어쩔 수 없는 것 같아. 우리가 이제 와서 여자와 전차 없이 살아갈 수 있을 것 같아?" 나는 즉각 대답했다. "아뇨." (p. 174)

전차 앞에는 '서울 일렉트릭'이라고 씌어진 마크가 달려 있다. Seoul Electric인가. 하지만 작가는 신세대적인 언어 유희를 적용해서 Soul Electric임을 말하고 있다. 전기적인 영혼. "전기가 나갔다. 영혼이 꺼졌다"(p. 196). "전등에서 빠져나온 빛이 바로 내 몸 속으로 들어왔기 때문이다. 그 빛으로 인해 나는 깨질 듯이 환했다"(p. 197). 1970년대 중반에 태어난 작가가 1930년대의 경성을 그렸던 이유가 이 지점에서 보다 명확해진 것 같다.

4. 텔레비전의 문화적 감수성과 하이퍼리얼리티

매체적인 속성과 관련해서 보다 근원적인 고찰이 필요하겠지만, 그리고 1990년대 이후에 등장한 세대들에 대한 보다 면밀한 검토가 선행되어야 하겠지만, 텔레비전은 문학적 감수성의 원천 가운데 하나라는 점만은 분명한 사실이다. 이러한 사실을 가장 잘 보여주는 작가는 배수아와 백민석이다.[5] 유년기의 환경은 다르지만 이들에게

---

5) 배수아와 백민석에 대해서는 필자의 「우리 시대의 공주를 위하여: 배수아론」(『문학과사회』, 1996년 여름호)과 「코믹하면서도 비극적인 괴물의 발생학: 백민석론」(『문학동네』, 2000년 봄호) 참조.

텔레비전은 문화적 감수성의 토양과도 같은 것이다. 중심에 놓여 있는 것은 텔레비전 프로그램으로 방영되었던 만화 영화들이다. 먼저 배수아의 「프린세스 안나」의 한 구절을 보자.

　　화려한 크리스마스는 언제나 텔레비전의 만화 영화에서부터 시작한다. 꿈속 같은 트리가 **흑백의 텔레비전**에 가득 찬다. 흰 눈이 덮인 끝없는 서부의 평원, 언제나 따뜻하게 타오르고 있는 장작 난로, 긴 금발의 여자아이들, 눈 덮인 숲 속의 사냥, 테이블에 넘칠 듯이 가득한 호두와 **치즈**와 초콜릿 케이크. 달콤하고 향기로우면서 소금기 있는 **치즈**의 냄새. 세 살 위인 언니는 벌써 밥을 먹을 수 있었고 엄마는 **치즈**를 작게 찢어서 언니의 밥그릇에 올려준다. (강조는 필자)

배수아에게 텔레비전은 현실을 반영하고 있는 전기적인 거울이다. 만화 영화 속의 크리스마스와 현실의 크리스마스는 하나의 흐름 속에 있다. 인용문에서 세 번에 걸쳐 등장하는 '치즈'의 의미가 주목의 대상이다. 화면의 치즈와 현실의 치즈가 겹쳐 있는 풍경이야말로 배수아적인 감수성의 원천이다. 행복했던 유년 체험에서 텔레비전은 현실과 이미지를 이어주는 마술과도 같은 연결고리이다. 이 지점에서 현실과 이미지는 구분되지 않으며, 구분될 필요도 없다. 한집 안의 식탁이 저 멀리 떨어져 있는 시공간의 식탁과 나란히 놓이면서 동일성(또는 유사성)을 산출하는 일이, 과연 텔레비전이 부재하는 풍경 속에서라면 가능하기라도 한 일일까.

　　우리가 텔레비전 브라운관을 통해 열광하며 보았던 그 81년의 만화 주인공들은 실은…… 브라운관 안의 전자총이 쏘아대는 전자빔이 만들어낸 수많은 휘점, 즉 빛의 점들에 불과한 거야. 그런 빛의 점들의 집합체가 바로 일곱난쟁이였고, 오로라공주와손오공이었고, 집없는소년이었고…… 그러니까, 우리는 고작해야 그러한 휘점, 즉 전기신호들과 우리 자신을 동일시, 하고 있었던 셈이란 말이지…… 80년, 81년에 말야. (『헤이, 우리 소풍 간다』, 문학과지성사, 1995, p. 209)

1960년대 중반에 태어난 배수아가 흑백 텔레비전에 대한 인상적인 술회를 보여주었다면, 1970년에 태어난 백민석은 1980년부터 시작된 컬러 텔레비전이야말로 감수성의 원천임을 힘주어 말하고 있다. 텔레비전의 화면이란 전자총이 쏘아댄 휘점(輝點)의 집합체이며, 백민석의 세대란 전기신호와 자신을 동일시했던 세대라는 점. 그렇다면 전기적 신호, 달리 말하면 전기적인 빛의 이미지는 무엇인가. 백민석의 소설에서 전기적인 깜빡거림은 글쓰기 환경 그 자체이다. 책상 위의 할로겐 스탠드와 워드프로세서의 모니터 화면 등에서 전기적인 깜빡거림이 자주 발견된다. 또한 난해한 상형 문자나 모르스 부호와 같은 암호의 양상으로 다가오기도 한다. 따라서 텔레비전을 포함한 전기의 빛이란 백민석의 소설에서 원-흔적 내지는 원-글쓰기와 관련된 것이란 사실을 알 수 있다. 전기적인 빛의 깜빡거림이 원초적인 흔적 내지는 원초적인 글쓰기의 차원과 맞닿아 있는 것이라면, 그들에게 텔레비전은 장난감이면서 동시에 텍스트였을 것이다. 따라서 텔레비전 키드란 유년기를 텔레비전 앞에서 눈을 반짝이며 보낸 세대들이 아니라, 텔레비전을 하나의 텍스트로서 읽어내기 시작한 세대를 말하는 것이리라.

배수아와 백민석의 텔레비전이 유년기의 상징과도 같은 것이라면, 이만교의 소설 『머꼬네집에 놀러 올래』(문학동네, 2001)에서 텔레비전은 현재진행형이다. 그리고 가족의 문제와 관련되어 나타난다. 가족이란 무엇인가. 작가의 대답은 단순 명쾌하다. 함께 모여 밥을 먹고 텔레비전을 보면서 시시콜콜한 비평을 교환하는 존재들. "저녁이 되면 아홉 식구가 왁더글왁더글 모여앉아 늦은 식사를 하며 텔레비전을 시청했다. 〔……〕 그들〔IMF의 원흉〕이 화면에 잡히면 우리 가족은 누가 먼저랄 것도 없이 그들을 향하여 언성을 높이고 핏대를 세우고 열이 치받쳐서 침을 튀겨가며 손짓발짓 섞어 비난과 성토와 욕설을 아끼지 않았다"(pp. 48~49).

이만교의 작품 세계에서 텔레비전의 위치와 의미는 압도적이다. 집 주변에 높은 건물들이 들어서서 난시청 지역이 되었을 때도 텔레비전이 보고 싶어서 지붕으로 올라가 안테나를 맞추었고(p. 19), 처음으로 가족 여행을 떠나 콘도에 짐을 풀고 난 다음에도 할 일을 찾지 못하다가 형이 텔레비전을 켜자 "다들 기다렸다는 듯이 누운 채로 텔레비전을 올려다보았"(p. 31)을 정도이다. 그렇다면 이들은 미디어의 사사화(私事化)나 텔레비전으로 인한 생활 패턴의 동일화를 반영하고 있을 따름일까. 작가의 문제 의식은 다름 아닌 현실의 소멸에 그 추를 드리우고 있다. 텔레비전이 제공하는 이미지는 현실보다 선행한다. 그리고 현실보다 훨씬 더 현실적이다. 달리 말하면 텔레비전은 현실을 인식하는 선험적인 틀frame이며, 텔레비전의 전기적 이미지는 하이퍼리얼리티hyper reality에 해당한다는 것. 그렇다면 현실(이라고 여겨지는 것)은 텔레비전을 통해서 가구(架構)된 시뮬레이션에 가까운 것이리라.

어쩌면 그것〔콘도에서 본 풍경들〕은 텔레비전 속에 있는 화면만큼이나 대수로울 것도 아니었다. 도대체 우리 삶과는, 우리 가족의 현실과는 너무나 동떨어져 있다는 점에서 텔레비전 화면 속과 봉고 유리창 밖이 다를 게 뭐가 있는가 말이다. 사이즈까지 비슷한 것이다. 바람이 먼저냐, 깃발의 흔들림이 먼저냐를 갖고 싸울 필요는 없는 것이다. 바닥까지 흔들리는 장치가 되어 있는 전자오락실의 오락용 봉고차에 앉아서 스크린을 구경한 것이라고 간주해버리면 되는 거였다. (p. 35)

텔레비전은 현실의 대체물이며 현실을 바라볼 수 있게 하는 창이다. 텔레비전은 가족의 자리를 지정해주는 상징적·상상적 핵심인 동시에 이만교 소설에 내재되어 있는 글쓰기의 이미지와 관련되어 있다. 텔레비전에 의해 구성되는 동시에, 텔레비전과 경쟁하고 있는 소설이 바로 그것.

IMF로 고생하는 사람들을 다룬 다큐멘터리를 보면서 가족들은 다양한 반응을 보인다. 어머니는 치맛자락으로 눈물을 훔치고, 형수는 연민과 동정을 표하고, 작은누나는 위안을 찾는다. 하지만 작중화자이면서 주인공인 '나'는 다르다. "남달리 똑똑한 나는 새로운 시각으로 상황을 바라보고자 했다"(p. 51). 새로운 시각이란 무엇일까. 다름 아닌 이데올로기 비판이다. "문제점을 파헤치기보다는, 더 심하게 고생하는 사람들이 얼마든지 있다는 것만 강조하고 있잖아"(p. 51). "오늘도 어제와 별반 다를 게 없구나, 하고 안심하는 심정이 되어 텔레비전과 대문을 닫아 건 다음 곤한 잠에 빠져들었다"(p. 61). 그다지 많이 배우지 못한 가족들 사이에서 대학가에서 양산되는 비판적 지식을 제시함으로써 미시적인 권력을 획득하기도 한다. "나의 예리한 지적에 다들 입을 다물었다"(p. 69). 두 권의 장편소설을 통해서 확인할 수 있는 일이지만 이만교의 소설에는 작중화자(=주인공)보다 똑똑한 사람은 등장하지 않는다. 현실의 심층을 제거하고 현실의 가벼움을 구성하는 눈의 가벼움을 작가의 작품에서 발견할 수 있다면, 그것은 텔레비전에 다름 아닐 것이다.

그뿐일까. 네버엔딩 스토리에 가까운 『머꼬네집에 놀러 올래』를 마감할 수 있었던 것도 텔레비전 때문에 가능했다. 주인공 '나'가 사귀던 해연이 이별을 예감하게 하는 말을 남긴 후, 여러 개의 이질적인 장면들이 한꺼번에 제시되어 독자를 당혹하게 한다. 해연을 태운 택시와 트럭이 추돌하자 '나'는 해연을 들쳐업고 병원으로 뛴다. 그녀는 크게 다친 것인가. 하지만 핸드폰을 걸어보면 어김없이 그녀가 생생한 목소리로 전화를 받는다. 또한 친구 진관의 결혼식에 가서 축의금을 내기도 한다. 유학을 떠난 해연이 있는가 하면, 해연과 헤어지지 않았다는 부분도 있다. 어떻게 된 것인가. 작품의 서술은 후반부로 갈수록 현실과 비현실이 뒤엉킨다. 이유는 간단하다. '나'의 삶과 상상 속에서 텔레비전 드라마의 전형적인 장면들이 뛰어 놀았기 때문이다. 작품의 대미를 장식하고 있는 장마도 마찬가지이다. "정규방송 끝난 텔레비전을 볼륨을 키운 채로 끄지 않고 틀어놓은 것 같은 빗소리가 종일 귓전으로 쏟아져 들어왔다. [……] 노아의 홍수 이래 최고의 강우량이 중국 양쯔 강 일대로 쏟아지고 있다는 보도도 연일 끊이지 않았다"(pp. 231~32). 그리고 중국의 홍수는 가족의 현실이 되었다. 현실은 텔레비전을 매개한 비현실의 현실이다. 텔레비전으로 대변되는 미디어 테크놀로지만이 경험적인 현실이자 하이퍼리얼리티이다. 적어도 작가 이만교에게는 그러하다.

5. 사이보그와 전자 자궁이 있는 문학적 풍경

전기와 관련된 무의식이 텔레비전으로 국한되는 것은 결코 아니다. 이원의 시「사이보그 1: 외출 프로그램」을 보자. 행의 구분 없이 씌어진 작품의 형태가 무척이나 숨가쁘다. 외출을 하기 위해서 우리가 뽑아야 하는 플러그들이 열거되어 있다.

다시 텔레비전의 플러그를 빼고, 오디오의 플러그를 빼고, 가습기의 플러그를 빼고, 냉장고의 플러그를 한번 더 꽉 꽂고, 커피메이트의 플러그를 빼고, 컴퓨터 옆에 꽂혀 있던 나의 플러그도 빼고, 사방의 벽에 붙어 있는 스위치들을 확인하고, 천장의 전등들을 올려다보고, 실내 온도 조절기의 버튼을 바꾸어 누르고, 전화기를 자동 응답 상태로 돌려놓고, 변함없이 째깍째깍 소리를 내는 벽시계 옆을 지나며 몸속에 환상 하나를 슬그머니 켜고 [……] (『야후!의 강물에 천 개의 달이 뜬다』, 문학과지성사, 2001, p. 120. 강조는 필자)

전기 기구에 종속되어 있는 일상을 그린 것일까. 전혀 그렇지 않다. 이 작품은 우리의 주체성이 기계에 기숙함을 보여주고 있다. 인간의 정체성이란 생활 공간 속에 배치되어 있는 가전기기들의 제어 장치에 다름 아니라는 것이 작품의 메시지일 터. 의식에서, 신경에서, 또는 육신에서 빠져나온 보이지 않는 신경다발이 가전기기들과 전기적으로 그리고 상상적으로 연결되어 있다는 것. 따라서 매체는 그리고 가전기기들은 단순한 사물이나 도구들이 아니다. 전기 기구들은 보이지 않는 신경(전기)으로 연결되어 있는 외부의 몸이다. 전기는 단순한 자연과학적 현상이 아니라, 우리의 몸 바깥에 놓인 신경망이다. "나는 내 그림자의 신경망을 잘라내어/한낮 하드디스크 구석에 심는다"(「나는 신경망을 심는다」, p. 41). 전기 기구와 전기 미디어들은 신체 외부에 감각과 의식의 지점들을 만든다. 사이보그라고 해서 신체 내부에서 기계가 신체 기관을 대체해야만 하는 것은 아닐 것이다. 일상에 배치되어 있는 전자기기와의 상상적인 관계 속

에서, 우리는 이미 사이보그이다.[6]

이원이 상상적인 신경망을 통해서 전기적인 것들과 접속하고 있다면, 김현영은 전기적인 것과 만남을 갖기 위해 성(性)적인 코드를 설정하고 있다. "컴퓨터를 낳고 싶다"(「아이콘」, p. 147)로 대변되는, 전자 자궁을 향한 욕망이 그것이다. 『뉴로맨서』『공각기동대』『매트릭스』 등이 보여주었던 가상의 세계가 인간의 전뇌(電腦)와 정보 네트워크 사이에 형성되는 것이었음은 널리 알려진 사실이다. 컴퓨터에 내장되어 있는 마더 보드 mother board가 김현영의 상상력을 견인한 것일까. 전기기기와의 성적·생물학적인 결합이 상상력의 중심에 놓여 있다.

왜 전기기기와 결합해야만 하는 것일까. 답변은 의외로 단순하면서도 소박하다. 정체성과 관련된, 고전적인 문제이다. 김현영의 작품을 보면, 내 속에 공존하는 복수화된 타자들을 하나씩 때로는 폭력적으로 때로는 아주 어이없는 방식으로 버리는 일에 몰두하고 있

---

6) 윤성희의 「레고로 만든 집」에서는, 정체성을 확인하고자 하는 노력이 복사기를 통해서 나타나기도 한다. 자기 반성과 관련된 전통적 매개물인 거울이나 우물을 대체하는 지점에 복사기가 놓여 있는 형국이다. 복사기는 '나'의 얼굴을 전자적인 글쓰기의 형태로 전이해서 보여준다. 또한 삶의 연속성 속에서 '나'의 모습을 재현하는 것이 아니라 복사기의 드럼이 빛을 발하며 움직이는 몇 초 안 되는 동안의 순간적인 모습을 제시한다. 조금은 막연하지만, 기술 복제의 메커니즘 속에서 자신의 정체성을 확인하려는 시도라고 볼 수 있을 것이다.
"나는 복사기에 얼굴을 대고 눈을 감는다. 그리고 버튼을 누른다. 따뜻한 빛이 얼굴을 스친다. 눈을 꼭 감은 얼굴이 종이에 찍혀 나온다. 꼭 감은 두 눈이 깊은 웅덩이처럼 보인다. 거기에 손을 대본다. 그 검은 동굴 안으로 손이 빠질 듯하다. 나는 복사기에 얼굴을 대고 눈을 뜬다. 복사기가 작동하자 저절로 눈이 감긴다. 절대 눈을 감으면 안 돼. 주문처럼 몇 번을 중얼거리고는 다시 복사기에 얼굴을 댄다. 빛이 눈을 통과할 때 온 몸이 저절로 움찔거린다. 잔뜩 힘을 준 눈에서 눈물이 주르륵 흘러내린다. 나는 눈물이 흐르도록 그냥 둔다. // 복사된 얼굴은 무엇인가에 잔뜩 놀란 모습이다. 내 얼굴이 이처럼 초라하게 보인 적도 없었고, 이처럼 낯설어 보인 적도 없었다. 미처 몰랐던 내가 들어 있다. 나는 한없이 깊어 보이는 눈 주위를 만져본다"(『레고로 만든 집』, 민음사, 2001, pp. 23~24).

음을 알 수 있다. 닳아서 해질 정도로 읽어대던 동화책을 내다버림으로써 한 남자를 잊고, 새벽 버스로 속초에 가서는 터미널에서 자판기 커피 한잔 뽑아 마시고 그 길로 서울로 되돌아와서는 또 한 명의 남자를 잊는다. 어디 그뿐인가. 화목한 가정은 아니었지만 아버지·어머니·오빠가 차례차례 실종되고 주인공마저 실종되더니, 어처구니없게도 애완견의 생각 속에서 발견되기도 한다. 정체성과 삶의 진실에 대한 추구는 시작부터 끝까지 불확실성의 파노라마이다. 오로지 삶과 정체성의 불확실성만이 확실할 따름이다. "나는 내 자신에 대해 전혀 모르겠을 때 가장 편안함을 느낀다. 그것은 알 듯 모를 듯한 혼란과는 다른 것이다. 명백히 모른다이니까"(「여자가 사랑할 때」, p. 302). 삶과 정체성에 대한 불확실성이 최고조에 달했을 때 작가의 상상력은 기계화된 자궁 또는 기계화된 모성으로 회귀한다.

소설집 『냉장고』(문학동네, 2000)로 대상을 제한할 때 작가의 작품에서 전기화된 자궁에 대한 지향은 두 가지로 나타난다. 하나는 컴퓨터 마우스를 질(膣) 속에 넣으려는, 한편으로는 도착적이기도 하고 다른 한편으로는 사이버펑크적이기도 한 양상.[7] 다른 하나는 전자 자궁을 상징하는 텅 빈 냉장고 속에 들어가 죽음과 재생을 동시에 꿈꾸는 일.

(가) 아랫배 위를 부드럽게 굴러온 볼이 질 속도 부드럽게 굴러 들어왔으면 좋겠다. 〔……〕 너는 아랫입술을 깨물고 마지막 힘을 다해 마우스를 밀어넣는다. 〔……〕 네 안의 영토에서 갑작스런 천재지변

---

7) 김현영의 경우, 컴퓨터 시스템에 무단 침입하여 비행을 저지르는 온라인 불량배나 해커를 의미하는 사이버펑크 cyberpunk와는 거리가 있다. 그렇다면 오히려 정액 냄새를 연상하게 하는 펑크 funk에 주목하는 편이 더 정확할 것이다. IT사전에 등재되어 있는 말은 아니지만, cyber-funk라는 말로써 기계와 성적으로 결합하려는 욕망을 유표화할 수도 있을 것이다.

이 일어난다. 〔……〕 새까만 모니터 위로 고통으로 일그러진 네 얼굴이, 노트북과 한 몸이 된 네 얼굴이, 희미하게 떠오른다. 너는 컴퓨터 안에 있다. 그곳에서 울고 있다. (p. 156)

(나) 냉장고의 텅 빈 위장을 보자 왠지 모르게 냉장고에게 미안하고 부끄러웠다. 〔……〕 나는 냉장고에게 사죄하는 마음으로 위장보다 더 근사한 무엇인가를 만들어주어야겠다고 생각했다. // 나는 냉장고로 들어가 문을 닫았다. 냉장고 속은 의외로 따뜻해서 비에 젖은 몸에 금세 온기가 퍼지는 것 같았다. 나는 태아처럼 몸을 구부렸다. 그리고 또 귀에 이어폰을 꽂았다. U2였다. (pp. 35~36)

왜 이런 이상한 짓들을 하는가. 정체성과 관련된 몸부림이라는 점에서는 의심의 여지가 없다. 죽음과 재생의 욕망이라는 고전적인 테마를 반복하고 있다는 것은 한눈에도 쉽게 알아볼 수 있다. 주제의 새로움이나 진부함을 따지는 일을 논외로 한다면, 중요한 것은 정체성과 관련된 몸부림이 컴퓨터와 냉장고와 같은 전기기기들과 매개되어 있다는 점이다. 전기와 기계와 관련된 혼종적인 상상력이 아니라면, 도달하기 쉽지 않은 장면이라는 생각. 테크놀로지를 통한 신체의 확장을 경험한 인간은 언제나 테크놀로지에 의해서 변화한다. 또한 테크놀로지를 변화시키는 새로운 방법을 계속해서 발견해간다. "식물계에서 벌이 식물의 생식 기관이 되는 것처럼 사람은 말하자면 기계 세계의 생식 기관이 되어 기계를 수태(受胎)시켜 언제나 새로운 형태를 낳고 있는 것"[8]일지도 모른다.

---

8) 마샬 맥루한, 박정규 옮김, 『미디어의 이해』, 커뮤니케이션북스, 1999, p. 79.

6. 어설픈 에필로그

　처음부터 이 글은 전기의 원리, 전기의 보급 과정, 전기의 사회역사적인 함의 등을 살펴보려는 의도는 없었다. 그러한 문제는 과학사·경제사·산업사·문화사 등의 영역을 통해서 종합적으로 고찰되어야 할 문제이기 때문이다. 다만 1960년대 중후반에서 1970년대 초중반 사이에 태어난 젊은 작가들의 작품을 통해서 전기(電氣)에 관한 무의식을 살펴보고자 할 따름이었다. 대상은 배수아·김영하·이만교·이원·백민석·김현영 등이었다. 1960년대 후반부터 보급된 텔레비전·전축·녹음기·선풍기·냉장고·믹서·다리미, 1970년대 후반부터 보급된 전기밥솥·세탁기 등, 그리고 1980년대 후반부터 현재까지 워드프로세서·컴퓨터·삐삐·인터넷·휴대폰·캠코더·PDA 등을 경험하며 살아온 세대. 지역적인 또는 개인적인 차이는 있겠지만, 태어나자마자 전등의 불빛을 감지하며 첫울음을 울었던 세대이기 때문일까. 이들의 간략한 문학적 전기(傳記) 속에는 전기(電氣)의 흔적과 무의식이 유령처럼 출몰한다.

　이들은 모두 1990년대적 감수성의 대변자들이다. 그들은 문학이 예술이나 문화의 양식 genre인 동시에, 영화나 컴퓨터와 (현실적인 영향력에서는 차이가 있지만) 대등한 위상을 지니고 있는 미디어 media라는 점을 잘 알고 있다. 그래서일까. 이들의 작품을 대하다 보면, 좀더 세심한 검토가 필요하겠지만, 일상을 지배하고 있는 전기 미디어와 테크놀로지를 관찰하는 상징적인 미디어로서 문학의 위상을 설정하고 있음을 발견하게 된다. 필자의 좁은 소견으로는 이러한 경향은 1990년대 이후의 문학이 갖는 변별적인 특징 가운데 하나이다. 그렇다면 이들은 도대체 무슨 짓들을 하려는 것일까. 아직까지는 명확하게 알 수 없다. 하지만 문학-미디어와 여타의 미디어 사이에서 이종교배(異種交配)를 꿈꾸고 있는 것만은 어느 정도 분명해 보인다. 김영하는 몸과 자연(번개) 사이에서, 이지형은 애니메이션에서, 그리고 배수아·백민석·이만교는 텔레비전과 대결하면서, 이원과 김현영은 컴퓨터와 냉장고의 상징성 속에서 이종교배를 꿈꾼다. 그리고, 어쩌면 이종교배의 꿈 속에서 그들은 자신들을 바라볼 정신의 자유와 감각의 마비를 동시에 경험하고 있는지도 모른다. 또한 어쩌면 "주체성의 생산은 언제나 이종교배 hybridization, 경계교차의 과정이다. 그리고 현대 역사에서 이 주체적 혼성물은 갈수록 인간과 기계 사이의 접속 면에서 생산된다"[9]는 주장에 귀를 기울이고 있는지도 모른다. 가능성을 열어두고, 관심을 가지고 살펴볼 문제이다. 전기와 관련된 문학적 무의식 속에서 혼종성의 상상력을 잠시 훔쳐보았을 따름이다.

---

9) 안토니오 네그리/마이클 하트, 이원영 옮김, 『디오니소스의 노동 1』, 갈무리, 1996, p. 46.